教师教育系列教材

U0657760

小学数学实践教程
(微课版)

张 莉 主 编

周淑红 殷 杰 金爱冬 副主编

清华大学出版社

北 京

内 容 简 介

教学设计、教学实施、说课、评课是教师必须具备的基本功。本书是《小学数学课程与教学论》的补充与延伸，主要提供堪称模板的小学数学课程内容的教学设计、教学实施、说课、评课的文本与视频案例及解读，以案例形式生动诠释小学数学课程与教学论所涉及的主要教学理论，并根据准教师及教师上课、考试、比赛、应聘等需求，分类解读不同类型、不同特点的文本与视频案例。教材可分为两部分，第一部分，以数与代数、图形与几何、统计与概率、综合与实践四个领域的内容为载体，分别以表格形式，用最短篇幅呈现小学数学教材(以北师大版教材为蓝本)的编排顺序、学生已有知识经验、新内容和教学要点；给出实用的教学策略；提供鲜活的教学案例文本与视频、案例的教材分析、教学建议和教学点评及该案例所在系列课程内容的教材分析与教学建议。第二部分，针对确保教学效果的 8 类课堂教学技能，结合视频与文本案例对导入、提问、讲解、演示、变化、强化、板书、结束技能的概念、作用、训练步骤和应注意的问题进行了详尽的分析阐释。整体编排彰显了结构设计新颖灵动、知识体系完善、教学策略实用的宗旨。本书提供了二维码扫描的数字化学习资源，有效实现了纸质教材、信息化课程资源与视频教学案例的无缝链接，优势互补。每章内容包括"学习目标""导入案例""本章内容(文本与视频)""本章小结""思考题"等。

本书易学、易懂，形象、具体，侧重教学水平的提升，适合培养小学数学教师的院校及机构教学使用，适用于从中专生到研究生各层次学生，亦可作为教师资格证考试和培训的必备用书，以及从事小学数学教学人员学习进修的参考书。

图书在版编目(CIP)数据

小学数学实践教程：微课版/张莉主编. —北京：清华大学出版社，2020.11

教师教育系列教材

ISBN 978-7-302-56605-2

Ⅰ. ①小… Ⅱ. ①张… Ⅲ. ①小学数学课—教学法—师资培训—教材 Ⅳ. ①G623.502

中国版本图书馆 CIP 数据核字(2020)第 192645 号

责任编辑：陈冬梅
装帧设计：刘孝琼
责任校对：李玉茹
责任印制：吴佳雯

出版发行：清华大学出版社

    网   址：http://www.tup.com.cn, http://www.wqbook.com
    地   址：北京清华大学学研大厦 A 座   邮   编：100084
    社 总 机：010-62770175   邮   购：010-62786544
    投稿与读者服务：010-62776969, c-service@tup.tsinghua.edu.cn
    质量反馈：010-62772015, zhiliang@tup.tsinghua.edu.cn
    课件下载：http://www.tup.com.cn, 010-62791865

印 装 者：北京鑫丰华彩印有限公司
经 销：全国新华书店
开 本：185mm×260mm 印 张：16.5 字 数：395 千字
版 次：2020 年 12 月第 1 版 印 次：2020 年 12 月第 1 次印刷
定 价：49.00 元

产品编号：088425-01

前　言

　　教学需要专业能力，专业能力的重要组成部分突出体现于教师的教学设计与教学实施。本书立足系统性、实用性、启发性和前瞻性，结合视频与文本案例，按照数与代数教学、图形与几何教学、统计与概率教学、综合与实践活动教学、小学数学课堂教学技能的顺序围绕教学设计与教学实施进行编写。注重理论联系实际，侧重于教学水平的提升。其特点表现在以下几个方面。

　　(1)　编写主线新颖清晰。本书内容涉及小学数学教学(训练)要点、教学关键、教学策略、教学实施、教材分析、教学建议、教学评价、教学技能，做到了体系完整、结构设计新颖、新理念下的教学主线突出。

　　(2)　理论与实践相结合。本书在内容选取时，总结编者数年教学积累和教师培训经验，参考相关小学数学教学文献和研究成果，与最新教学模式保持同步。在高度凝练理论知识的基础上，精选小学数学各类型的教学案例并加以系统性和启发性的分析。同时，又在思考题中安排考点链接做真题、知识巩固学运用、实践活动练操作。从而达到使读者会钻研教科书、会设计教学、会实施教学、会评价及反思教学、会欣赏他人教学之目的。

　　(3)　内容结构科学先进。每章包括"学习目标""导入案例""本章内容""本章小结""思考题"等，在对内容进行系统整合的同时，兼顾准教师和一线教师教学及应考的需求，详尽解析鲜活的优秀视频案例，刻意避免纯学术性研究及与其他书籍的内容重复。

　　(4)　载体和配套内容丰富多样。本书提供了二维码扫描的数字化学习资源，拓展了学习空间，完善了学习内容，有效实现了纸质教材、信息化课程资源与视频教学案例的无缝链接，优势互补。

　　本书由沈阳大学副教授张莉负责结构确定和统稿，参加编写的人员及具体分工如下：第一章第二、三、四、五、六、七节由金爱冬编写，其他部分由张莉编写；第二、三章由周淑红编写；第四章由殷杰编写；第5章由张莉编写。为本书提供教学案例的教师有于兵、于嘉文、马丹、王均杰、王允美、王秀玲、王凯利、王凡、王霞、冯俊英、华应龙、纪焕超、江涛、江霞、孙蕊、孙胜、孙艳梅、孙迎新、刘清姝、刘圣良、刘宇、齐小维、刘洪强、杜良胤、李丹平、李莉、李扬、李文波、佟亮亮、宋慧莹、邵晶、杨琪、张美玲、张齐华、范宏宇、孟宁宁、姜昆、赵雪、徐艳菊、徐玲、袁春鹏、曹月娇、常淑梅、梁倩、储冬生、谭秀春(按姓氏笔画排序)等人，硕士研究生刘磊对本书排版给予了积极支持，并为第一章和第四章排版。特别感谢清华大学出版社的尹飒爽编辑为本书的出版付出了辛勤劳动和耐心指导，在此一并致以衷心的感谢。

　　本书适合培养小学数学教师院校及机构教学使用，适用于从中专生到研究生各层次学生，亦可作为教师资格证考试和培训的必备用书，以及从事小学数学教学人员进修的参考书。本书虽然有一定的编写基础，但仍难免有疏漏之处，恳请各界专家、学者批评指正，以使其日臻完善。

编　者

目　　录

第一章　数与代数教学

学习目标

- ➢ 了解数与代数的教学内容及要点，明确关键词。
- ➢ 掌握数与代数的教学策略。
- ➢ 会参考教学建议。
- ➢ 会评价数与代数上课与说课文本与视频。
- ➢ 能灵活运用教学策略，设计数与代数的教学案例，实施教学。

重点与难点

- ➢ 数与代数教学的关键词和教学策略。
- ➢ 数与代数教学案例赏析。
- ➢ 数与代数教学设计与实施。

导入案例

成功神秘地走到学生面前说："老师给大家介绍一下，江南和王刚是同桌关系。"

师：不要笑。就是这种同桌关系，请你换句话给大家介绍一下。

生：江南的同桌是王刚，王刚的同桌是江南。

师：聪明！能单独说江南是同桌或王刚是同桌吗？

生：不能。

师：正确。谁都不能单独称自己是同桌，只能说自己是谁的同桌，自己的同桌是谁，可见，这种同桌关系是一种相互依存的关系。这种相互依存的关系在数与数中也存在。这节课我们就来认识两个有相互依存关系的数：约数和倍数(板书)。

成功同学试讲后得到了老师的充分肯定，老师的评价可概括为教学目标明确、重点突出、策略合理、数学术语表达科学、教学技能过硬、教态自然、有亲和力等。看到这，或许你在想，我正准备进行教学设计，做一堂理想的教学呢！本章将带领大家共同走进别开生面的数与代数教学，延伸对《小学数学课程与教学论》中"数与代数教学"的学习，为你教学成功把薪助火。

第一节 数与代数教学概述

每每提及数与代数的教学，我们便会想到，数与代数的教学非常重要，数与代数的知识是小学数学中出现最早、占比最大、最基础的教学内容。这些内容，从数及数的运算到代数式及其运算，再到方程和解方程以及常见的量，比和比例，探索规律等。在数的认识中，从数量抽象出数再到数的扩充；在数的运算中，从整数、小数、分数的四则运算到有理数的运算，再到含有未知数的运算，体现了两个抽象：表示方法的抽象和运算的逐步抽象[①]。那么数与代数教学的具体内容有哪些？ 让我们一同走进数与代数的教学内容。

一、数与代数教学内容结构

当你分析教材、拟订课时授课计划时，一定想知道教学内容和教学要点，学生已经学习了哪些知识？这些知识之间又有怎样的联系？教材提供了哪些教学活动经验？下面将以北师大版小学数学数与代数领域的教材为蓝本，以表格的形式，用最短的篇幅，在极短的时间内回答你需要通览全套十二册教材才能知道的问题，如表 1-1 所示。

表 1-1 北师大版小学数学数与代数内容结构

册别	知识内容	教学要点
	1.准备课 数 1～10 各数	在生动具体的情境中点数各数,沟通与学前教育的联系
	2.第一单元 生活中的数 (1)认识 10 以内各数; (2)认识数学符号=、<、>	在一上 1 的基础上,结合熟悉的生活背景和已有的生活经验,理解加、减法的意义,会读写加、减法算式。在数数和操作活动中,探索和掌握计算的道理和方法并能解决简单的实际问题
一上	3.第三单元 加与减(一) (1)认识加、减法; (2)口算得数是 10 以内的加、减法; (3)口算得数是 10 以内的连加、连减法; (4)口算得数是 10 以内的加减混合运算 注:包括得数为 0 或算式中有 0 的加减法	在一上 2 的基础上,结合熟悉的生活背景和已有的生活经验,理解加、减法的意义,体会加减的互逆关系,会读写加、减法算式。在数数和操作活动中,探索和掌握计算的道理、方法和顺序,并能解决简单的实际问题
	4.第七单元 加与减(二) (1)认识 11～20 各数; (2)口算得数是 20 以内数的加法和不退位减法,凑十法等	在一上 2 和 3(1)(2)的基础上,结合数小棒拨计数器等活动,了解数的含义、明确数的组成、会数数、认数、读数、写数、口算十加几等于十几,用数来表示顺序和多少、比较大小,认识计数单位一、十,数位个位、十位。借助计数器或小棒,探索和掌握计算的道理和方法并能解决简单的实际问题

---

① 史宁中.义务教育数学课程标准(2011 年版)解读[M]. 北京：北京师范大学出版社，2012：138.

续表

册别	知识内容	教学要点
一上	5.第八单元 认识钟表 认识钟表和钟面上整时、半时的时刻。	结合具体的生活情境，借助钟表模型，从整体上认识钟表，会用整时和半时描述一天的活动
一下	1.第一单元 加与减(一) (1)进一步体会减法的意义； (2)探索并掌握 20 以内的退位减法	在一上 3(1)(2)的基础上，借助计数器、小棒和数线，这是学生第一次遇到数线，探索和掌握计算的道理和方法并能解决简单的实际问题。借助实物或模型，初次体会比较两个数量的多少可以用减法计算，丰富对减法意义的认识
一下	2.第三单元 生活中的数 (1)认识 100 以内的数； (2)在具体情境中描述数的相对大小关系	在一上 4(1)的基础上，借助实物、小棒、计数器、方块模型，了解数的含义、明确数的组成、会数数、认数、读数、写数、用数来表示顺序和多少、比较大小，认识数位个位、十位、百位，进一步体会计数单位一、十、百的意义及它们的关系
一下	3.第五单元 加与减(二) (1)加、减法的意义及各部分的名称； (2)口算整十数加减整十数； (3)口算得数是 100 以内数的两位数加一位数，两位数减一位数，两位数加整十数，两位数减整十数不进位加法和不退位减法； (4)口算和笔算得数是 100 以内的两位数加、减两位数的不进位加法和不退位减法； (5)加、减法竖式； (6)培养学生发现信息、提出问题的能力	在一上 4 和一下 1、2 的基础上，借助计数器、小棒、图片或画图，探索和掌握口算和笔算的道理和方法，第一次遇到竖式，感受算法多样化并能解决简单的实际问题，解决比一个数多或少几的问题，丰富对加、减法的认识
一下	4.第六单元 加与减(三) (1)进一步体会加、减法的意义； (2)口算和笔算得数是 100 以内的两位数加一位数，两位数减一位数，两位数加两位数，两位数减两位数的进位加法和退位减法	在一上 4 和一下 1、2、3 的基础上，借助计数器、小棒、图片或画图，探索和掌握口算和笔算的道理和方法，感受算法多样化、渗透估算并能解决简单的实际问题，解决比一个数多或少几的问题，丰富对加、减法的认识
二上	1.第一单元 加与减 能口算、笔算 100 以内数的连加、连减及加减混合运算	在一上 3(3)(4)和一下 3、4 的基础上，结合现实情境，探索并掌握口算和笔算的道理和方法，理解运算顺序。初步学会分析数量关系的方法，能够用数学语言表达自己的思考过程，丰富对加、减法的认识；感受算法多样化，发展估算意识并能解决简单的实际问题。学会从表格中提取数学信息，建立数据分析观念

册别	知识内容	教学要点
二上	2.第二单元 认识元、角、分及其应用；认识元、角、分	在一下 3、4 和二上 1 的基础上，模拟购物情境，认识人民币，掌握其换算关系，正确付钱、找钱，体验付钱方式的多样性，巩固 100 以内数的加减法计算
	3.第三单元 数一数与乘法 (1)乘法的意义及算式中各部分名称； (2)列出乘法算式，并知道算式及各部分的意义	在一上 3(1)(3) 和二上 1 的基础上，通过求事物的数量或求点子图上点子的数量(这是学生第一次遇到乘法的直观模型)，经历将同数连加改写成乘法算式的过程，理解和掌握新知识，根据具体情境列出乘法算式，体会乘法的意义及简单应用
	4.第五单元 2～5 的乘法口诀 (1)2～5 的乘法口诀； (2)用口诀进行乘法口算	在二上 1、3 的基础上，通过求事物的数量或求点子图上点子的数量，编制 2～5 的乘法口诀，发现口诀之间的内在联系，理解和掌握口诀，并会用口诀进行乘法口算，发展应用意识
	5.第七单元 分一分与除法 (1)平均分的意义； (2)除法的意义，列出除法算式，并知道算式中各部分名称； (3)能用 2～5 的乘法口诀求商； (4)"倍"的意义	在二上 3、4 的基础上，结合具体情境和操作活动探索有、无剩余平均分的方法，以及分法的多样性与合理性，积累分物经验，获得试商的初步经验，认识平均分的两种现实原型，会用图示或语言表述平均分的过程和结果，理解平均分的意义。 由此抽象出除法算式，初步理解除法的意义，知道除法算式的读法、写法、各部分名称及意义。 在现实情境中用点子图画圈法、列举法、数线法和乘法口诀求商法探索除法的运算方法，理解除法是减法的简便运算，乘法的逆运算，掌握除法运算的本质是求平均分的问题，体验除法运算方法的多样化和用乘法口诀求商的简便性，掌握用乘法口诀求商。 利用图形或模型直观体会倍的意义，表示两个数量之间的倍数关系
	6.第八单元 6～9 的乘法口诀 (1)6～9 的乘法口诀； (2)用口诀进行乘法口算	在二上 4 的基础上，结合解决问题的具体情境，借助点子图，编制 6～9 的乘法口诀，发现口诀之间的内在联系，理解和掌握口诀，并会用口诀进行乘法口算，发展应用意识

册别	知识内容	教学要点
二上	7.第九单元 除法 用6～9乘法口诀求商	在二上5、6的基础上，在购物情境中用点子图画圈法、列举法、数线法和乘法口诀求商法探索除法的运算方法，理解除法与减法、乘法的联系，掌握除法运算的本质，体验除法运算方法的多样化和用乘法口诀求商的简便性，掌握用乘法口诀求商。并用乘除法解决简单的实际问题，培养应用意识
二下	1.第一单元 除法 (1)进一步了解除法的意义； (2)认识除法竖式； (3)认识有余数除法	在二上5、7的基础上，借助分、搭等操作活动，进一步理解除法的意义，利用多种手段求商，由此认识除法竖式，了解除法竖式各部分的意义，会进行两位数除以一位数，商是一位数的除法笔算，积累有余数除法的试商经验。发展发现信息、提出问题的能力
二下	2.第三单元 生活中的大数 (1)万以内数的意义； (2)大数的实际意义及估计	在一上4(1)和一下2的基础上，借助计数器及方块模型观察与操作。理解大数的意义及实际意义，认识新的数位千位、万位，计数单位千、万，了解它们之间的关系，会读、写、比较和估计大数
二下	3.第五单元 加与减 (1)口算三位数加减法，即整百数加减整百数、整十数加减整百数、三位数加减两位数和三位数加减三位数的口算； (2)笔算三位数加减法，即三位数加减两位数、三位数加减三位数的笔算； (3)验算	在一上3(1)(2)、4(2)，以及一下1、3、4的基础上，借助计数器、数线等，探索和掌握口算、笔算和验算的道理和方法，感受算法多样化、渗透估算并能解决简单的实际问题，丰富对加、减法的认识。发展从统计表中提取信息，提出问题的能力
二下	4.第七单元 时、分、秒 (1)识别钟面上的时刻与经过的时间； (2)1时=60分，1分=60秒； (3)体验时间的长短	在一上5的基础上，结合现实情境及拨钟表的操作活动，认、读、写钟面上的时刻，体验时间的长短。知道时间单位之间的换算关系
三上	1.第一单元 混合运算 (1)口算100以内的乘加、乘减、除加、除减混合运算； (2)口算100以内带小括号的乘加、乘减、除加、除减混合运算	在二上1、4、5(3)、6(2)、7的基础上，结合现实情境，借助几何直观，发现数量关系，理解运算顺序及小括号的使用，能够用数学语言表达自己的思考过程，提高解决简单的实际问题的能力

册别	知识内容	教学要点
三上	2.第三单元 加与减 (1)口算、笔算、估算三位数连加; (2)笔算三位数连减和加减混合运算; (3)验算	在二上1和二下3的基础上,结合现实情境,探索并掌握口算、笔算和验算的道理和方法,理解运算顺序。能够用数学语言表达自己的思考过程,发展估算意识并能解决简单的实际问题。经历从表格中发现数学信息、提出数学问题的过程,建立数据分析观念
	3.第四单元 乘与除 (1)口算一位数乘整十、整百、整千数; (2)口算一位数除整十、整百、整千数; (3)口算一位数乘两位数(乘积在百以内); (4)口算一位数除两位数	在一下2(1)、二下1(3)以及二上4、5、6、7的基础上,结合现实情境,借助小棒、数线、列举、迁移等方法,探索并掌握口算的道理和方法,能够用数学语言表达自己的思考过程,体验算法多样化
	4.第六单元 乘法 (1)口算、笔算一位数乘两、三位数不进位乘法; (2)口算、笔算一位数乘两、三位数进位乘法; (3)一个数中间或末尾有零的乘法; (4)连乘	在三上1、3(1)(3)的基础上,在解决问题的过程中,利用乘法的直观模型——点子图,探索并掌握口算、笔算的道理和方法,理解竖式的含义和运算顺序。这是学生第一次遇到乘法竖式。能够用数学语言表达自己的思考过程,体验估算和算法多样化
	5.第七单元 年、月、日 (1)认识年、月、日; (2)认识平年、闰年; (3)认识24时计时法	在二下4和一上5的基础上,结合已有的生活经验和观察日历,认识年、月、日,平年、闰年及24时计时法。会看简单的作息时间表
	6.第八单元 认识小数 (1)认识小数; (2)小数的进位、不进位加法; (3)小数的退位、不退位减法	在二上2的基础上,结合具体情境,借助元、角、分等具体模型,初步理解小数的意义,认、读、写简单的小数,比较简单小数的大小,计算简单的小数加减法
三下	1.第一单元 除法 (1)口算、笔算一位数除/乘两、三位数; (2)被除数中间或末尾有零的除法及估算和验算; (3)有余数的除法及估算和验算; (4)连除和乘除混合的两步运算	在二上5(2)、7,二下1(2),三上1、3的基础上,在平均分的具体情境中,利用小棒、方块模型,理解和掌握算理和算法。理解竖式的含义,能够用数学语言表达自己的思考过程,体验估算和验算。 在二下1(3)和三下1的基础上,理解和掌握算理和算法。 在三上4(4)和三下1的基础上,理解和掌握运算顺序
	2.第三单元 乘法 (1)口算、两位数乘整十数,个位是零的三位数乘整十数; (2)两位数乘两位数	在三上3、4,以及二上4、5、6、7的基础上,通过探索规律,理解和掌握口算的算法和算理。结合现实情境,借助点子图,理解和掌握算法和算理。

册别	知识内容	教学要点
三下	3.第四单元　千克、克、吨 千克、克、吨及相互之间的关系	在一上 5、二下 4 和三上 5 的基础上，结合具体生活情境进行学习。体验质量单位的实际意义
	4.第六单元　认识分数 (1)认识一(多)个物体或图形作为整体的分数； (2)比较分母不大于 10 的同分母或同分子分数的大小； (3)分母不大于 10 的同分母分数的加减法	在认识了整数的基础上，结合具体情境和平均分的直观操作，初步理解分数的意义，能读、写分数，会比较两个简单分数的大小，理解和掌握算理和算法
四上	1.第一单元　认识更大的数 (1)万以上数的认、读、写，比较大小； (2)整数的数位顺序表； (3)用"万""亿"为单位表示大数； (4)认识近似数； (5)认识自然数； (6)了解计数方法的发展过程	在一上 4(1)、一下 2 和二下 2 的基础上，借助对计数器及方块模型的观察与操作，理解更大的数产生的必要性，学习相关知识，了解数学史实
	2.第三单元　乘法 (1)三位数乘两位数；乘数中间或末尾有零的乘法； (2)用乘法估计大数； (3)利用计算器计算并探索规律	在二上 4、5、6、7，三上 3、4 和三下 2 的基础上，结合现实情境，理解和掌握算法和算理，掌握用乘法估计大数的方法。了解计算工具的演变过程，会用计算器计算并探索规律
	3.第四单元　运算律 (1)不超过三步的四则混合运算和中括号的认识。 (2)加法、乘法的交换律和结合律；乘法分配律	在二上 1，三上 1(2)、4(4)，三下 1 的基础上，结合实际问题的解决，理解和掌握四则混合运算顺序和中括号的作用。运用不完全归纳法探索运算律并会用字母表示，体会运算方法的多样性，运用运算律运算的简便性。提高发现问题和提出问题的能力，积累数学活动经验
	4.第六单元　除法 (1)口算和笔算除数是整十数的除法； (2)笔算除数是两位数的除法； (3)常见的数量关系； (4)商不变的规律及其应用	在二上 5(2)、7，二下 1(2)，三上 1、3，三下 1 的基础上，结合实际问题的解决，理解和掌握计算的方法和道理，重点学会试商和调商，归纳数量关系，并用于解决实际问题。运用不完全归纳法探索运算律并会用字母表示，体会运算方法的多样性，运用运算律运算的简便性
	5.第七单元　生活中的负数 (1)认识正、负、自然数和整数； (2)0 的再认识	在二下 2、三上 6、三下 4(1)和四上 1 的基础上，结合生活实例体会正、负数和 0 的意义，形成自然数、整数的概念

册别	知识内容	教学要点
四下	1.第一单元 小数的意义和加减法 (1)小数的意义； (2)进位、不进位，退位、不退位的小数加法和减法； (3)小数的加减混合运算	在二下3、三上6、三下4(1)和四上1的基础上，借助计数器认识计数单位、数位顺序表；借助现实情境理解小数的性质；借助面积模型比较小数的大小；借助十进制、千进制单位和面积模型，理解小数的意义。借助十进制单位和面积模型，理解和掌握计算的道理和方法
	2.第三单元 小数乘法 (1)小数乘法的意义； (2)小数点移动引起小数大小变化的规律； (3)小数乘整数的口算； (4)积的小数位数与乘数小数位数的关系； (5)小数乘法的笔算； (6)小数的加、减、乘混合运算，并推广整数的运算顺序和运算律	在三上6和四下1的基础上，结合实际问题，了解小数乘法的意义；结合具体情境，借助十进制单位和面积模型，探索小数点移动引起小数大小变化的规律及简单小数乘法算理算法；结合具体情境，体验整数的运算顺序和运算律在小数范围内的适用性，并能以此运算顺序和运算律进行小数混合运算
	3.第五单元 认识方程 (1)用字母表示数和数量关系； (2)认识方程； (3)等式的性质，解方程； (4)用方程表示等量关系	在一上3(1)、二上5(3)和四上3(2)的基础上，结合具体情境会用字母表示数、数量关系、运算律和公式、找等量关系、认识方程。借助具体情境，抽象等式性质，并以此为根据解方程
五上	1.第一单元 小数除法 (1)除数是整数的小数除法，除数是小数的小数除法； (2)积、商的近似值，除数大于1、小于1、接近于1时商与被除数之间的关系； (3)循环小数； (4)小数四则混合运算	在三下1，四上3、4和四下1、2的基础上，结合实际问题的解决，经历探索算法的过程，借助在生活中应用圆角分的经验、直观图等，理解算理；发现除数大于1(或小于1、接近1)时商与被除数的关系；在解决问题的过程中，获得循环小数的概念，发现整数四则混合运算的顺序和性质可以推广到小数
	2.第三单元 倍数与因数 (1)倍数、因数的概念； (2)奇数、偶数的概念； (3)质数、合数的概念； (4)2、5、3倍数的特征	在四上5的基础上，结合乘除法算式学习倍数与因数的概念；通过在百数表中找2、5、3倍数活动探索2、5、3倍数的特征；通过直观操作和推理，获得找因数和找质数的方法。并由此获得相关概念
	3.第五单元 分数的意义 (1)分数的再认识； (2)分数单位，真分数与假分数； (3)分数与除法的关系； (4)分数的基本性质； (5)找最大公因数，找最小公倍数； (6)约分； (7)通分，异分母分数的大小比较	在二上5(2)和三下4的基础上，利用直观操作理解分数所表示的部分与整体的关系、分数单位、真分数、假分数；通过直观操作和除法运算理解分数和除法的关系；通过直观操作和推理探索分数的基本性质；在计算和推理的过程中，探索找最大公因数、最小公倍数的方法；结合直观操作理解约分的含义，探索并掌握约分的方法。结合具体的情境理解通分的概念，由此探索异分母分数的大小比较

册别	知识内容	教学要点
五下	1.第一单元　分数加减法 (1)异分母分数的加减法； (2)分数加减混合运算及加法运算律； (3)分数与小数互化	在三下 4(1)(3)，四下 1，五上 2、3 的基础上，结合分数直观模型的操作和通分活动，探索异分母分数加减法的算法算理；体验转换思想；结合实际问题的解决，借助直观操作明确整数加减混合运算的顺序与整数加法的运算律对分数也适用；结合具体问题和直观模型，分数与小数互化的方法，理解道理
	2.第三单元　分数乘法 (1)分数乘整数； (2)分数乘分数； (3)倒数	在三下 4(1)(2)、五上 3 和五下 1(1)的基础上，借助直观模型与转化思想的运用，探索和掌握分数乘法的意义和运算法则；在已有知识和经验的基础上，经历倒数的发展过程，多角度理解倒数的意义
	3.第五单元　分数除法 (1)分数除以整数，除数是分数的除法； (2)用方程解决简单的有关分数的实际问题	在三下 4(1)、四下 3、五上 3 和五下 2 的基础上，借助直观模型与转化、类比思想的运用，探索和掌握分数除法的意义和运算法则；用方程解决简单的有关分数的实际问题，初步体会方程是解决实际问题的重要模型，巩固分数除法法则
	4.第七单元　用方程解决问题 列方程，解方程	在四下 3 的基础上，用方程解决问题，巩固方程的有关知识
六上	1.第二单元　分数混合运算 (1)分数混合运算及乘法运算律； (2)列方程，解方程	在四上 3 及五下 1(1)(2)、2(1)(2)、3 的基础上，经历探索和解决分数混合运算实际问题的过程，会用画图的方法，分析和解决问题，积累解决问题的经验；体会乘法的运算律在分数运算中同样适用
	2.第四单元　百分数 (1)百分数的认识；合格率的认识； (2)小数，分数与百分数互化； (3)用方程和算术方法解决简单的百分数应用问题	在四下 1，五上 3(1)，五下 1、2、3 和六上 1 的基础上，结合解决实际问题的过程，理解和掌握百分数的意义及相关概念；体会学习百分数及小数、分数与百分数互化的必要性；用方程和算术方法解决简单的百分数应用问题
	3.第六单元　比的认识 比的意义，比的读、写、求比值，比与除法、分数的关系，比的化简，按比例分配	在二上 5(1)(2)和五上 3(1)(3)(4)的基础上，经历从具体情境中抽象出比、化简比的过程。体会学习比、化简比的必要性；理解比的意义，比与除法、分数的关系；会读、写、求比值和按比例分配

续表

册别	知识内容	教学要点
六上	4.第七单元 百分数的应用 (1)利率计算问题； (2)用方程和算术方法解决增加(减少)百分之几的实际问题	在六上 2 的基础上，根据分数加、减、乘、除法的意义，借助几何直观解决实际问题
六下	1.第二单元 比例 (1)比例的认识，解比例； (2)比例尺的意义； (3)图形放大和缩小的含义和方法	在六上 3 的基础上，结合具体情境，理解比例、比例尺的意义及图形放大和缩小的含义。会解比例、求比例尺，能利用方格纸按一定的比例，将简单的图形放大或缩小
	2.第四单元 正比例与反比例 (1)变化的量； (2)正比例及其图像； (3)反比例	在六上 3 和六下 1 的基础上，结合具体的数学情境认识变化的量，即一个量是怎样随着另一个量的变化而变化的；认识正、反比例，即从变化中看到不变。知道列表与画图都是表示变量关系的常用的方法，积累表征变量的数学活动经验

综合上表发现小学生的数学学习要在直观具体的情境中经历适当的重复和螺旋式的上升，最终均要达到理解、掌握和应用的程度。以运算教学为例，要求掌握意义、算法，理解数量关系、算理，且要求能够利用所学知识解决实际问题，提倡解决问题方法的多样性；在学习过程中，要根据学生的年龄特点和已有知识经验，由借助实物、小棒、计数器、数线、画图等直观教具或模型，到抽象思维；结合学生经历的生活情境、生动有趣的童话故事，解决问题的现实情境，在经历、体验和探索活动中，由了解、初步理解、理解、掌握到根据已有知识和经验解决实际问题。

二、数与代数教学的关键词

在数与代数的教学内容中除了我们熟悉的数、量、式、比、方程、法则等代表数学知识的名词术语之外，还出现了认识、运算、探索等描述知识技能与过程方法的动词，在数及运算概念的教学中，常常会出现含义、意义；在运算法则的教学中，又常常会出现算法、算理等。那么，在数与代数的教学中，它们具体指的是什么？让我们一起了解这些关键词吧。

1. 认识(这里只针对数的认识)

认识指从具体事例中知道或能举例说明对象的有关特征。

(1) 整数的认识包括数数、认数、读数、写数、数的顺序与大小关系；正整数的双重含义；20 以上数的认识增加了数的组成、数位、数位顺序、计数单位；学习负数之后对数的认识又增加了数的分类。

(2) 小数的认识，与整数认识的内容基本相同，由于小数是不可数的，所以不必数数。小数的认识包括小数的含义、读数、写数、数的顺序与大小关系；小数的构成、数位、数位顺序、计数单位，分类等。

(3) 分数的认识包括分数的含义、读数、写数、数的顺序与大小关系；分数的构成、分数单位、分类等。

因此，在教学数的认识时，必须围绕这些内容展开教学活动，随着年级的升高逐步加深学生对数的认识。

(4) 加、减、乘、除法的认识包括运算的含义、符号和算式的读法和写法。

2. 含义

含义指借助具体情境了解对象的产生过程，知道对象是什么，表示什么意思。是对概念的初步认识。

3. 意义

意义指对象是什么，为什么，有什么作用。意义是对概念的进一步认识。

4. 定义

定义指对于一种事物的本质特征或一个概念的内涵和外延的确切而简要的说明。定义是对概念最严格的界定。

5. 量

量指测量东西体积多少的器物或数量(数量指事物的多少)。这里涉及的量都是与数量运算有关的计量单位(货币单位、时间单位和质量单位)。与几何测量有关的单位将安排在图形与几何模块中。

6. 算法

算法指运算的步骤、方法。

7. 算理

算理指计算的道理。也往往指法则产生的根据，即算法的由来。 算理回答了法则为什么是这样的问题。

8. 运算

运算指根据一定的数学概念、法则和公式，由一些已知量通过计算得出确定结果的过程[①]。数的最基本的运算是加、减、乘、除四则运算。

9. 技能

技能指个体运用已有的知识经验，通过练习而形成的动作能力。

10. 运算技能

运算技能指能够按照一定的程序与步骤进行运算。[②]

---

① 史宁中.义务教育数学课程标准(2011 年版)解读[M]. 北京：北京师范大学出版社，2012：98.
② 史宁中.义务教育数学课程标准(2011 年版)解读[M]. 北京：北京师范大学出版社，2012：98.

11. 探索

探索指主动参与特定的数学活动，通过观察、实验、推理等活动，发现对象的某些特征或与其他对象的区别和联系。[①]

12. 抽象

抽象指思维活动的一种特性。即在思想中抽取事物的本质属性，撇开非本质属性。数学抽象指抽取出同类数学对象的共同的、本质的属性和特征，舍弃其他非本质的属性和特征的思维过程。[②]

至此仅阐述了数与代数知识教学中最常见的 12 个关键词，这些名词术语是我们进行数与代数教学不可或缺的内容，离开了这些名词术语，数与代数的教学将无法进行，其在理解知识、钻研教材和处理教材时，起着至关重要的作用。当然，在数与代数的教学内容中还存在着大量数学名词术语。比如数字、质数、通分、正比例、解方程等。这些名词术语的含义可见于数学知识手册，这里不再赘述。

三、数与代数的教学策略

关于数与代数的教学策略，经常听到有人说，太多了，不知怎么用。你有同样的困惑吗？想知道更实用的教学策略吗？下面将带领大家共同认识更精练、更实用的教学策略。

(一)结合实际情境，建构数学概念

1. 整数的概念

1) 正整数

认识正整数的教学重点在于引导学生从具体的数量中抽象出数。教学时，教师应该以学生的认知发展水平和已有的经验为基础，处理好直观与抽象的关系。首先，应明确学生的知识、经验和能力起点，选择支撑抽象的直观教、学具，像豆粒、小棒、计数器、小方块、图形、数位顺序表等，然后让学生动手操作，激发学生的学习兴趣，调动学生的学习积极性，引发学生的数学思考，从而由具体感知数量到抽象概括数及相关概念，建立数感(参见案例 1-1)。

2) 负数和零

认识负数的教学重点在于理解负数的含义，认识零的教学重点在于掌握零的意义，小学生理解负数和零有一定的难度。教学时，教师可以充分利用小学生熟悉的大量的生活素材，引导学生对之进行感知与理解(参见案例 1-1)。

注：自然数、整数、奇数、偶数、合数等概念均衍生于其他概念，可以在分析之后通过抽象概括进行教学(参见案例 1-2)。

2. 分数和小数的概念

1) 分数

分数意义的教学可分为两个阶段，第一个阶段的教学重点在于理解分数的含义，第二

---

① 中华人民共和国教育部制定. 义务教育数学课程标准(实验稿)[M]. 北京：北京师范大学出版社，2012：138.
② 辞海编辑委员会. 辞海[M]. 上海：上海辞书出版社，1999：1935.

个阶段的教学重点在于掌握分数的意义。由于分数在小学生的视野中并不常见，所以分数的教学是小学数学教学的难点。教学时，教师可以利用分数的实物模型、分数的面积模型、分数的集合模型、分数的"数线模型"逐步进行教学(参见案例 5-9、5-27)。

2) 小数

由于小数的认识必须基于整数和分数的认识，所以教学时，教师可以借鉴整数和分数的教学方法进行教学(参见案例 5-11)。

3. 运算意义

掌握加、减、乘、除四则运算意义的重点在于理解每一种运算对应的数量关系，能够根据四则运算的意义正确列式。教学时，教师可以引导学生经历生活中实际问题或数学问题解决的过程，结合直观演示与操作，通过思考与交流，逐步理解运算的意义(参见案例 5-26)。

4. 常见的量的概念

常见量的教学重点在于认识每一个量，体会每一个量的实际意义。由于这部分内容与学生生活密切相关，所以教学前后都要不失时机地提醒学生积累相关经验。教学时，可以充分利用学生的生活经验，在模拟情境中学习，在现实情境中体验(参见案例 1-4)。

5. 代数初步知识的概念

代数初步知识概念的教学重点在于探索描述客观世界中数量之间关系的重要模型，发展抽象思维。如果说小学生对数的认识是抽象思维的第一次飞跃，那么用字母表示数就可称为第二次飞跃，这次飞跃将实现从算术思维到代数思维的飞跃。在进行这部分内容的教学时，可参照第一次飞跃的过程进行。教师可以设计大量包含数或数量关系的情境，引导学生在情境中抽象出用字母表示的数或式，并以此刻画变量之间的关系，从变化中看到不变(参见案例 1-5)。

(二)解决现实问题，建立数学规则

在数学规则的教学过程中，教师应引导学生通过对已有知识的再加工来建立数学规则，在这个过程中教师应适应儿童的认知规律和接受能力，促进学生理解、掌握规则。

1. 四则运算法则

四则运算法则的教学重点在于探索算法，理解算理。教学时，教师可以按照例证—规则的学习模式，由直观到抽象，由个别到一般地引导学生发现规则。结合现实问题的解决，先安排形象的演示或实验，让学生在观察的基础上，发现信息，提出问题，进而分析、综合、抽象、概括，理解和掌握法则。但是由于任何一个运算法则的建立都不是一次完成的，小学生的抽象概括能力比较薄弱，所以可以通过多个例题，多课时教学，由简单到复杂，由具体到抽象再到多级抽象，逐步概括运算法则。每一个例证呈现法则的一个侧面，为抽象概括法则埋下伏笔。抽象概括时，应紧密结合例证，先抽象个例的计算方法，再推广到一般的数学规则。

另外，规则的教学不仅包含数学规则的结果，也包含数学规则的形成过程和蕴含的数学思想方法。教学时，不仅要注重教学生知道该怎样算，而且要注重教学生知道为什么这样算，使学生明白算理。提倡算法多样化，鼓励学生以自己喜欢的方式进行计算和交流。

尤其是在具体情境中，了解常见的数量关系：总价=单价×数量，路程=速度×时间，并能解决简单的实际问题(参见案例1-3)。

2. 四则运算性质

四则运算性质的教学重点在于发现归纳性质。对于整数四则运算的性质，本着提前孕伏、情境引入的原则进行教学，即在前期教学过程中已经感知的基础上，在教授整数四则运算性质的过程中，通过大量包含运算性质特征之问题的解决，引导学生发现特征，并运用不完全归纳法归纳性质。

对于分数和小数的四则运算的性质，也可以结合现实问题的解决进行推广。

(三)化繁为简，探索规律

探索规律的教学重点在于探索的过程，在于使学生在具体情境中通过观察、计算、操作、思考的方式，了解蕴含在问题情境中的规律，学会思考问题的方法。探索规律的教学，不可能仅仅通过几个专题训练就能够实现教学目标，教学中要不失时机地引导学生投入到探索规律的活动之中，逐步积累活动经验。教学时，应根据学生的实际情况，灵活地设计教学方案。如果学生在观察时，或者发现规律的过程中有困难，可以引导学生从简单的情形入手，借助直观操作逐渐发现规律(参见案例1-7、4-5)。

第二节　数的认识教学案例与分析

"数的认识"是"数与代数"知识模块中最主要的内容之一，是学生学习数学的奠基石。第一、第二学段数的认识是螺旋式上升、逐步加深的，贯穿于整个第一、第二学段。关于数的认识主要包括整数、小数、分数、百分数认识，负数的了解及与数的理解和数的特征有关的数整除性方面内容，其重点在于数概念的形成过程，两个学段相关内容的整体把握、递进与衔接。小学生学习数学是从认数开始的，理解和掌握这部分知识是建立良好的数感和形成初步的代数思想的前提，在实际教学中教师要注重讲究教法，让课堂充满智慧，使课堂更加高效。本节将带领大家共同走进数的认识教学的文本和视频案例与分析。

一、教学案例

【案例1-1】苏教版教材五年级(上册)第一单元"负数的认识"

在基本的正整数和分数的学习之后，负数的认识可使学生认识的数扩展到相反意义的量。此部分内容简单易懂，但若不能准确掌握负数的写法，不清楚正、负数的分界点，不会用负数表示相反意义的量，将影响后续数的运算的学习。因此，结合具体示例，通过观察、操作等活动，准确认识负数，体会负数的意义是教学目标。通过下述案例，我们可以一起看看如何开展"负数的认识"的教学活动。

负数的认识[①]

负数的认识.mp4

一、揭题：了解起点

师：今天我们学习什么？

(大屏幕课件直接点题，如图1-1所示)

师：你在哪些地方看到(或者听到)过负数？

师：谁来说？

(已经了解到大多数学生关于负数的先验经验)

二、尝试：拓展外延

出示一组数字，让学生找出其中的正数和负数。

师：看来大家对负数真有不少的了解，现在老师这里有一组数(见图1-2)，你能把负数挑出来吗？

(学生找出负数)

师：你会读这些负数吗？

师：负数的读法是先读"负"，再读"数"，如-3读作负三。(学生读作小横杠)

师：哪些是正数，怎么读？

(学生找出正数)

师：正数中"+"可以省略，如果为了和负数对比，也可以加上正号，这里"+"不叫加号，叫作正号。

图1-1 "负数的认识"1

图1-2 "负数的认识"2

三、情境：提炼内涵

师：这些负数我们都认识了，但是这些负数到底表示什么意思？

师：我们就以最简单的-2为例，请大家用自己喜欢的方式在白纸上表示出它的意义，你可以画图、列式、写字，等等。

(其间教师巡视，参与到小组探索活动中，并适时点拨)

选5个交流。

地下、2-4、欠(不够)、零下……

(+)2：……4-2……

意义相反

[①] 授课教师：江苏省南京市游府西街小学 储冬生。

-2: …… 2-4……

师: 看看每一组的两个量你有什么发现? 现在请大家看一看每一组的两个量有什么共同的地方?

根据学生的反馈, 教师提炼:

少, 亏, 左, 地下, 零下……

以温度计为例:

师: 判断出温度是正还是负, 有一个点特别重要, 是哪个点?

0℃表示淡水开始结冰的温度。

0有什么作用? (没有、起点、分界)

(+)2: …… 4-2……

分界(标准)0: 意义相反

-2: …… 2-4……

……

师: 为了表示两个意义相反的量就需要两种数, 于是负数便产生了。

师: 在过去的学习中, 当测量无法用整数表示多一些时, 我们就认识了分数和小数。现在有一组相反意义的量, 一个用以前学过的数来表示, 那么与它意义相反的另一个量就需要用一种新的数——负数来表示。

师: 我们以前学过的数只能够表示这些量, 为了表示和它意义相反的这些量就需要用负数来表示了。有了负数我们不但能够计算4-2, 像2-4这样的运算我们也能够计算了。

四、讨论: 深化认识

师: 现在我们对负数的认识更深刻了, 再来看看这10个数字。

(排序: 把这10个数字按照从小到大的顺序排列)

师: 那现在回来我们再看一看这些数, 用高一点的要求来看, 还是这几个数啊。谁能上来帮助老师把这些数, 按照从小到大的顺序排序?

(学生排列完成, 排列顺序为-13, -9, -5, -3, -2, +3, +5, 12, +48, 106)

师: 负的越多反而越小。

师: 要是把0也放到这排数中去, 大家看看放到什么位置。谁过来帮我把它放进去?

(学生把0放到正数和负数中间)

师: 你说这个0它能叫作负数吗?

师: 所以说0既不是正数也不是负数, 但是0比所有的负数都大, 它比所有的正数都小。这一排数既没有最小的起点, 也没有最大的终点。但是它们有一个中间的分界点, 就是0。

五、史料: 开阔视野

师: 今天我们一起认识了负数(板书课题)。

师: 负数看起来很简单, 就是在我们以前认识的数的前面加了一个负号, 但是负数的内涵却很丰富, 负数在整个数学史上都是一次重大突破。人类认识和使用负数有着一段曲折的历程……(课件见图1-3)

六、练习：综合应用

学习任务1：

一个人的体重增加1.2千克记作+1.2千克，体重减轻0.5千克记作(   )千克。

向东走10米记作(   )米，那么向西走14米记作(   )米。

(老师提问学生，根据学生的回答不断追问)

师：表示体重时我们习惯以增加为正，减轻为负，但是表示方向时我们可以向东为正，也可以向西为正。

学习任务2：

你认为有可能打"√"，你认为不可能则打"×"。

(1) 某地的海拔为-155米，可能吗？ (   )

(老师课件见图1-4)

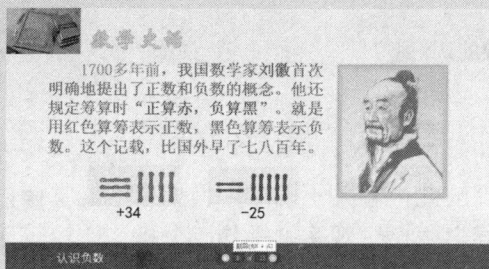

图1-3 "负数的认识"3

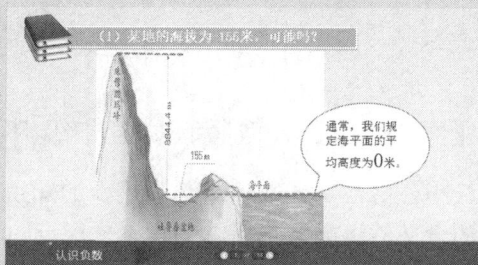

图1-4 "负数的认识"4

【图片说明】：通常我们规定海平面的海拔高度为0米，珠穆朗玛峰海拔高度为8844.43米，表示高于海平面8844.43米，吐鲁番盆地的海拔为-155米，表示(   )。

师：海拔是表示高度的，但是当高度低于标准0时，就只能用负数表示了。

(2) 我的手机话费余额为-15.45元，可能吗？ (见图1-5)(   )

【图片说明】：移动公司短信。

师：余额为-15.45元，其实就是欠费的意思。

(3) 小明的身高表示为-3厘米，可能吗？ (见图1-6)(   )

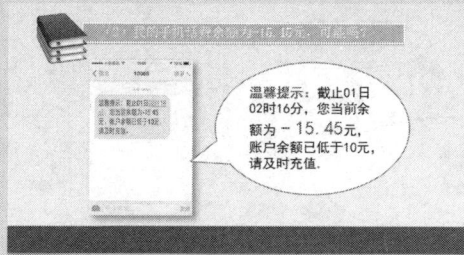

图1-5 "负数的认识"5

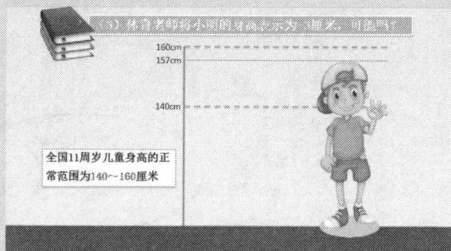

图1-6 "负数的认识"6

【图片说明】：全国11周岁儿童身高的正常范围为140～160厘米。

师：如果以最低的140厘米为标准呢？

师：同样是一个人的身高，怎么一会儿用正数，一会儿用负数表示呢？

……

师：看来关键是看这个标准，标准变化就会引起结果的变化。

七、反思: 总结提升

师: 谁能用一句话说明负数是怎样的数?

师: 负数还有哪些秘密呢? 我想通过今后的学习大家一定还会有更多惊奇的发现, 今天这节课我们就先上到这里。

(板书见图1-7)

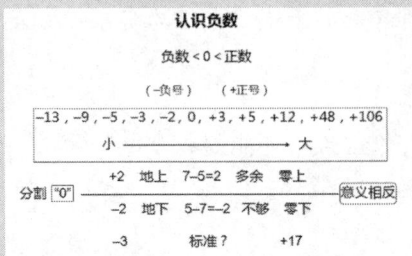

图1-7　"负数的认识"7

【案例1-2】人教版教材五年级(下册)第四单元"最小公倍数"

最小公倍数是分数计算必不可少的知识, 理解此内容并不困难, 但如果不能掌握倍数、因数的含义, 将会影响后续的学习。因此, 引导学生通过观察、操作、分析、比较等活动, 理解公倍数、最小公倍数的含义, 掌握求最小公倍数的方法是教学目标。通过下述案例, 我们一起看看如何开展"最小公倍数"的教学活动。

最小公倍数①

一、利用微课进行导入

教师结合最小公倍数的微课导课(见图1-8)。

微课讲解最小公倍数的知识点, 结合4和6的倍数, 以及4和6共有的倍数, 进而引出公倍数和最小公倍数的概念, 引发学生思考如何求出6和8的公倍数及最小公倍数, 微课提供了求公倍数的方法, 即列举法。

最小公倍数.mp4

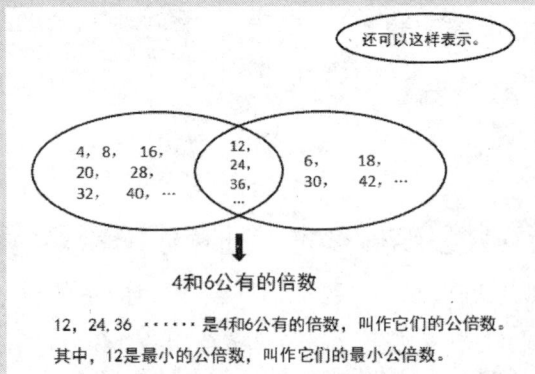

图1-8　"最小公倍数"1

---

① 授课教师: 吉林省延吉市北山小学　徐玲。

引导学生独立思考怎样求最小公倍数的简便方法，并思考两个数的公倍数和它们的最小公倍数之间有什么关系？学生观看完微课后，应独自完成练习，迅速验证答题正确与否，教师利用后台统计的答题情况，可以了解学生掌握知识的程度，根据学生的情况，制定本节课的教学目标及重难点。学生自主观看微课体现了信息技术微课的好处。

二、明确问题和要求，开展探索活动

明确解决问题的方向。

(板书：最小公倍数)

开展数学小游戏，利用学生的学号，按要求做出相应的动作，激发学生的学习兴趣，使之参与到游戏中(2和5的倍数、公倍数及最小公倍数)。

提出什么是公倍数和最小公倍数。

教师：利用软件随机抽取学生来回答问题。

学生加深对公倍数、最小公倍数的理解。

教师充分肯定学生的回答，及时给予奖励，加深学生对公倍数和最小公倍数的印象。

教师：订正概念，学生回答问题，两个数共有的倍数，叫作这两个数的公倍数，其中最小的公倍数是它们的最小公倍数。

教师：知道了公倍数和最小公倍数，怎样求出两个数的公倍数和最小公倍数？

教师：怎样求出12和18的公倍数和最小公倍数？

(其间教师巡视，参与到小组探索活动中，并适时点拨)

学生独立思考，合作交流，汇报。1.列举法；2.筛选法；3.分解质因数法；4.较大数翻倍法。

教师进一步强调和总结分解质因数法。

教师：为什么分解质因数就能求出最小公倍数？

教师：讲解利用分解质因数的方法(见图1-9)，求出12和18的最小公倍数，利用的等式。

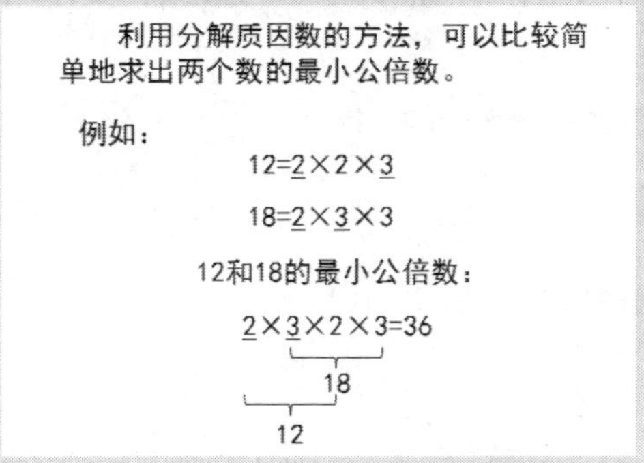

利用分解质因数的方法，可以比较简单地求出两个数的最小公倍数。

例如：

$$12=\underline{2}\times 2\times \underline{3}$$

$$18=\underline{2}\times \underline{3}\times 3$$

12和18的最小公倍数：

$$\underline{2}\times \underline{3}\times 2\times 3=36$$

图1-9 "最小公倍数"2

$12=2\times 2\times 3$。

$18=2\times 3\times 3$。

其中2和3是12和18的共有的质因数。

12和18的最小公倍数。

$2\times 3\times 2\times 3=36$。

教师：学习了几种求最小公倍数的方法？最喜欢哪个？为什么？

(学生说出最喜欢的方法，并说明理由)

(教师肯定学生的说法，强调要因题而异)

三、巩固新知，完善认知

教师：选择任意一种方法，计算出下面几组数字的最小公倍数。

练习一：7和13 5和6 3和8。

引发学生思考，发现了什么规律？

根据学生汇报的结果引申：

教师：两个质数相乘最小公倍数就是它们的乘积。

练习二：写出每组分数的最小公倍数。

引发学生思考，发现了什么规律？

根据学生汇报的结果引申：

教师：如果两个数是倍数的关系，较大的数就是它们的最小公倍数。

教师：学习笔记，观察一下，两个数的公倍数和它们的最小公倍数之间有什么关系？

两个数的公倍数是它们的最小公倍数的倍数。

两个数的最小公倍数是它们的公倍数的因数。

教师：利用信息技术给学生布置任务，及时了解学生的学习情况及完成情况。

四、课堂总结

教师：通过本课的学习，你有哪些收获？

(学生总结)

(板书见图 1-10)

图 1-10 "最小公倍数" 3

欲获得更多教学案例文本与视频请扫描二维码。

扫码案例 1-1.docx   扫码案例 1-2.docx   循环小数.mp4

二、教学建议

建议教师准备多媒体课件、教具，学生准备学具等，运用小组合作与展示等指导策略展开教学活动。

【案例1-1】建议

1. 利用情境提出问题，层层推进理解负数的意义

教学时，可以从提问入手。学生生活中多多少少都接触过正负数，这时可以为学生展示所学内容的标题，告知学生这节课的学习内容是要认识负数。提问：今天一起来认识"负数"，你在哪里见到过负数？学生指出在温度、电梯、气象预报等生活情境中见到过负数，如-3℃、-10℃、-1层等。紧接着教师出示温度计，要求学生认出温度-10℃、-20℃、-30℃等，并说出这些温度所表示的意思。然后依次出示电梯按键、银行收支短信(见实录)，找出认识的负数并分别说出其意义。此时，学生已初步感知到负数是用于对零下的温度、地下楼层、支出(减少)等生活现象的记录。这个环节的设计紧密结合了学生熟悉的生活情境，唤起了学生已有的生活经验，引导他们在数学的生活情境中认识负数。在温度、电梯、收支等情境的支撑下，既突出了数学的本质，又实现了数学与生活的结合。

2. 开展探究活动解决问题

(1) 负数的表达方式是什么？如何书写？可以采用提问的方式，谁知道同学们提到的负数如何书写？让学生自己到黑板上去写(或老师提供一些数，让学生找出负数，见实录)，让学生们讨论书写方法是否正确。最后老师总结到底什么是负数，以及负数的表达方式。同时提出疑问，与负数相对的数是什么数？什么是正数？负数有符号，正数有符号吗？应该如何书写？培养学生的符号意识，同时讲解正负数的读法及"-""+"符号的新含义。让学生说出他们已经知道的东西，在满足学生表达愿望的同时，让教师更加深入地了解学生的"已知"。这时候的课堂是学生的展示空间、交流空间。让每位学生都获得展示的机会，有成功感。在交流中，学生各自所知的差别不断得到平衡，逐步达到相同的认知水平，并且学生提供的负数(或老师提供的数)为后续在负数大小关系基础上得到一根数轴做铺垫。

(2) 什么样的数是正数？什么样的数是负数？0是正数还是负数？展示海拔高度的知识点，首先为学生介绍海拔。以学生现有的经验，对海拔的知识点相对陌生，所以需要教师讲解。刚刚学生学习了正负数，那这里的海拔应该如何表示？这个时候就可以引入海平面的水平高度记为0，0是正数还是负数呢？与之前我们学过0的含义是否一样呢？学生思考。之后说明0的特殊性，0既不是正数也不是负数，是正数与负数的分界线，也是划分负数与正数的标准。强调正号是可以省略的，我们之前接触过的数都是正数。

(3) 正负数的真正含义是什么？如何用正负数来表示相反意义的量？这时可以利用学生课堂最初举过的例子，在不同情境中讨论正负数所代表的含义，启发学生正负数是代表相反意义的量。利用盈利亏损的例题，让学生体会正负数的含义。既然正负数可以表示相反意义的量，这时可以启发学生利用正负数表示相反意义的量。生活中有哪些相反意义的量可以用正负数来表示？鼓励学生积极思考，结合实际利用数学符号表征生活中的实际问题。其中应再次强调建立标准"0"的重要性，深度解读建立的标准"0"不同，得到对事

物正负数量的刻画是不同的。教师首先应给学生提供一个思考的载体：若_____为0，则_____为"+"_____为"-"，让学生举例，学生获得感悟，其次出示学生的举例：若三楼为"0"，则四楼为"+"，二楼为"-"，追问依次类推，是否每个楼层都可以规定为"0"？进而引导学生发现任何一个数都可以规定为"0"。当一个数规定为"0"时，数的相对性得以体现。正、负数是表示一种"状态"，"状态"是具有相对性的数。学生真正理解了正、负数的本质。

(4) 正负数的大小关系又是怎样的？让学生在黑板上写下一些正负数，叫一位学生将黑板上这些数按大小排列，也可以让学生写在草稿纸上。进而讨论为什么这样排列？再引入教材中的例题。方向是相反意义的量吗？如何用正负数来表示呢？给出书中例题，规定正方向之后，将东西走向的图片用直线段表征出来，观察直线段上面的数，寻找规律，探讨正负数与0的关系，总结规律。

3. 练一练，理解具有相反意义的量

(1) 要求学生把下面各数填入合适的圈内(参照教科书)。教学时建议让学生独立完成，注意观察学生对0的处理。鼓励学生发表自己的答案及分类理由。

(2) 下面存折中用蓝色线框框出的数各表示什么？(参照教科书)教学时建议让学生独立完成。查看学生是否掌握了正负数的相反意义，是否可以用正负数表示相反意义的量，也可以提问类似问题：存入一万元如何表示？可以取出两万元吗？如果可以，如何表示？

(3) 巩固应用，查漏补缺。教学时，建议根据习题的难易度和学生的接受程度安排练习题，要求学生独立完成，并说出理由。也可以让学生同桌互相举例，一个说相反意义的量，另外一个用数字表征，将过程书写在答题纸上，最后在班级上进行分享。

【案例1-2】建议

1. 发挥直观形象对概念理解的支撑作用

前面学生认识公因数时，已经借助集合圈，直观感知和理解了公因数和最大公因数的概念，同样地，这里的教学，也要充分发挥集合圈的直观作用，让学生看到4的倍数和6的倍数相交的部分就是4和6公共的倍数，由此引出公倍数和最小公倍数的概念，学生只有较好地理解了概念，才能更好地掌握求公倍数和最小公倍数的方法。

2. 通过对比，加强概念的理解

认识公倍数和最小公倍数后，学生容易将它们和公因数、最大公因数弄混，这就需要引导学生对比它们的联系和区别。比如，两个数的公因数的个数是有限的，最小的公因数都是1，而两个数的公倍数的个数是无限的，只有最小公倍数，没有最大公倍数。本节课是引导学生在自主参与、发现、归纳的基础上，认识、建立并理解最小公倍数的概念的过程。五年级学生的生活经验和知识背景更为丰富，新课程标准要求教材选择具有现实性和趣味性的素材，采取螺旋式上升的方式，由浅入深地促使学生在探索与交流中，建立公倍数与最小公倍数的概念。在此之前，学生已经了解了整除、倍数、因数以及公因数和最大公因数。本节课的意图是通过写出几个数的倍数，找出公有的倍数，再从公有的倍数中找出最小的一个，从而引出公倍数与最小公倍数的概念。接着用集合图形象地表示出4和6的倍数，以及这两个数公有的倍数，这一内容的学习也可为今后的通分、约分学习打下基础，

具有科学的、严密的逻辑性，体现了新课标的要求。学生的学习内容应该是现实的、有意义的、富有挑战性的。有效的数学活动必须建立在学生的认知发展水平和已有的知识经验基础之上，使学生感到数学就在自己身边。课堂中最有效的时间是前 15 钟，充分利用好这段时间的教学，能有效地提高学习效率。

3. 鼓励学生不断总结经验，改进方法

教授例 2 时，可以直接出示例题，让学生独立思考，独立解题，找出 6 和 8 的最小公倍数。然后互相交流，互相启发，看看还有没有其他方法，回顾学习过程中的思考和评价，在回顾 6 和 8 的最小公倍数求解过程和结果以后，让学生观察、思考两个数的公倍数和它们的最小公倍数之间的关系，开展同桌讨论，互相启发举例验证。小学生的动手欲较强，学生认识数的概念时更愿意自主参与，自己发现。再者，学生个人的解题能力有限，而小组合作则能更好地激发他们的数学思维，通过交流获得数学信息。通过动手，让学生找一找，圈一圈；通过动口，在概念揭示前，让学生说一说。给学生机会说在动手之后的感悟，还可以在个人表达的同时倾听他人的说法。设计成寓教于乐的形式，将教学内容融入一环环的学生自主探索发现的过程中。具体而言共有下述几个步骤。

(1) 利用情境引入新课，通过学号探索新知。清楚形象地看到两个数的倍数关系。

(2) 顺其自然地形成概念，初步理解公倍数和最小公倍数。学生探索后，引导学生有意识地发现倍数的特征，用自己的语言梳理新知，使学生在环环相扣的教学进程中顺理成章地理解概念，把生活问题提炼为数学问题，让学生用自己的语言概括公倍数与最小公倍数的概念，沟通二者之间的联系。

(3) 创设问题情境，尝试应用，提炼方法。结合教学内容特征，创设富有生活情趣的问题情境，利用学生的生活经验与知识背景，鼓励学生解决简单的实际问题，激活学生的数学思维，提高解题技能。

(4) 巩固练习、不断刺激，不断巩固提升。先让学生学会用最基本的方法求两个数的最小公倍数，再用这样的知识解决生活中的排队问题。用富有生活气息的情境，激发学生学习兴趣，再次打通生活与数学的屏障，感受到求公因数与求公倍数的联系。

(5) 学生回忆整堂课所学知识。学生通过这一环节可以将整个学习过程进行回顾，按一定的线索梳理新知，形成整体印象，便于知识的理解与记忆。

三、教学评价

(一)总评

本节案例所制定的教学目标明确、具体、可实施，构建起知识间的联系，尊重学生的已有经验。由此可见，教师对总体目标的理解全面、准确，对教材把握熟练、理解透彻；遵循教材编写的总体框架思路，体现教材编写意图，只对局部进行了更有新意的加工；将传统教学手段和现代教学手段有机融合，优选活用教学方法；板书流利、格式规范、条理性强，板书布局合理、重点突出、完整精练、言简意赅；教师教态阳光、庄重、富有感染力，语速、音量恰到好处，过渡自然、富于变化，有启发性，专业术语准确清楚，运用教具、操作投影仪等熟练程度高，师生情感交融，教学效果好。

(二)特色点评

【案例1-1】特色点评

1. 教学目标点评

其教学目标不仅明确了本课应达成的四基："初步认识负数,知道正、负数的读写方法,知道 0 是正数和负数的分界点,能用正负数表示生活中具有相反意义的量,并能借助直线上的点表示正、负数。"明确了学生学习必须经历的过程:"通过描述和解释现实生活中的正、负数,进一步体会正数和负数的相对性,理解负数的意义。"指出了应发展的思维和能力:"发展数感和符号意识,提高分析、综合、抽象、概括的能力。"以及"体会数学与生活之间、数学知识之间的紧密联系"。同时强调了情感态度价值观的培养,"体会负数和已有知识的联系,初步培养学生的抽象、概括能力"。

2. 教材处理点评

在引入环节,根据学生的已有生活经验,引发学生的积极思考,直指教学重点,满足学生的心理诉求;在建构新知环节,充分利用学生原有认知,从负数的表达形式、含义到负数的大小,层层展开,脉络清晰,环环相扣,过渡自然。充分调动学生学习的积极性,把探究的时间和空间留给学生,抓住了关键,突出了重点"理解正数和负数的意义,会用正数和负数表示生活中具有相反意义的量"。突破了难点"理解'0'既不是正数也不是负数",很好地达成了教学目标,符合教学内容和学生实际。体现了几处亮点:第一,学生猜测后,教师在充分肯定学生发现的同时,激发学生产生验证需求。第二,开放式提问,激发了学生的想象力。第三,巧妙设计正负数含义的教学,一举多得。让学生学得兴趣盎然;在巩固应用环节,一题多用,一问多答,较好地完善了学生的认知,发展了学生的探究意识。

3. 教学方法和手段点评

运用的教学方法"演示法、讲解法、讨论法、引导发现法、谈话法、练习法"科学,采取的教学手段"多媒体课件(PPT)、纸张等"恰当。将传统教学手段"纸张、教具"和现代教学手段"多媒体课件(PPT)"有机融合,并基于本课内容与旧知识的关联与不同,优选活用教学方法。

【案例1-2】特色点评

1. 教学目标点评

"最小公倍数"是一节概念教学课,是在学生已经学习了"因数和倍数的意义""质数和合数""分解质因数"及"最大公因数"等内容的基础上进行教学的,学生已有找公因数的经验,它既是对前面知识的综合运用,同时又是学生学习"通分"必不可少的知识基础。教师主要围绕教学目标:"结合具体情境,体会公倍数和最小公倍数的应用,理解公倍数和最小公倍数的意义。探索找公倍数的方法,会利用列举法等方法找出两个数的公倍数和最小公倍数。培养学生推理、归纳、总结和概括能力。"体现了新课标中"4~6年级的学生能找出10以内任意两个自然数的公倍数与最小公倍数"的要求。

2. 教材处理点评

教师尊重并灵活使用教材，直指教学重点"学会用列举法和短除法找出两个数的最小公倍数"和教学难点"理解公倍数、最小公倍数的意义"，利用现代信息技术微课进行教学，引领学生主动构建概念。五年级学生具有一定的生活经验和较为丰富的知识背景，教师选择具有现实性和趣味性的活动素材，将学生置于生活实际中，可以让学生感受到数学与生活的密切联系，数学给生活带来的美以及数学在生活中的价值，从而激发学生美好的数学情怀和学习数学的兴趣，并在实际中操作，由浅入深地促使学生在探索与交流中建立公倍数与最小公倍数的概念，使学生在获取数学知识的同时，又让学生的情感态度，动手操作等多方面的能力得到发展。

3. 教学方法和手段点评

教学中，合理变化教学方法与手段让学生自己去尝试解答，然后汇报个性化的解题方法。在不断地交流汇报中，学生发现了有特殊关系的两个数的最小公倍数的求法。有倍数关系的两个数最小公倍数是它们中的较大数。让学生在经历观察、思考、比较、反思等活动中，逐步体会到了数学知识的产生、形成与发展的过程。在教授有特殊关系的两个数的最小公倍数时，学生在经历求的过程后，又仔细观察，认真思考，汇报自己的想法，把被动的认知变成了主动探究。在同学之间的讨论、交流、探索中，学生发现了新知识的特点，又在不断的比较中，知道了新知识和旧知识之间的异同。就这样，在整理、归纳、交流的活动中丰富了数学活动的经验，提高了解决问题的能力，使学生在这堂课中成为学习的主人。

第三节 数的运算教学案例与分析

数的运算内容也贯穿于整个第一、第二学段，是这两个学段数学学习分量比较重、占用学习时间最多的内容。对于数的运算首先要使学生理解为什么要运算，选用何种方式运算以及运算到什么程度，即精算还是估算。如果说数(自然数)是刻画一个集合中事物数量的信息符号，那么运算(四则运算)则是刻画多个集合中事物数量信息之间关系的符号(组合)。从数学发展的逻辑体系来看，加法运算是四则运算的基础，减法运算是加法运算的逆运算，乘法是一种特殊的加法，除法是乘法的逆运算。小学阶段数的运算主要包括整数运算，分数、小数和百分数运算，估算，使用计算器运算，以及算法的交流、问题解决与常见数量关系。本节将带领大家了解数的运算内容教学的文本和视频案例与分析。

一、教学案例

【案例 1-3】北师大版教材四年级(上册)第六单元"路程 速度 时间"

在学习基本的数的运算之后，数学模型的应用正式进入数学的学习中，学生认识到学习运算是为了解决问题。此时引入常见的数量关系，运用这些数量关系模型解决实际问题是培养学生问题解决能力的重要途径。速度×时间=路程是小学阶段重要的数量关系模型。此部分的内容简单、清晰，但如果缺乏对路程、速度、时间三者之间关系的熟练掌握，将会影响相应问题的解决。因此，结合具体的情境，通过观察、操作等活动建立数学模型，理解路程、速度和时间的关系显得尤为重要。让我们通过下面案例，体会如何创设情境，开展数量关系的教学吧。

路程 速度 时间①

一、视频导入，创设情境

师：同学们，在你的印象里，什么动物跑得最快？

(学生根据自己的生活经验，提出猜想)

师：其实跑得最快的是猎豹。好，我们现场感受一下它有多快。

(课件播放视频)

路程、时间与速度~4.mp4

师：看了刚才猎豹的奔跑和蜗牛的爬行，你有什么感觉？

(学生通过直观感受作出回答)

二、初步感知，揭示主题

师：现在有三种小动物，它们不打算跑了，要进行竞走比赛。猜猜谁走得快呢？

(课件出示：猴子，兔子，松鼠)

学生根据自己的想象回答：给它们同样的起点，都走 100 米，谁领先谁就快；都走 1 小时，谁走得多，谁最快。

师：你们的方法都不错，那我们就借助它们近期的竞走成绩来比一比，从表格中你知道了什么数学信息？

(课件出示表格见图1-11)

师：这里面的 4 分、3 分都是什么(板书：时间)？280 米、240 米呢？老师告诉你，它叫路程(板书：路程)。像人、动物、交通工具走过或行驶过的距离就叫作路程。不用计算，你能比较出谁快谁慢？你想比较谁和谁？还想比较谁和谁？或者说就是什么相同，比较什么？

生：小猴和松鼠它们的时间相同，松鼠走的路程长，所以松鼠走得快；小猴和小兔它们走的路程相同，小兔走的时间短，所以小兔走得快。

三、合作探究，小组汇报

师：我们再来看这两只小动物都比较快，那谁更快呢？你能比出来吗？怎么比呢？

(1) 合作探究。

师：请大家先独立思考，然后在学习卡上动笔画一画或算一算，也可以借助学具纸条来折一折，再比一比。这条长的表示谁走的路程？

生：表示松鼠走的280米。

师：这个短一点的又表示谁走的路程？如果你比较起来有困难，可以和同桌说一说。

(课件出示表格见图1-12)

竞走成绩表

动物	时间/分	路程/米
松鼠	4	280
小猴	4	240
小兔	3	240

图1-11 "路程 速度 时间"1

谁走得更快？

画一画或算一算，也可以借助学具折一折，比一比。

动物	时间/分	路程/米
松鼠	4	280
小兔	3	240

图1-12 "路程 速度 时间"2

① 授课教师：吉林省长春市东北师大附中净月实验学校小学部 王凯利。

(学生探究讨论)

(2) 小组汇报。

师：哪一组来介绍一下你们的方法？(板书如图 1-13 所示)

生1：先用 280÷4 求松鼠 1 分钟走多少，280÷4=70(米)。再求小兔的，240÷3=80(米)。80>70，所以小兔快。

生2：(如图 1-14 所示)我用的折学具纸条的方法，这条长的纸条代表松鼠 4 分钟走的路程 (教师将纸条贴在黑板上松鼠的头像后面)，我把它平均分成 4 份，其中的 1 份就是它 1 分钟走的路程(教师用磁力扣压住折后的印记)，而另一张纸条代表小兔 3 分钟走的路程，我又把它平均分成了 3 份，其中 1 份就是它 1 分钟走的路程，比较这 1 份的长度，就知道谁更快了。

师：你们的方法都很棒！还有其他人用了不一样的方法吗？

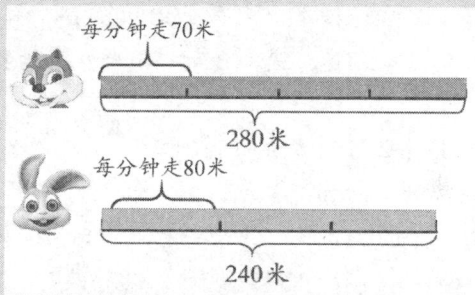

280÷4=70（米）

240÷3=80（米）

80 > 70

答：小兔更快

图 1-13 "路程 速度 时间" 3   图 1-14 "路程 速度 时间" 4

生3：我用的线段图的方法(上前演示并讲解，如图 1-15 所示)。

师：两条线段是一样长的吗？哪条长？一般左边对齐。还有其他方法吗？

生4：算出松鼠 3 分钟走多少米，然后和小兔 3 分钟走的路程比较。(见图 1-16)

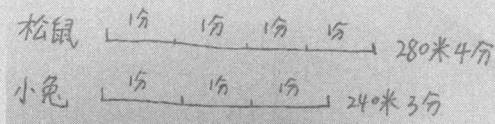

图 1-15 "路程 速度 时间" 5   图 1-16 "路程 速度 时间" 6

师：大家想到的办法都特别好，它们有什么共同的特点吗？

生：都是什么相同比什么。

师：不同的是什么呢？

生：都是时间相同比路程，时间不一样。

师：一个是比较 1 分钟的路程，一个是比较 3 分钟的路程，那我比较 12 分钟的行不行？

生：也行。

师：相同的时间太多了，我们到底比较几分钟的更合适呢？

生：1 分钟。

师：对啦，通常我们都是比较 1 分钟所走的路程。它们每分钟所走的路程就是它们的速度。(板书：速度)

四、练习巩固，强化提高

(1) 老师养的小乌龟，2 小时爬行 140 米，乌龟爬行的速度是(　　)。

列式，乌龟的速度指的是什么？

生：每小时爬行 70 米。

(2) 长春地铁，4 秒钟行驶 88 米，地铁行驶的速度是(　　)。

列式，地铁的速度指的是什么？

生：每秒行驶 22 米。

师：你们说的都对。像这样的，每小时行驶的路程、每分钟行驶的路程、每秒行驶的路程都是速度(板书)。

师：接着看我们刚才的列式，只看算式，你能看出谁的速度快吗？我看完之后，觉得以后出门可以不坐地铁，坐我家小乌龟算了，你有什么想说的？

生：乌龟爬行的速度是每小时 70 米，而地铁的速度是每秒 22 米，它们的时间单位不一样。

师：那有什么好的方法来表示吗？

生：在米的后面加个斜杠，然后写上时间单位"时"。

师：70 米/时，读作：70 米每时或每时 70 米。地铁的速度应该在米的后面加上什么？谁能帮老师把松鼠和小兔的速度单位改一改？

(学生在黑板前改板书)

五、拓展延伸，总结回顾

师：刚刚它们的速度是怎么计算出来的呢？

生：速度=路程÷时间。

(板书见图 1-17)

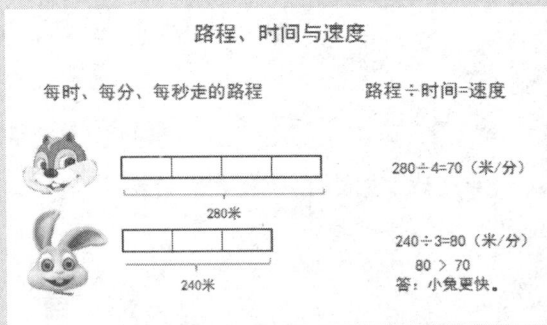

图 1-17　"路程 速度 时间" 7

师：判断物体运动的快慢，速度就是一个很好的数据，除了行走的速度，在自然界还存在着各种各样的速度。

师：我们看大屏幕，这是什么现象？

生：打雷，闪电。

师：在看到闪电后，我们还会听见雷声。闪电的速度就是光传播的速度，雷声的速度就是声音传播的速度。谁来给大家读一读？

生：声音传播的速度大约为 340 米/秒。

师：快不快？

生：光传播的速度大约为 30 万千米/秒。

师：更快了。现在你知道打雷时，为什么我们先看到闪电后听到雷声了吗？

生：因为光传播的速度比声音传播的速度快很多。

师：我们今天学习的是与路程和时间有关的速度，其实生活中的速度还有很多种，如阅读的速度、上网的速度、植物生长的速度、城市发展的速度，同学们课后可以查找资料了解一下。这节课就上到这儿，下课。

欲获得更多教学案例文本与视频请扫描二维码。

扫码案例 1-3.docx   扫码案例 1-4.docx   整十数加减整十数~4.mp4

二、教学建议

建议教师准备多媒体课件；学生准备学具、纸等。

1. 利用情境，提出问题

教学时，可以通过学生熟悉的，现实生活中速度的实际问题，利用多媒体教学手段声情并茂地导入新课。需要说明的是，可以改变教科书中陈述问题情境的方式，制造一定的认知冲突，并由此引出第一个问题。

2. 开展探究活动解决问题

(1) 如何比较松鼠、猴子和小兔谁更快，说一说你的想法和理由。

① 让学生明白所要解决的数学问题是如何比较三只小动物谁快。

② 引导学生开展探究活动，明确解决问题的方向。

教师启发学生，我们会怎样比较三只小动物谁走得快？我们可以用哪些方法求？鼓励学生独立思考、大胆猜测、合作交流；或直接让学生独立思考、合作交流。根据学生已有的知识经验，应该先将松鼠和猴子、猴子和小兔比较出来，教案与视频中可见。

教师在认真梳理、充分肯定学生发现的基础上，引发学生比较松鼠和小兔谁走得快；需要说明的是，如果学生对谁走得快有不同的意见，必须不失时机地利用课堂生成问题。由此转入第二个问题。

(2) 借助学具纸折一折，画一画。建议让学生利用学具纸动手折一折，并通过与小组成员进行比较来验证。然后让学生说说是怎么折的，并在此基础上引出下面的问题。

(3) 你能想出其他方法吗？建议教师引导学生在没有纸条的情境下进行比较，并进行交流。先画两条线段，代表松鼠和小兔所走的路程，再将这条线段平均分成四部分和三部分，每个部分所代表的时间为一分钟。引导学生发现松鼠和小兔在一分钟所走的路程。在此基础上，分别对松鼠和小兔所走一分钟的路程进行比较。需要注意的是，教学时，教师需要先让学生探索，当学生遇到瓶颈时，再适时点拨。

(4) 你能有其他的方法吗？与同伴说一说。在上一个问题讨论与交流的基础上，可以参考以下步骤教学。

① 引导学生观察比较松鼠和小兔一分钟所走的路程，由此得到

松鼠一分钟走的路程：280÷4=70(米)。

小兔一分钟走的路程：240÷3=80(米)。

再比较 80(米) >70(米)，从而验证问题的猜想是正确的。

需要注意，此环节也可以直接由学生完成。参考教案与教学视频。

学生总结其他方法，用 280÷4=70(米)，再用 70×3=210(米)，210(米) <240(米)，验证猜想的正确性。

由学生类比出利用 240÷3=80(米)，再用 80×4=320(米)，320(米) >280(米)，根据导入问题，得出第二个问题的答案。

② 你能说出松鼠和猴子的速度吗？与同伴说一说。在上一个环节的基础上，建议教师根据教材的提示以及学生的讨论，总结速度单位，并修改松鼠、猴子和小兔的速度单位，加深理解。

3. 试一试，理解公式

第一个问题，教师在进行教学时，建议让学生独立完成。鼓励学生独自解决问题。

第二个问题，教师可以引导学生根据速度公式，探究发现总价、数量以及单价的关系。

需要注意，也可以制作一个活动的情境，通过情境的演示，理解总价、数量与单价的关系。

4. 巩固应用，查漏补缺

教学时，建议教师应根据习题的难易度和学生的接受程度安排练习题，要求学生独立完成，并说出算理。

三、教学评价

1. 评价教学目标

教师的教学不仅达成了知识技能目标，"理解并掌握路程、时间与速度之间的关系"；而且明确了学生应经历的过程和运用的方法，"在情境中，体验速度与路程、时间有密切关联，经历从实际问题中抽象数量关系式的探索过程，并学会运用所学知识解决问题，即经历'问题情境—建立模型—解释与应用'的数模学习过程"，建立模型思想。指出了要通过对"速度"这个概念的不断深入探索，体会每个物体运动的快慢与路程和时间都有关系，将速度的算法与速度的单位紧密联系。同时强调了情感态度价值观的目标，"体验学数学、用数学的乐趣；树立生活中处处有数学的思想；培养学生热爱生命，热爱运动，乐于助人的生活态度；培养学生思维的灵活性"。

2. 评价教材处理

在引入环节，根据学生的心理制造情境，将要我学转化为我要学，直指教学重点，满足学生的心理诉求。在建构新知环节，充分利用学生原有认知，从速度求法的猜测、验证到得出公式，层层展开，脉络清晰，环环相扣，过渡自然。充分调动学生学习的积极性，把探究的时间和空间留给学生，直指教学重点"理解和掌握行程问题中速度、时间、路程三个数量关系，建立'速度×时间=路程'这一数学模型"。突出教学重点"对速度概念的理解和正确书写速度单位"，很好地达成了教学目标，符合教学内容和学生实际。体现了几处亮点：第一，学生猜测后，教师在充分肯定学生发现的同时，激发学生产生验证需求。第二，学具纸的设计与使用。第三，巧妙设计了速度单位的教学，一举多得。让学生学得兴趣盎然。在巩固应用环节，一题多解，一题多用，较好地完善了学生的认知，发展了学生的探究意识。

3. 评价教学方法和手段

运用的教学方法"演示法、引导发现法、讲解法、谈话法、提问法、练习法"科学，采取的教学手段"多媒体课件(PPT)、学具等"恰当。情境创设恰当有效，问题动态生成，设计严谨合理。面向全体学生，因材施教，正确处理了主导与主体的关系。注重学法指导，学生学习方式多样化，能在自主探索和合作交流的过程中积极从事学习活动，主动获取知识。

第四节 常见的量教学案例与分析

常见的量基本在第一学段出现，主要指涉及与数量运算有关的计量单位，与几何测量有关的单位都安排在"图形与几何"内容中。主要有货币单位：元、角、分，时间单位：年、月、日，时、分、秒，质量单位：克、千克、吨。这些计量单位的认识都和实际问题有紧密的联系，需要在现实情境中引入，在解决问题的过程中理解和掌握。本节将带领大家了解常见的量教学的文本和视频案例与分析。

一、教学案例

【案例1-4】北师大版教材三年级(下册)第四单元"一吨有多重"

在基本的质量单位学习之后，吨的认识在常见的量系列内容的教学中具有承上启下的作用。此内容貌似简单，但如果对概念的理解不到位，将直接影响后续课程学习。因此要结合具体事物，通过观察、操作对比练习等活动，准确认识质量单位吨。

一吨有多重[①]

一、创设情境，导入新课

师：同学们知道陆地上最大的动物是什么吗？

---

① 授课教师：吉林省长春净月高新技术产业开发区净月大顶子小学 李文波。

(课件出示教材第 47 页大象称重图，如图 1-18 所示)

图 1-18 "一吨有多重" 1

师：图中让我们先猜一猜大象有多重，该用什么质量单位来表示？

生：千克。

师：大象长得高大肥胖，如果用前面学习过的千克做单位行不行？

(建立和已有经验的联系，产生新的量纲的需要)

二、实践探索，理解新知

一吨有多重。

(1) 实践中，初次感知吨。

师：用你学过的最大质量单位千克试一试，画一画，表示一下吧。

师：一头大象的重量大概是 40 个笑笑的重量，也就相当于 40 个×××同学的重量。我们可以通过例子来算一算，40 个×××同学重多少千克？

生：参照上节课的练一练知道笑笑体重是 25 千克，联系生活可以估计出大象应该有几十个笑笑那么重，也就是有几十个 25 千克，可以这样来表示大象的重量。

师：那 40 个同学的体重有多少千克？

生：25×40=1000(千克)。

师：那大象重多少千克？

生：一头大象约是 40 个同学的重量也就是 1000 千克。但是这也太麻烦了。

师：在生活中，为了简便计量，人们把 1000 千克的质量也叫作 1 吨，也就是说 1 吨等于 1000 千克。(课件出示教材主题图，如图 1-19 所示)

(板书：1 吨=1000 千克)

(2) 师生共同体验感受 1 吨。

师：猜猜老师的体重有多少？抱抱老师，感受老师的体重。

估一估，大约多少个老师这样体重的成人，加起来体重有 1 吨。

(3) 同桌同学互背，估算，感受 1 吨。

同桌同学合作：先问一问同桌同学的体重，再背一背或抱一抱同桌同学，感受一下同桌同学的体重；最后再算一算或估一估，多少个同桌同学的体重才是 1 吨。

师：在生活中，人们常常用"吨"来表示很重或很大的物体的质量。"吨"是比"千克"还要大得多的质量单位，用字母"t"表示，所以也可以写作 1t=1000kg。

师：谁还能试着说一说一吨有多重？

(课件出示：一袋面粉 50 千克，20 袋面粉约重 1000 千克，也是 1 吨)

三、结合实际，巩固提升

(1) 生活中的"吨"。

师：你们还知道哪些物品的质量是 1 吨或哪些物品的质量用吨作为单位呢？

生 1：1 头小象的质量大约是 1 吨，三头水牛的质量大约是 1 吨。

生 2：货车运的货物的质量一般都要用"吨"做单位。

生 3：过桥时发现有一个写着 50 吨的牌子，告诉我们这座桥最大载重是 50 吨。

生 4：吊车能吊起 8 吨重的物体等。

(2) 吨的应用。

师：(课件出示教材第 47 页例 3 "填上合适的单位"，如图 1-20 所示)

图 1-19　"一吨有多重"2　　　　　图 1-20　"一吨有多重"3

四、课堂小练，拓展强化

(1) 将学过的质量单位按一定的顺序进行整理。

(2) 填写合适的质量单位。

① 一块橡皮的质量是 30(　　)。

② 一架电梯最多可以载重 1(　　)。

③ 一个足球的质量为 2(　　)。

④ 举重运动员占旭刚，在第 27 届奥运会上以挺举 207.5(　　)的成绩再一次获得冠军，为国争光。

(3) 讨论题。

① 1 吨棉花和 1 吨铁哪个重一些？

② "自动电梯"里标注限重量 1000kg(1 吨)，13 个成人。

　　出示问题：

　　a. 如果是孩子，每次可以乘坐几个人？

　　b. 如果全班同学都要乘电梯，至少要坐几次？

五、师生归纳总结

师：刚才的练习大家表现都很棒。现在大家知道什么是"吨"了吗？

生 1：知道了，吨是一个表示质量很大或很重的质量单位。

生 2：1 吨和 1000 千克一样多。

生 3：还可以用字母"t"表示这个单位。

生 4：填写合适的质量单位，要把生活中的经验和对千克、克及吨的认识相结合。

(板书见图 1-21)

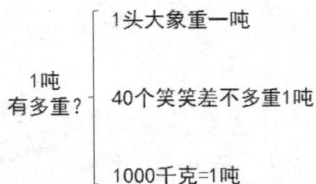

图 1-21 "一吨有多重" 4

二、教学建议

建议教师准备多媒体课件、学习任务单。

1. 以学生的生活经验为基础

吨的认识作为概念教学的课型，可以从学生原有的经验出发，广泛联系现实生活，引发学生认识吨的学习愿望；精心设计多样化的操作活动，帮助学生初步建立关于 1 吨的质量观念。在"一吨有多重"的情境中，主要通过类比的方法帮助学生建立"吨"的质量单位概念。由于"吨"的质量单位较大，学生无法直接体验，所以教材以学生熟悉的一些物体的质量为载体，通过几个或者几十个类似物体的质量来说明"一吨"有多重，这样就使较为抽象的质量单位能用具体物体的质量进行说明。

2. 开展实践操作活动

让学生在实践中去体验，去感受，要创造各种条件，充分准备教具、学具和食物等，让学生进行猜一猜，掂一掂，称一称，算一算，说一说，比一比等实践活动，以调动学生多种感官参与学习活动。虽然"吨"在学生日常生活中，这个量比较抽象，但是通过称一称，掂一掂的活动，认识千克与吨之间的进率关系，在估一估、称一称的活动中，帮助学生建立生活中常见的质量的概念，这是学生建立质量参照系的重要步骤，也是培养学生估计能力与数感的重要环节，吨的质量单位较大，学生无法直接体验，所以教材以学生熟悉的一些物体为质量载体，通过几个或几十个例子来说明一吨有多重，使学生理解吨的概念。

3. 有机融合珍爱生命教育

"立德树人"是教育的重点目标，数学教学中如何实现这一目标？根据教学内容特点进行有机的渗透是有效途径。数学知识都与人类的生活、生产甚至生命息息相关，教师要善于捕捉生活中的素材，将它巧妙地融合到我们的数学课堂中，以起到润物无声、悄悄地植入学生心灵的作用。教师可以将生命教育有机融入学习中，让学生在吨的认识过程中有机地了解限重、承重、载重等含义，在吨的单位质量以及单位数量的累加过程中感受超重带来的危害和灾难，让学生意识到要敬畏质量、远离危险。

4. 巩固应用，查漏补缺

教学时，建议教师应根据习题的难易度和学生的接受程度安排练习题，要求学生独立完成，并说出算理。在学生进行了较充分的体验，认识了"吨"之后，再进行一些有针对性的基础训练，如选择合适的单位名称和简单的换算等。练习设计灵活多样，能进一步激发学生的学习兴趣，在较少的时间内最大限度地提高练习效率。

三、教学评价

1. 评价教学目标

本案例所制定的教学目标明确、具体、可实施。不仅明确了本节课应达成的"知道 1 吨=1000 千克，能够运用千克、克、吨的有关知识，估计一些物体的质量，提高估计能力，感受质量与日常生活的联系"。而且明确了学生学习必须经历的过程："结合具体生活情境，感受并认识质量单位'吨'，了解 1 吨的实际质量，初步建立吨的质量观念。"指出了应发展的思维和能力"数的认识"以及"发展数感和符号意识"。同时强调了情感态度价值观的培养，"在建立质量观念的基础上，培养学生估量物体的意识以及合作的意识"，很好地达成了教学目标。

2. 评价教材处理

对教材的处理直指教学重点"初步建立吨的质量观念"。教学难点"掌握'1 吨=1000 千克'，并能进行简单的换算"。充分调动学生学习的积极性，符合教学内容和学生实际。体现了几处亮点：第一，学生猜测后，教师在充分肯定学生发现的同时，激发学生产生验证需求。第二，练习题的设计与使用。第三，巧妙设计千克、克、吨的教学方式，一举多得。让学生学得兴趣盎然。在巩固应用环节，一题多解，一题多用，较好地完善了学生的认知，发展了学生的探究意识。

3. 评价教学基本功

(1) 板书设计规范美观，重点突出，完整精练，逻辑性强。
(2) 穿着整洁大方，目光亲切，态度和蔼。
(3) 语言清晰准确，生动形象，流畅有逻辑，普通话发音标准。
(4) 投影仪熟练程度高，善于运用现代教育技术生动呈现课堂内容

4. 评价教学过程

教师首先创设情境，利用故事导入，猜测大象的体重；其次计算周围熟悉物体的质量；最后来称大象体重。这一系列的教学活动，把抽象的问题形象化，使学生学得有兴趣，能全身心地投入到学习活动中去。教师在关注独立思考的基础上，注重培养学生小组合作学习的积极性、主动性，让学生有充分的时间和机会去观察、思考、分析、讨论，去主动地获取知识，从而培养学生自主学习意识，使学生掌握探究问题的方法。本节课的教学内容无不与生活实际相联系，使学生感受到生活中处处有数学，每个人都离不开数学，让学生体验到数学的价值，并把所学的知识应用到生活中去解决身边的数学问题。

第五节　式与方程教学案例与分析

从数到代数是数学表征的一次飞跃，数对于它所代表的具体事物来说是抽象的，而用字母表示数是又一次抽象。对于小学生，初步建立代数的思想具有一定挑战性。从具体的

情境中学生可以感知到字母表示数的含义,并了解这种表示方法的作用,初步体验符号在数学中的作用,初步建立符号意识。简易方程的引入,为小学生提供了以代数方法解决问题的途径,小学阶段解决问题的方式主要是算数方法。其基本数量关系模型是求和的关系和求积的关系。算数方程解决问题时主要运用逆运算,而方程直接运用"部分+部分=整体"顺向思维。对于简单的数量关系,算数的方法操作简单,但是在解简单方程时应当用等式的性质,一方面可以体现现代数学方法的本质,另一方面是与第三学段的学习方程的思路保持一致。本节将带领大家共同走进式与方程教学的文本和视频案例与分析。

一、教学案例

【案例1-5】人教版教材五年级(上册)第五单元"方程意义"

在基本的数的认识与数的运算学习之后,方程的认识使数学实现了由数到代数的飞跃。方程的意义是学习代数的基础,是代数中最基础、最简单的知识。对方程意义的把握在学生学习等式的性质、解方程及运用方程解决简单的实际问题的过程中起着承上启下的作用,它是学生学习用方程解决问题的起始课,在本单元中具有重要地位。但如果不能发现并建立等量关系,将直接影响后续知识的学习。

方程意义[①]

一、创设情境,导入新课

师:同学们知道陆地上最大的动物是什么吗?

(课件出示教材第47页大象称重图)

(课件呈现天平,教师引导学生体验等式的内涵,见图1-22)

师:老师带来一个谜语,请同学们猜猜看。

(课件呈现:一个瘦高个儿,肩上挑副担,如果担不平,头偏心不甘)

师:猜出来了吗?

师:对,就是天平,我们今天的学习就从天平开始。实验室里老师正使用天平,请仔细观察。

[课件呈现:天平平衡(空天平)——不平衡(一端有物品)——平衡(两端都有物品)]

师:你看到了什么?

师:天平平衡又说明什么?

师:说得很好!你们看到了吗?那谁再来说一说。

师:相等用什么数学符号表示?

师:小明在天平的两边放上砝码,你能用式子表示左右两边物体的质量关系吗?

(天平的左边放两个50克的砝码,右边放一个100克的砝码。课件见图1-22)

(教师演示左边放两个50克砝码,右边放100克砝码的动画过程)(学生回答的式子有50+50=100,50×2=100)

师:像这样左右两边相等的式子,我们把它叫作等式(板书:等式)。

---

① 授课教师:江苏省南京市游府西街小学 储冬生。

师：如果从天平的左边拿走一个砝码，哪边重一些？

师：这时候还能用等式表示两边物体的质量关系吗？

师：该怎样表示左右两边物体的质量关系呢？

(学生回答的式子有 50<100、100>500)

师：为了让天平达到平衡，小宇准备在天平的左边放这样一个物体，这个物体的质量你知道吗？

(出示物品的样子，如图 1-23 所示)

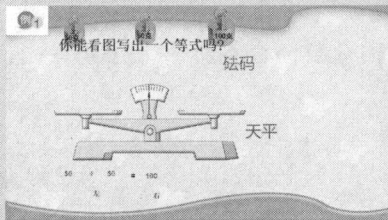

图 1-22 "方程意义"1　　　图 1-23 "方程意义"2

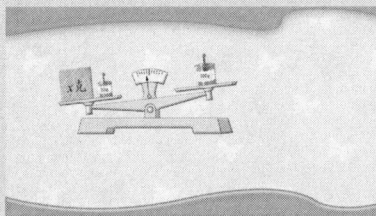

师：不知道怎么办呢？

生：咱们就用 X 来表示。

师：刚学的用字母表示数，这里就能应用了，真厉害！这里的 X 代表的数咱们事先不知道，这样的数我们就把它叫作未知数(板书：未知数)。

师：如果把这个物体放下来，猜一猜，天平两边物体的质量关系又会是怎样的呢？把你的猜测用式子表示出来。

(学生猜测，X+50<100，X+50>500)

师：这些情况都是我们的猜测，到底是怎样的一种情形呢？眼见为实！

(显示天平的实际情形：X+50 > 100)

师：请看大屏幕(见图 1-24)，现在你也能用式子表示天平两边物体的质量关系吗？

(在学生交流的过程中，老师在黑板上贴上相应的结果：

50+50=100、50×2=100、50 < 100、100 > 50

X+50 > 100、X+50 < 100、X+50=150、2X=200)

二、分类：揭示方程的概念

师：现在黑板上有 8 个式子，你能将这些式子分分类吗？先自己想一想分类的标准，同桌再讨论一下。

现在黑板上一共有 8 道算式：

50+50=100　　50×2=100　　50 < 100　　100 > 50

X+50 > 100　　X+50 < 100　　X+50=150　　2X=200

师：讨论好了吗？现在请大家从自己的信封里拿出 8 张写着这些式子的纸条，按照自己的标准分一分。

师：刚才，大多数同学都是把这些式子按着标准"是否为等式"进行分类的，现在请大家在原来的基础上把分得的每一类再按另一个标准"是否有未知数"分成两类试试看。

师：通过两次分类我们得到了这样四组不同的式子，根据分类的标准咱们来看一看每一组式子有什么特征？

①50 < 100，100 > 50。

②X+50 > 100，X+50 < 100。

③50+50=100，50×2=100。

④X+50=150，2X=200。

(学生先在小组内讨论，再全班交流，老师应根据学生的回答适当梳理并移动黑板上算式卡片的位置)

师：大家刚才说的实际上就是这样的四类：

①没有未知数也不是等式；　②有未知数但不是等式；

③没有未知数但是等式；　④含有未知数而且是等式。

师：我们把这样含有未知数的等式就叫作方程。

师：下面请看屏幕中 5 个式子，结合刚才我们分析的分类标准，你能将这些式子按照一定的标准分类吗？

(课件如图 1-24 所示)

师：像 50+50=100 这类式子大家都比较熟悉，而 X +50>100、X+50＜200 这类式子比较复杂，我们到中学会更深入地了解它。像 X+50=150、2X=200 这样含有未知数的等式就叫作方程。

(课件如图 1-25 所示)

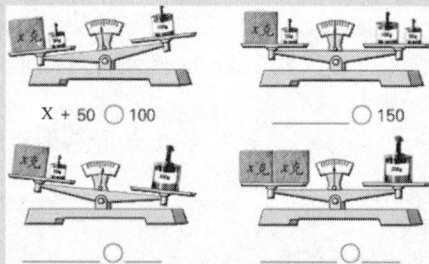

图 1-24　"方程意义"3

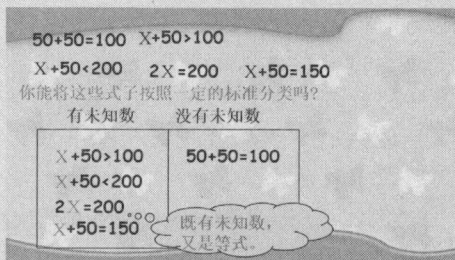

图 1-25　"方程意义"4

(板书：呈现完整的方程的定义)

师：今天咱们就来重点认识方程。(揭示课题)

(课件如图 1-26 所示)

师：黑板上另外的三类为什么都不能叫方程？

师：看来，要成为方程必须具备两个条件：一必须是等式，二必须含有未知数，两者缺一不可。等式和方程有什么关系呢？大家在小组里讨论讨论。

(学生先小组交流讨论，再全班交流，最后教师适当梳理提升)

师：方程一定是等式，等式不一定是方程；等式包括方程，方程属于等式，是一类特殊的等式。

(课件见图 1-27)

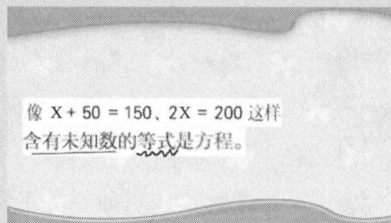

图 1-26　"方程意义"5

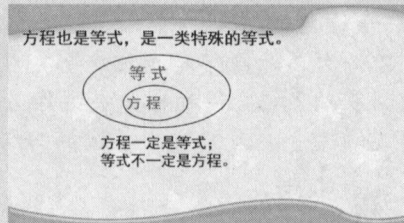

图 1-27　"方程意义"6

(板书：再次调整板书，形成集合图)

师：你也能说几个方程吗？同桌互相说一说！

(学生相互交流，举方程的例子)

师：这里有6道算式，大家迅速判断一下，这些算式哪些是方程？(用手势表示"√")哪些不是方程？(用手势表示"×")为什么？

课件呈现：

①45+32=77；②5÷X=12；③3X－4<22；

④2×21=42；⑤a+b=90；⑥y÷6。

师：分析得很精当，看来大家是把握住方程的实质了！

三、文化：呈现方程的历史

师：其实，人类对方程的研究有着悠久的历史。

(课件见图1-28)

师：了解了这段历史你有什么感想？

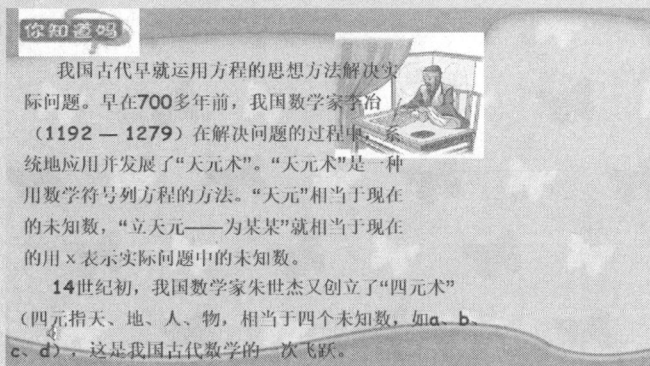

图1-28 "方程意义"7

四、生活：感受方程的应用

师：其实方程就隐含在我们的生活中，在我们的"衣、食、住、行"中，有很多问题都可以用方程的方法来解决。

课件呈现：

"衣"：妈妈带50元钱给我买一件T恤衫后，还剩下26元。

"食"：小强去买一袋薯条和一个10元的汉堡，一共用去15元。

"住"：同学们参加社会实践活动，3个人住一个房间，多少个房间能住102人？

"行"：公交车上有一些人，到中坝站时有13人下车，有18人上车，车上还有36人。

师：你们想试哪一个？

师：能用方程来表示吗？先写在练习本上，再想一想未知数代表的是什么？

(学生练习)

师：这两道式子既是等式，又含有未知数，的确是方程。

师：刚才我们用方程表达了日常生活中的衣食住行问题。同样，也可以用日常生活中的现象来"描述"方程。

课件呈现：

结合生活中的事例解释方程。

①y+19=54; ②x−14=36;

③z−13+15=37。

师：选择自己喜欢的来说。

师：要学会合理使用零花钱。

师：说得真好！同一个方程可以表示不同的事情。

师：先下后上，文明乘车。

……

师：听着大家的描述，老师觉得大家的确理解了方程的意义，能灵活地把生活和数学联系起来学习了！

五、对话：追问方程的价值

师：通过这节课的学习，你学会了什么？

板书(见图1-29)

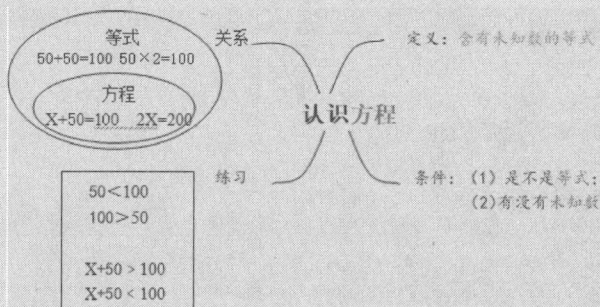

图1-29 "方程意义"8

二、教学建议

1. 利用情境，提出问题

教学时，教师可以通过学生熟悉的，现实生活中含有未知数的实际问题，利用多媒体教学手段声情并茂地导入新课。需要说明的是，可以改变教科书中陈述问题情境的方式，制造一定的认知冲突，并由此引出第一个问题。

2. 开展探究活动，解决实际问题

(1) 让学生明白所要解决的数学问题，怎样用式子表示左右两边物体的质量关系。

(2) 引导学生开展探究活动，明确解决问题的方向。

① 教师启发学生，我们该用什么方式表示两边的质量关系？什么叫作等式？鼓励学生独立思考、大胆猜测、合作交流；或直接让学生独立思考、合作交流。根据学生已有的知识经验，教师在认真梳理、充分肯定学生发现的基础上，引发学生产生验证的需要。需要说明的是，如果学生对于等式猜想有不同的意见，必须不失时机地利用课堂生成问题。由此转入第二个问题。

② 揭示方程的概念。引导学生用字母表示未知数，多给学生一些独立思考问题并自由讨论交流的时间。

3. 回归生活，体会方程

在建立方程的意义以后，可以根据情境图写出相应的方程，并在最后引入生活实例，从中列出方程。这一过程可使学生在生活实际中寻找等量关系列方程，可以进一步体会方程的意义，加深对方程概念的理解，同时也可为以后运用方程知识解决实际问题打下基础。

4. 巩固应用，查漏补缺

教学时，建议教师应根据习题的难易度和学生的接受程度安排练习题，要求学生独立完成，并说出原理。

三、教学评价

1. 评价教学目标

教学目标：理解等式和方程的意义，体会方程与等式之间的关系，会用方程表示简单情境中的等量关系。在自主探索与合作交流中，经历将现实问题抽象成等式与方程的过程，积累将现实世界中的等量关系数学化、符号化的活动经验；在丰富的问题情境中感受大量存在的等量关系，体会方程是刻画现实世界中的等量关系的数学模型，建立分类、集合、建模等数学思想。在情感态度与价值观上培养认真观察、倾听与思考的学习习惯，激发学生进一步探索数学奥秘的愿望与兴趣。不仅明确了本节课要用方程表示简单的数量关系，还建立了分类、集合、建模等数学思想，并进一步引导学生合作交流，使学生学会独自思考问题，独立探究等。教学目标体现了教师从整体上把握教材知识结构，密切关注并考虑学生已有的经验知识，根据学生实际重组教材，在调用学生已有经验体会以及通过精心设计的各种活动丰富学生经验积累的基础上，促进学生对相关知识的主动构建。

2. 评价教材处理

对教材的处理直指教学重点"理解并掌握方程的意义"，教学难点"能正确把握方程与等式之间的关系，能根据已有信息用方程表示具体生活情境中的等量关系"。满足学生的心理诉求；在建构新知环节，充分利用学生原有认知，利用天平的属性，对等式进行分类，能正确把握方程与等式之间的关系，能根据已有信息用方程表示具体生活情境中的等量关系，很好地达成了教学目标，符合教学内容和学生实际。

扫码案例 1-5.docx

欲获得更多教学案例文本请扫描二维码。

第六节　比与比例教学案例与分析

《数学课程标准(2011 年版)》对探索规律第二学段教学提出的目标是"探索给定情境中隐含的规律或变化规律"。"探索规律"的内容重点在探索的过程，在于使学生在具体情境中，通过观察、计算、操作、思考等方式，了解蕴含在问题情境中的规律，学会思考问题的方法。本节将带领大家了解探索规律教学的文本和视频案例及其分析。

一、教学案例

【案例1-6】北师大版教材六年级(下册)第二单元"比例的认识"

在学习了比并掌握了常见量之后，比例相关知识也进入学习范围内。比例的意义是概念课，只有准确理解比的意义并能熟练求出比值，才能进行后续正比例和反比例的学习。因此，结合具体事物或图形，通过观察、计算等活动，掌握比例的意义，熟练计算比值是教学目标。通过下述案例，我们一起看看如何开展"比例的认识"的教学。

比例的认识[①]

一、创设情境，感受比例(导入)

同学们，你们知道吗？在我们的身上也存在很多有趣的比，如人的胸围的长度与身高之比是1∶2，人脚的长度与身高的比是1∶7，当人们了解了这些，又掌握了这种神奇的本领后，侦察员就能根据罪犯脚印的长度推测出身高。你想拥有这种本领吗？这种神奇的本领就是我们这节课所研究的内容——比例(板书课题：比例)。

二、以比值为引线，认识比例

师：看到课题你想说什么？

生：什么叫比例？比例和比有关系吗？

(出示课件，如图1-30所示)

师：这是我们学习比的认识时讨论过的图片，今天我们再来研究图片，回答同学们提出的问题。

图1-30　"比例的认识"1

(学生独立思考并回答，图片A、B、D形状一样，但是大小不同。接着教师要求学生先独立计算出比值，再小组合作交流、反馈，长与宽比值都相等，长与长、宽与宽的比值也相等)

师：通过刚才的计算，我们发现每张图片长和宽的比都是3∶2，其实所有像的图片长和宽的比都是3∶2关系，都是两个比相等，我们可以用一个什么符号把它们连接起来？

[①] 授课教师：吉林省延吉市小营镇仁平小学　赵雪。

(教师板书：12∶8=6∶4 等)

(教师指着这几组相等的比，介绍比及相关概念并板书)

三、合作探究，师生互动，理解比例

(1) 探索组成比例的条件。

师：请同学们再默读一遍比例的意义，思考：想要组成比例必须具备哪些条件？

(教师再次强调：一定是比值相等的两个比才能组成比例)

师：刚才同学们发现长和宽的比值相等，可以组成比例。

(2) 寻找比例，启发学生写出其他相对应的量组成的比例。

(教师出示课件，如表 1-2 所示)

表 1-2　调制蜂蜜水配比情况

配料/杯	蜂蜜水 A	蜂蜜水 B
蜂蜜	2	3
水	10	15

师：这是调制蜂蜜水时蜂蜜和水的配比情况，根据比例的意义，你能写出比例吗？你有什么发现？

(同桌间交流，个体汇报)

(3) 比例的判断。

师：同学们组成了这么多比例，判断两个比能不能组成比例，关键是看什么？都应该具备什么条件？

师小结：两个比能否组成比例，只要看比值是否相等就可以了。(两个比的比值必须相等)

(4) 介绍比例的第二种表示方法。

师：我们在学习比的时候，可以把比写成分数的形式，那比例也能写成分数的形式吗？怎么写？

(5) 区分比和比例。

师：我们刚才一直在强调比和比例的联系，那么比就是比例吗？(如图 1-31 所示)

比和比例有什么区别？	
比 4∶6	由两个数组成，是一个式子，表示两个数相除。
比例 2∶3=4∶6	由四个数组成，是一个等式。表示两个比相等的式子。

图 1-31　"比例的认识"2

从形式上区分：比由两个数组成；比例由四个数组成。

从意义上区分：比表示两个数相除；比例表示两个比相等的式子。

四、自主尝试，巩固比例

(1) 基本练习：判定哪组比能组成比例。

(2) 明辨是非题。

(3) 拓展中的比例。

某罪犯作案后逃离现场，只留下一个长 25 厘米的脚印。已知脚的长度与人体身高之比是 1∶7，你能推测罪犯身高大约是多少吗？

五、总结提升，拓展视野

师：通过这节课的学习，你了解了比例的哪些知识？你还想研究比例的什么知识？

最后概括总结。

(板书如图 1-32 所示)

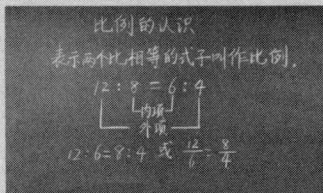

图 1-32　"比例的认识" 3

二、教学建议

1. 提供直观模型，生成等式内涵

(1) 概念揭示了数学中的重要规律或关系，教学中不仅仅需要记住概念的描述，更重要的是要理解这些概念，并能正确地加以应用。先引导学生找一找哪张图片与图 A 像(如 D 和 A，B 和 A)。然后，学生根据找到的两张图片写出两个比，可以是两个图形长与长的比、宽与宽的比，第一个图形的长与宽的比与另外一个图形的长与宽的比，再比较写出的两个比，思考这两个比之间的关系。

(2) 组织讨论两个比的关系，写出比例。由于从形式上不容易看出上述两个比之间的关系，所以可以提示学生分别求出所写的两个比的比值，或把所写的两个比进行化简，两种方法都表明两个比相等，因此可以写成等式，为学生理解比例的意义提供实例。教学时，根据班级的实际情况，必要时可以先复习一下比的有关知识，如怎样求比值，怎样化简比等。

(3) 在讨论完上述问题后，还可以让学生找一组不像的图片，也写出相应的比，看看两个比是否相等，进一步感受"比相等的两张图片像，比不相等的两张图片不像"，要理解概念，关键是要理解知识的本质和要素。"比例"的本质是一个等式，描述的是两个比值相等的比之间的关系；教学中要多给学生提供有效的材料，让学生判断、思考并表达思维过程，促进理解。注意在教学中突出比例的关键。教学应在学生已有的比的知识基础上，结合具体实例，引出比例的意义。引出比例意义后，还应回到实例中，体现从具体—抽象—具体这样一个认知过程。

2. 经历"问题情境—观察提问—计算比值—发现规律—得到比例—类比拓展"认知过程

教材是提供给学生学习内容的一个文本，教师要根据学生和自己的情况，对教材进行灵活的处理。教者对本节教材进行了再思考、再开发和再创造，真正实现了变"教教材"为"用教材"。这节课中，将例题和习题有机地穿插和调整，以学生已有的知识经验为基础，让学生在算一算、想一想、说一说中理解了比例的意义，知道了比例从生活中来，进而认识到了数学在生活中有着广泛的应用，激发了学生学好数学的信心和积极情感。此外，教者大胆地组织学生开展探究比例的基本性质的活动，没有根据教材上所提供的现成问题"分别算一算比例的两个外项和两个内项的积，你发现了什么？"机械地执行，给学生暗示思维方向，设置思维通道，缩小探索的空间，使学生失去一次极好的锻炼思维的机会，而是大胆放手，用"四个数组成等式"这一开放练习产生新鲜有用的教学资源，再通过教师适当、精心的引导，帮助学生有效地进行探究，体验了探究的成功，提高了学生的数学素养。

3．巩固应用，查漏补缺

教学中，要多创设一些真实的应用情境，例如，照片的放大或缩小等都与比例知识有关，让学生体会比例知识在生活中的广泛应用，进一步理解比例的意义。

三、教学评价

1．评价教学目标

本节课制定的教学目标明确、具体，可实施。不仅明确了本节课应达成的四基评价："理解比例的意义，能应用比例的意义判断两个比能否构成比例。"而且明确了学生学习必须经历的过程："通过动手、动脑、观察、计算、讨论等方式，使学生自主获取知识，全面参与教学活动。"同时强调了情感态度价值观的培养，"在实际生活中学生发现数学的存在，并在实际生活中能感受到数学的趣味，提高学习数学的积极性。"

2．评价教材处理

教学重点：比例的意义，应用比例的意义判断两个比是否能构成比例。
教学难点：找出相等的比组成比例。

对教材的处理遵循教材编写的总体框架思路，体现了教材编写意图，只对局部进行了更有新意的加工。在尊重教材的基础上，合理、灵活、创造性地使用教材，学习比例的意义的素材选取非常贴近学生的生活实际。一是采用侦探破案的方法，引出比例的概念，拉近了知识与学生的距离，让人感到亲切，激发了他们的学习兴趣。二是结尾，比例在生活中的广泛应用，通过具体形象的图片使学生深有同感，频频点头称是，让学生感受到了数学知识的实用性很强，对学生学好数学知识起了推动作用，这样的设计首尾呼应，也显得非常自然。

3．评价教学方法和手段

运用的教学方法：活动探究法、讲解法、谈话法。采取的教学手段：多媒体课件(PPT)。在教学比例的意义前，根据两个比的比值关系顺利地引出比例的意义，突出了教学重点，同时又为判断关系式能否成比例提供了有力的保障。重视创设有效的学习情境。本设计通过创设"图片像不像"和"调制蜂蜜水"两个不同的情境，引出本节课要学习的新知，激发学生的学习兴趣，使学生在熟悉的现实情境中，以饱满的热情进入到对比例知识的探究学习中。重视引导学生自主探索。新课标理念下的学习方式变革的核心是"主体回归"，被动接受成为过去，主动学习成为主流。所以学习方式的设计应该更多地关注学生主体意识的激活、主体潜能的挖掘。本设计在教学比例的意义时，先引导学生依据情境图中五幅图片的长与宽自由写出多个比，再让学生小组合作自主发现图片 A、B 和图片 D 长与长、宽与宽的比相等，可以写成一个等式，引出比例的意义，最后引导学生通过自己的分析、思考，进行归纳总结，使学生体验成功的喜悦。

第七节　探索规律教学案例与分析

《数学课程标准(2011 年版)》对探索规律第二学段教学提出的目标是"探索给定情境中隐含的规律或变化规律"。"探索规律"的内容重点在于探索的过程，在于使学生在具体情境中，通过观察、计算、操作、思考等方式，了解蕴含在问题情境中的规律，学会思考问题的方法。本节将带领大家了解探索规律教学的文本和视频案例与分析。

一、教学案例

【案例 1-7】苏教版教材四年级(下册)"数字与编码"

经过三年多的数学学习，学生对于数字的了解和应用已随着生活接触和学习内容的增多而变得很熟悉。为了进一步揭示数学与生活的联系，拓展学生对于数字应用意义的深入认识，教材安排了与以往数字应用具有一定差异的教学内容——编码。

数字与编码[①]

课前布置学生搜集一些生活中的编码(包括家庭成员的身份证号码，自家的车牌号等)，了解部分编码所表达的大致含义。前置学习单由"我们搜集的编码""我们研究的项目""我们发现的秘密"等部分组成。研究过程中遇到的困难，鼓励学生借助网络查询、检索图书资料或向家长或其他专业人士请教。

数字与编码.mp4

一、介绍个人信息：引入本课的探究主题

(出示教师自己的照片)

师：这是谁？你们认识吗？

师：看来大家都认识，看了这张照片你们对我有了哪些了解？

(学生有些为难，说不出多少有价值的信息)

师：虽然我已经将自己的照片呈现在大家的面前，但是大家对我的了解仍然很有限，但是我相信只要将接下来的这页内容呈现给大家，大家一定会对我有较为全面的了解(课件如图 1-33 所示)。

(学生读信息)

师：谁来读一读我的个人信息？

(学生很自然地将 38、18 读成三十八、十八，其他编码则自然地按照习惯顺次读出每一个数字)

---

① 授课教师：江苏省南京市游府西街小学　储冬生。

师: 我觉得你读得特别棒! 现在大家对我有了解了吗?

学生齐答: 了解了老师的家庭住址、年龄、手机号等。

师: 这些信息有什么共同的特点?

师: 这里的每一条信息都有数字,现在我们每个人俨然都是一种数字的存在(课件如图 1-34 所示)。

师: 让我们一起来把目光聚焦到这些数字上,"38 岁"中的"38"表示什么意思?

师: "18 号楼"的"18"呢?

生: 表示数量,共 38 年;表示顺序,第 18 幢。

师: 对,表示第 18 幢,不是说我们家拥有 18 幢楼房。

师: "305 室"中的"305"呢?

生: "305"表示第 3 层的第 5 套。

师: 这里的"305"既不是表示共有三百零五套,也不是表示第三百零五套。

个人信息

年龄:38岁
家庭住址:海安县新宁小区18号楼305室
邮编:226600
身份证:320682197802139617
电话:13584709876(手机)
　　　0513-88168831(办公)
车牌号:苏F Z6789

我们今天都成了号码。
Today,we all have become numbers.
有银行开户号码、国家保险号码、信用
For instance , we have bank account number,national
号码、护照号码, 等等。
insurance number,credit card number and so on.
没有号码, 我们有时候就像不存在似的。
Sometimes it is as if we did not exist in the world
without the numbers.

——凯里(英)

图 1-33 "数字与编码"1　　　　　图 1-34 "数字与编码"2

师: 像这样用数字(或其他符号)按照一定的规则来表达一定的含义,我们就把它称为编码,编码可以传达一定的信息,今天我们就一起研究如何用数字编码来表达信息(板书: 数字与信息)。

二、研究身份证号码: 体悟数字编码的基本要求

师: 为什么我刚才表扬那位同学读我的"个人信息"读得好呢? 因为他已经从读法上区分出了"504"前面的数字都表示自然数,后面的数字都表示编码。生活中我们有这样的经验,编码通常只要依次读出每一位置上的数字就行了。

师: 因为课上的时间很有限,我们只能先从这些编码(邮编、电话、身份证、车牌号)中选一个作为代表来研究。如果让你们选择,你最想选哪一个? 为什么?

师: 大家都希望挑一个复杂的来研究,复杂的问题解决了,用类似的方法解决简单的问题就更容易了。今天我们研究的重点是"数字与编码",所以就让我们一起把目光聚焦到身份证上。做研究的第一步就是要选择典型的研究对象(板书: 选题)。选定研究的对象,接下来就得规划一下该怎么研究身份证编码背后的秘密(板书: 规划)。

生: 号码位数特别多,我们可以分段来研究;只有一个不容易发现规律,我们可以多找几个身份证来比较一下。

师: 大家说得都很有道理,根据大家的讨论我给这样三条建议(课件如图 1-35 所示)。

师: 接下来就请大家分小组来研究

(教师板书: 研究)

(学生分小组研究，教师巡视指导)

师：谁愿意先来交流一下你们的发现,大家可以先挑选一个本小组最有把握的来交流(板书：交流)。

生：我觉得 3201 应该代表某个地区的代码。

(教师板书：地址码)

师：大家看黑板上这个,这是我们学校一位同学的身份证号码,32 表示江苏,06 表示南通,21 表示海安县,用编码表示地址有什么好处？

生：简洁。

(教师板书：简洁性)

生：我发现中间都表示出生年月。

(教师板书：出生日期码)

师：20051002 最后出生日期为什么要用 02？用 2 表示不是更简洁吗？

师：对,这样才更规范、更统一(板书：规范性)。

师：最后一位号码是根据前面的 17 位数字算出来的一个校验码,前面这一部分是顺序码(板书：校验码、顺序码)。

师：倒数第二位,也就是顺序码的最后一位我们也称之为性别码(板书：性别码)。

师：顺序码确保了同一地区即使是同年、同月、同日出生的两个人,他们的身份证号码也不一样,保证了他们的唯一性,这是我找的一对双胞胎兄妹的身份证号(课件如图 1-36 所示)。

小组活动建议

1. 把搜集到的身份证号码放在一起,在小组内仔细研究。

2. 身份证号码数字较多,我们可以分段来比较、分析。

3. 观察、比较这些身份证号码蕴藏的信息,将你的发现和小组内的同学分享。

| 孙 嘉 男 | 320621 | 20070424 | 871 | 3 |
| 孙 菁 女 | 320621 | 20070424 | 872 | 1 |

图 1-35 "数字与编码"3   图 1-36 "数字与编码"4

师：如果两个都是男孩子,那第二个孩子的顺序码还是 872 吗？大家还有什么疑问吗？有部分孩子也有这样的疑惑,发现自己或者家人的身份证号最后一位是一个 X 这样的符号(课件如图 1-37 所示)。

师：课后,你不妨也用公式算一算,验证一下自己身份证号码中的校验码。为什么要用罗马数字 X 代替 10 呢？也是为了使每个人身份证号码的位数都一样多,同样是规范性的需要。

师：大家见过这样的身份证吗？这是我的第一代身份证(出示自己的第一代身份证)。第二代身份证和第一代相比除了外观上的变化,最大的变化就在于身份证号码的变化。

第一代 15 位：320682780213961

第二代 18 位：320682197802139617

生：发现中间 6 位变为现在 8 位,还多了一位校验码。

师：校验码是为了更好地防伪,出生日期码为什么要这样变化呢？

(学生回答正确)

师：他说得很清楚了,老师不再重复,请大家看一则故事(课件如图 1-38 所示)。

校验码的计算方法

1. 将前17位数分别乘以不同的系数。
从第一位到第十七位的系数分别为:
7 9 10 5 8 4 2 1 6 3 7 9 10 5 8 4 2。
2. 将这17位数字和系数相乘的结果相加。
3. 用加出来和除以11,看余数是多少?
4. 余数只可能有 0 1 2 3 4 5 6 7 8 9 10。其分别
对应的最后一位身份证的号码为
1 0 x 9 8 7 6 5 4 3 2。
5. 如果余数是2,就会在第18位数字上出现罗马数字
X。如果余数是10,最后一位号码就是2。

在美国堪萨斯州一位105岁(1894
年出生)高龄的老太太,突然收到了户籍
机构计算机发出的幼儿园入学通知单。因
为在计算机数据库中,她的出生日期年份
没有"18"两个数字,计算机便认为她是
1994年出生的,那年正好5岁。

改编白《纽约时报》,美国,1999.10.

图 1-37 "数字与编码"5   图 1-38 "数字与编码"6

师:身份证既然有第二代,我们有理由相信还会有第三代,你觉得第三代身份证可能
会是怎样的? 如果让你设计,你打算将哪些要素编进身份证号码当中呢?

(课件如图 1-39 所示,引发学生深度思考)

师:我给你们四个身份证号码,你能说出分别是谁(爸爸、妈妈、爷爷、奶奶)的吗?

(课件如图 1-40 所示)

英国准备耗资190亿英镑,来推行身
份证制度。内容不仅包括照片、姓名、住
址、性别和出生日期,此外,身份证上的
一个微型芯片还会储存包括持证人指纹、
眼球虹膜、面部扫描等生物特征,甚至银
行和保险账户、信用记录等个人信息,也
可通过身份证来查询。

猜一猜
①330324197012210412
②330324194506172150
③330324197209180161
④330324194401210040

图 1-39 "数字与编码"7   图 1-40 "数字与编码"8

三、设计自己的学号:尝试解决实际问题

师:现在我们已经能够解读数字编码背后蕴藏的秘密了,但是学习数字编码还有一个
重要的任务就是根据需要设计合适的编码,你们愿意自己尝试一下吗?

师:咱们班每位同学都有自己的学号,不过这个学号只能在本班范围内使用。你能够
为自己精心设计一个可以在全校范围内使用的、独一无二的学号吗?

(学生观察思考,自主设计,教师巡视指导,选取一部分学生编好的学号,摘录在黑板
上评析)

①522(五年级 2 班 2 号)。

②50206(五年级 2 班 6 号)。

③20120213(2012 年入学的 2 班 13 号)。

④Jlhwxx5219(金陵汇文小学五年级 2 班 19 号)。

⑤2005121902262012(2005 年 12 月 19 日出生的 2012 年入学的 2 班 26 号)。

(后面括号中是学生在交流中自己给出的说明)

通过比较知道:

①年级变化就要重新编写、班级(同一年级班级数超过 10 个)、学号(班级人数超过 10
人)从规范性的角度看用两位数编码更合理。

②目前可以使用,但是年级变化就要重新编写。

③表示出了入学的年份(即年级)、班级、学号,升入高一年级后又不必修改,同时注意

了书写的规范性，因为同一年级班级数超过 10 个，所以 2 班用“02”来表示更符合规范性的要求。

④⑤过于烦琐，本校范围内使用标注学校名，出生年月等信息意义不大。

师：其实我们每一个人在学校里有一个唯一的编码，即省里统编的学籍号(课件如图 1-41 所示)。

(教师介绍省编学籍号，比较中发现省编学籍号没有关于班级和学号的编码，在学校代码之后就是学生的顺序码，看似不够具体，但是这样的编码就不会受到分班等因素的干扰了)

四、生活中的编码：感受编码的意义和价值

师：同学们，生活中有很多地方都会用数字编码来表达信息(出示：卡号、条形码、门牌号、电器编号、图书编号等)。

师：快下课了，最后老师想和大家分享一句话(学生读不出来，课件教师出示译码表，如图 1-42 所示)。

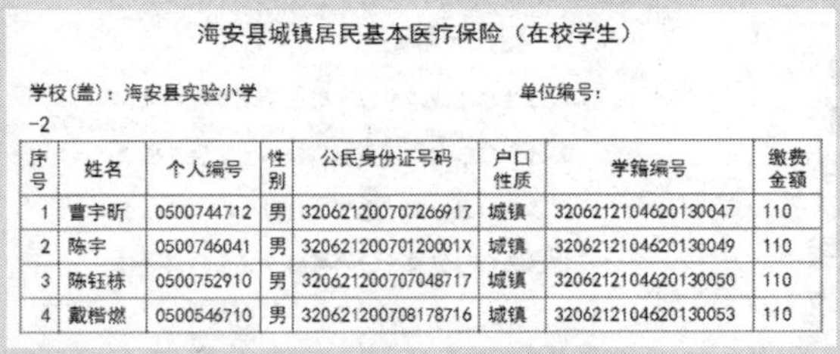
海安县城镇居民基本医疗保险（在校学生）

学校(盖)：海安县实验小学　　　　单位编号：

-2

序号	姓名	个人编号	性别	公民身份证号码	户口性质	学籍编号	缴费金额
1	曹宇昕	0500744712	男	320621200707266917	城镇	3206212104620130047	110
2	陈宇	0500746041	男	32062120070120001X	城镇	3206212104620130049	110
3	陈钰栋	0500752910	男	320621200707048717	城镇	3206212104620130050	110
4	戴楷燃	0500546710	男	320621200708178716	城镇	3206212104620130053	110

图 1-41　“数字与编码”9

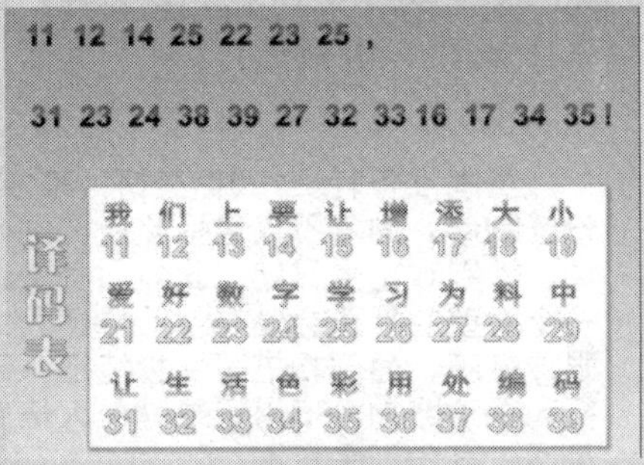

图 1-42　“数字与编码”10

(学生思考，破译密码：我们要学好数学，让数字编码为生活增添色彩)

师：密码也是一种编码，作为密码的编码，就不是越简单越好了，所以我们说编码没有“最好”，只有“最合适”(课件如图 1-43 所示)。

师：今天我们一起探究了如何用数字编码来表达信息，主要是以身份证号码为例来研究的。课前大家还自己关注过邮政编码、电话号码、车牌号等，由于时间关系今天的课上我们都没有来得及作深入的研究。课后请大家从中选一个，也像研究身份证号码那样去“选题、规划、研究、交流”，再来一次深度的研究，我相信你一定会有新的收获。

(板书如图 1-44 所示)。

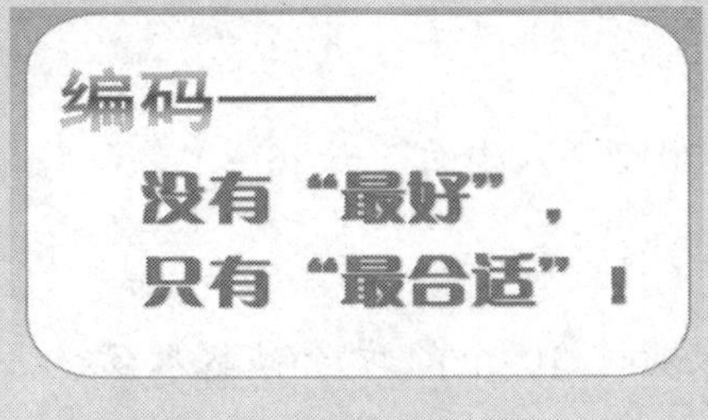

图 1-43　“数字与编码”11

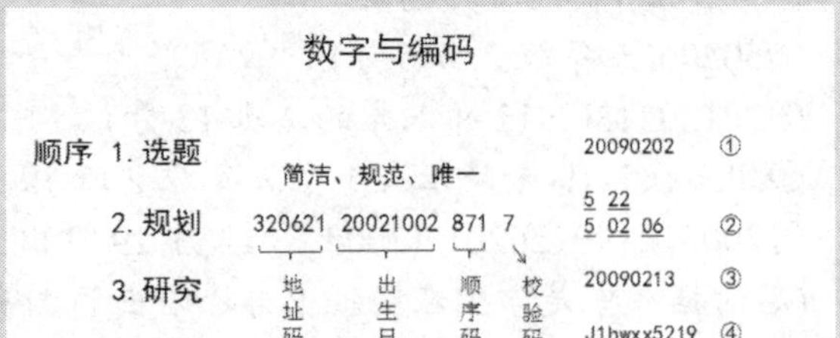

图 1-44　“数字与编码”12

在第四章，你还将欣赏到案例 4-5、4-6 等更多探索规律的教学。

二、教学建议

1. 课前准备

自主学习任务单的设计。

自主学习任务单是微课程教学法的三大模块中的第一模块，供学生课前自主学习使用。建议从"我们搜集的编码、我们研究的项目、我们发现的秘密"等部分进行设计。

达成目标：观察生活中的数字编码现象，发现一些常见的数字编码信息；了解身份证号的编制方法及构成含义，能解析和判断身份证号所反映出的相关信息。

学习任务：找一找、查一查、写一写生活中的编码；填一填家人的身份证号，分析其构成含义。

方法建议：查找资料、对标发现。

课堂学习形式预告：第一环节，解读教师的个人信息；第二环节，解读自主学习搜集的身份证号含义；第三环节，设计方案，编制自己的"学号"；第四环节，寻找生活中的数字编码。课堂学习形式的预告，使学生自主学习与课堂学习衔接起来，形成目标管理。

2. 教学过程

(1) 介绍个人信息：学生独立从教师的个人信息中找到编码，并观察，全班交流这些编码分别表示什么，使学生初步了解数学信息的实际应用价值。

(2) 研究身份证号码：上课前，将每个小组组内其中一位成员的身份证号写在黑板上。解读所写身份证号码的信息。引导学生了解身份证号中所蕴含的信息，以及身份证上数字编码的特点，领悟数字编码信息的意义，使学生学会采集数字编码所传递的信息。

学生应分小组研究和探讨身份证号"地址码、出生日期码、顺序码、校验码"的构成，揭示"规范、简洁、唯一"编码原则，打破之前教师在课堂上讲解的方式，凸显合作学习得天独厚的优势。

从实际情况来看，学生课前搜集数字编码，学习兴趣高、自主性强、自由度大，体现了个体差异性。结合"自主学习任务单"课堂学习形式的预告——交流自主学习成果，然后解读身份证号构成含义，在掌握编码方法的基础上编制自己的"学号"，最后展示质疑，让学生带着个体思考走入课堂，使课堂学习深度得以拓展。

(3) 设计自己的学号：根据数字编码的特征设计自己的"学号"，这个学号可以在全校范围内使用，并选取一部分学生编写的学号，展示在黑板上，进行交流。

(4) 生活中的编码：寻找生活中存在的数字编码现象，通过交流了解数字编码的实际应用价值，体会数字编码的思想和方法，让学生切实感受数学与生活的联系。

三、教学评价

1. 评价教学目标

本案例所制定的教学目标不仅明确了本节课的知识与技能目标，即 "学生在观察、比较、讨论、交流中了解数字编码表达信息在日常生活中的广泛应用，体会它的实际价值，体悟用数字编码表达信息的方法，学会设计简单的数字编码表达信息"。而且明确了过程与方法目标，即"在选题、规划、研究、交流的探究过程中了解解决问题的一般方法，并尝试运用"。同时强调了情感态度价值观的培养，"通过对数字编码相关知识的介绍，拓宽知识面，激发学习数学的兴趣"。可见，教师对总体目标的理解全面、准确。从教学的效果可见教师对教材熟练精通、理解透彻。

2. 评价材料处理

在引入环节，根据学生的认知水平，对本节课数字编码的"读"和"编"在同一节课进行教学，体现了"读""编"并重的特点，满足了学生的认知需求。在建构新知环节，充分利用学生自主学习的优势，利用"自主学习任务单"使学生进行新知识的探索。充分调动学生的学习积极性，把探究的时间和空间留给学生，抓住了关键，强调了本节课的教学重点在于解读数字编码背后的秘密，了解数字编码的编排方法，体会数学与生活的紧密联系。同时，突破了教学难点，即如何指导学生学会恰当地运用数字编码来表达信息，很好地达成了教学目标，符合教学内容和学生实际。本案例体现了几处亮点：第一，"自主学习任务单"上的任务，产生任务驱动，促使学生自主学习、自主探究。第二，借助小组合作学习，结合学生解读自己家人的身份证号的信息，让学生验证猜想，最后完善结论。第三，在学生编写自己"学号"的过程中，用自己的思维方式自由地、开放地进行发挥，让学生学得兴趣盎然。第四，在最后寻找生活中的数字编码环节中，再一次紧密地联系生活实际，大大激发了学生的求知欲，使学生感受到数学就在自己的身边，较好地完善了学生的认知，发展了学生的探究意识。

欲获得更多教学案例文本请扫描二维码。

扫码案例 1-6.docx

本章小结

本章主要介绍了数与代数的教学内容结构及常见的关键词，重点阐述了数与代数的教学策略，提供了一系列数与代数的说课稿、教案文本及对应的说课、上课视频。在此基础上，本章又对说课与上课进行了评价，提出了教学建议，进行了教材分析。

思考题

考点链接

在教师资格证及教师编制的考试中，通常会出现填空、选择、辨析、简述与论述题目。请看真题。

一、填空

说课的内容包括_____、_____、_____、_____、_____。

二、辨析

说课就是指教师在备课的基础上，面对领导、同行或评委用口头语言讲解具体课题教学的设想、施教效果的预测与反思等行为的一种教学研究方式。

三、面试并答辩

试讲"三位数笔算减法",并说出这节课的教学重点、难点是什么,你是怎样突出重点、突破难点的。

知识巩固

一、辨析题

1. 小学数学的评课,就是评教师在课堂教学中是否突出了数学知识的重点,突破了数学知识的难点。

2. 北师大版"找质数"一课教材的编排可以删掉"摆小正方形"的演示操作内容,直接由因数、倍数旧知识迁移获得新知识。

二、简述

说课与备课、上课有什么异同?

实践活动

1. 以校、区、市观摩课活动内容为课题写一篇教学实录和说课稿。

2. 以视频优秀说课内容为课题写一篇说课稿,在班级说课、评课。然后收看视频说课,再评课。

3. 以视频优秀课堂教学内容为课题写一份教案,在班级试讲、评课。然后收看视频优秀课,再评课。

4. 选择一课时教材,进行教材分析和教学设计。然后与相应优秀案例比较,取长补短。

5. 选择一课时教材,写说课稿。然后与相应案例比较,辨析长短。

第二章　图形与几何教学

导入案例

在教学生求平行四边形面积时，张老师、李老师分别做如下所述教学设计。

张老师：连接平行四边形 ABCD 的对角线 AC，因为三角形 ABC 与三角形 CDA 的三边分别相等，所以，这两个三角形全等，三角形 ABC 的面积等于 $\frac{1}{2}$(底×高)，所以，平行四边形 ABCD 的面积等于底乘高，命题得到证明。

李老师：引导学生分析问题，即如何把一个平行四边形转变成一个长方形，然后组织学生自主探究，并获得计算平行四边形面积的公式。

请问：两则教学设计中有没有知识性错误？教师的教学方法有何不同？两种教学方法对学生的学习将产生怎样的影响？

今天我们一起来研究小学阶段的图形与几何内容，再看看小学的几何教学与中学的几何教学有怎样的不同。

第一节　图形与几何教学概述

数学是研究数和形的科学。在数学中，研究形的分支学科叫作"几何学"。小学数学课程中的"图形与几何"是几何学中初步的、小学生能够接受的、最为基础的知识。在小学数学教材中，数与代数的内容占到 60%强，其次就是图形与几何内容，占到 30%。因此，图形与几何是小学数学的重要内容。它包括图形的认识、图形的测量、图形的变换与图形的位置四部分内容。

一、图形与几何教学内容结构

表 2-1 所示内容以北师大版小学数学最新版本教材为蓝本,呈现全套十二册教材中图形与几何的内容。

表 2-1　北师大版小学数学中图形与几何的内容结构

册别	知识内容	教学要点
一上	1.第五单元　位置与顺序 (1)认识前后、上下、左右; (2)教室:前后、上下、左右的综合应用 2.第六单元　图形 (1)物体的分类:认识长方体、正方体、圆柱、球; (2)你说我摆:认识几何体的练习	1.在具体的活动中,体验前后、上下、左右的位置与顺序,初步培养空间观念。 2.能确定物体前后、上下、左右的位置与顺序,并能用自己的语言表达。 3.在学习活动中获得积极的情感体验。 4.对长方体、正方体、圆柱、球有一定的感性认识,知道这些几何体的名称并能加以识别。 5.发展初步的观察、想象和语言表达能力。 6.发展初步的主动探索精神和与人合作的意识
一下	1.第二单元　观察物体 看一看:从不同方向看到的物体形状 2.第四单元　有趣的图形 (1)初步认识长方形、正方形、三角形和圆; (2)知道平行四边形的名称; (3)动手做:用长方形、正方形、三角形和圆折纸、拼图; (4)认识七巧板:欣赏、设计图案	1.经历观察实物的过程,初步体会从不同方向观察物体看到的形状可能是不同的。 2.能根据具体实物、照片或直观图,辨认从前面、后面、左面、右面、上面观察到的简单物体的形状。 3.在实际操作活动中,逐步积累观察物体的经验,初步发展观察、推理和空间想象能力。 4.积极参与观察活动,了解观察方法,体会观察物体的乐趣,提高学习数学的兴趣。 5.在操作活动中,初步认识长方形、正方形、三角形和圆,体会"面在体上",初步培养空间观念。 6.能利用所学图形,进行拼图、折纸等活动,进一步感受图形的特征。 7.欣赏利用图形组成的美丽图案,并能进行设计。 8.感受图形与日常生活的密切联系,激发学生学习图形的兴趣
二上	1.第四单元　变化的图形 (1)折一折、做一做:初步感受轴对称现象; (2)玩一玩、做一做:初步感受平移和旋转现象 2.第六单元　测量	1.结合动手操作活动初步感知平移、旋转、轴对称现象,积累活动经验。 2.通过操作活动,进一步发展初步的空间观念和动手操作能力。 3.通过操作活动对图形的认识产生兴趣,初步感受数学的美。

册别	知识内容	教学要点
二上	(1)教室有多长:自选长度单位的测量; (2)课桌有多长:厘米的认识; (3)1米有多长:米的认识; (4)简单的估算与测量	4.在测量活动中了解测量方法的多样性,经历用不同方式测量物体长度的过程,体会建立统一度量单位的重要性。 5.在实践活动中认识厘米和米,体会厘米和米的实际意义,掌握1米=100厘米,并会进行简单的单位换算。 6.在实际活动中体会测量长度在日常生活中的重要意义,激发学生学习的兴趣,发展观察、操作的能力
二下	1.第二单元 方向和位置 (1)东南西北; (2)辨认方向:认识八个方向; (3)描述物体所在的方向 2.第四单元 测量 (1)铅笔有多长:分米、毫米的认识; (2)1千米有多长:千米的认识 3.第六单元 认识图形 (1)认识角:直角、锐角、钝角; (2)长方形和正方形; (3)平行四边形; (4)欣赏和设计	1.借助辨认方向的活动,进一步发展空间观念。 2.结合具体情境给定一个方向(东、南、西或北),辨认其余七个方向,并能用这些词语描述物体所在的位置。 3.借助具体的测量活动,进一步发展空间观念和动手操作能力。 4.通过测量活动,实际感受1毫米、1分米、1千米有多长,并知道千米、米、分米、厘米、毫米之间的关系,能根据具体情境选择合适的长度单位。 5.能估计一些物体的长度,进一步发展估算意识。 6.结合生活情境,直观认识直角、锐角和钝角,会借助三角尺确认以上三种角。 7.通过观察、测量、比较、归纳,能够用自己的语言描述长方形、正方形的特征。 8.能够按要求在方格纸上画出长方形和正方形。 9.结合生活情境直观地认识平行四边形。 10.欣赏用基本图形构成的美丽图案;会用正方形、长方形、三角形、平行四边形等图形设计图案,发展空间想象力和审美意识
三上	1.第二单元 观察物体 搭一搭:辨认从正面、右面、上面观察到的用3~4个小正方体搭成的立体图形的形状 2.第五单元 周长 (1)什么是周长; (2)长方形、正方形的周长	1.在拼立体图形和多方位观察立体图形的活动中,逐步发展空间观念和观察及操作能力。 2.经历用正方体拼立体图形的过程,体验到从不同的位置观察立体图形所看到的形状可能不同。 3.能正确辨认从正面、右面、上面观察到的立体图形的形状。 4.在拼立体图形的实践活动中,体验并初步学会用"上、下、左、右、前、后"等词语描述正方体的相对位置。 5.结合具体事物或图形,通过观察、操作等活动,认识周长。 6.结合具体情境,通过观察、度量和比较、归纳等活动,探索并掌握长方形、正方形的周长的计算方法。 7.能测量并计算三角形、平行四边形、长方形、正方形等直边形图形的周长。

册别	知识内容	教学要点
三上		8.能运用长方形、正方形周长的计算方法解决实际生活中的简单问题,感受数学在日常生活中的应用。 9.结合具体情境,感知图形知识和实际生活的密切联系,发展初步的空间观念
三下	1.第二单元　图形的运动 (1)轴对称图形; (2)平移和旋转 2.第五单元　面积 (1)什么是面积; (2)面积单位; (3)摆一摆:长方形、正方形的面积; (4)面积单位的换算	1.结合实例,感知身边的平移、旋转和轴对称现象。 2.通过观察、操作活动,认识轴对称图形,并能在方格纸上画出简单图形的轴对称图形。 3.能在方格纸上画出一个简单图形沿水平方向、竖直方向平移后的图形。 4.结合实例认识面积的含义,能用自选的单位估计和测量图形的面积,体会统一面积单位的必要性。 5.体会并认识面积单位:平方厘米、平方分米、平方米、平方千米、公顷,会进行简单的面积单位换算。 6.探索并掌握长方形、正方形的面积公式,能解决一些简单的实际问题
四上	1.第二单元　线与角 (1)线的认识:直线、射线、线段; (2)平移与平行:认识平行线; (3)相交与垂直; (4)旋转与角:认识平角、周角; (5)角的度量:认识量角器; (6)用量角器画指定度数的角 2.第五单元　方向和位置 (1)去图书馆:探索确定位置的方法; (2)用数对确定物体的位置	1.通过操作活动,认识线段、射线与直线,会用字母正确表示线段、射线与直线,建立分类思想。 2.通过操作活动,认识平面上的平行线和垂线,能用三角尺画出平行线和垂线,体会两点间所有连线中线段最短,知道两点间的距离。 3.通过操作活动,认识平角、周角,了解角的大小之间的关系,会用量角器量出指定角的度数,画出指定度数的角。 4.通过具体的情境,理解方向、距离两个条件对确定位置的作用,并能根据方向和距离确定物体的位置。 5.能描述简单的路线图。 6.能在方格纸上用数对确定物体在具体情境中的位置
四下	1.第二单元　认识三角形和四边形 (1)图形的分类; (2)三角形分类:认识各种三角形; (3)探索与发现:三角形的内角和; (4)探索与发现:三角形边的关系; (5)四边形分类:初步认识梯形 2.第四单元　观察物体 (1)看一看:在不同位置观察物体的形状;	1.通过具体的分类活动,整理图形,认识不同类别图形的特征。 2.通过对三角形的分类活动,认识并能识别哪些图形是直角三角形、锐角三角形、钝角三角形、等腰三角形和等边三角形。 3.通过直观操作,探索并发现三角形的内角和等于180°。 4.通过摆一摆的实验操作,探索并发现三角形任意两边之和大于第三边。 5.通过四边形的分类活动,了解梯形的特征,进一步认识平行四边形。

册别	知识内容	教学要点
四下	(2)我说你搭:不同位置观察物体的范围; (3)搭一搭:从三视图还原简单的立体图形	6.能根据提供的一组照片或画面,辨别不同位置观察到的物体的范围或形状。 7.在观察、想象、推理的活动中,发展空间观念
五上	1.第二单元 轴对称和平移 (1)轴对称再认识; (2)平移; (3)欣赏与设计 2.第四单元 多边形的面积 (1)比较图形的面积; (2)认识底和高; (3)探索活动:平行四边形、三角形、梯形的面积 3.第六单元 组合图形的面积 (1)组合图形的面积; (2)探索活动:成长的脚印	1.经历进一步画轴对称图形和探索画平移图形方法的过程,加深对轴对称图形和图形平移的特征的理解。 2.能在方格纸上画出轴对称图形的对称轴、补全一个简单的轴对称图形及某个图形的轴对称图形,能在方格纸上按水平或垂直方向将简单图形平移,会运用平移、轴对称在方格纸上设计简单的图案。 3.通过轴对称和平移知识的学习,发展空间观念。 4.能从平移和轴对称的角度欣赏生活中的图案,感受图形的对称美,认识数学的应用价值。 5.通过比较图形面积的大小,体验比较面积大小方法的多样性。 6.通过具体情境和实际操作,认识平行四边形、三角形、梯形的底与高,并能画出图形的高。 7.通过动手操作、实验观察等方法,探索平行四边形、三角形、梯形面积的计算方法,并能运用计算方法解决生活中一些简单的问题。 8.在探索图形面积计算方法的过程中,获得探索问题成功的体验。 9.在探索活动中,归纳组合图形面积的计算方法。 10.能正确计算组合图形的面积,并能解决相应的实际问题。 11.能估计不规则图形面积的大小,并能用不同方法计算面积
五下	1.第二单元 长方体(一) (1)长方体的认识; (2)展开与折叠:长方体、正方体的展开图; (3)长方体的表面积; (4)露在外面的面 2.第四单元 长方体(二) (1)体积与容积; (2)体积单位; (3)长方体、正方体的体积;	1.通过观察、操作等活动,认识长方体、正方体的基本特点及其展开图。 2.结合具体情境,探索并掌握长方体、正方体表面积的计算方法,并能解决生活中一些简单的问题。 3.经历展开与折叠、寻找规律等活动过程,发展空间观念和探索规律的能力。 4.通过操作活动,理解体积、容积的含义,认识体积、容积的计量单位(立方米、立方分米、立方厘米、升和毫升),会进行单位间的换算,感受计量单位的实际意义。

册别	知识内容	教学要点
五下	(4)体积单位的换算; (5)有趣的测量:不规则物体的体积 3.第六单元 确定位置 (1)用方向与距离两个维度描述位置; (2)描述路线图	5.在解决实际问题的过程中,探索并掌握长方体、正方体体积的计算方法,探索某些不规则物体体积的测量方法,能解决一些简单的实际问题。 6.在观察、操作等活动中,进一步发展动手操作能力和空间观念。 7.通过具体情境,理解方向、距离两个条件对确定位置的作用,并能根据方向和距离确定物体的位置。 8.结合具体情境,能根据平面图确定图中任意两地的相对位置(以其中一地为观察点,度量另一地所在方向及两地的距离),获得解决实际问题的经验,拓展知识视野,进一步发展空间观念。 9.能描述简单的路线图
六上	1.第一单元 圆 (1)圆的认识; (2)欣赏与设计; (3)圆的周长; (4)数学阅读:圆周率的历史; (5)圆的面积 2.第三单元 观察物体 (1)搭积木比赛; (2)观察的范围; (3)天安门广场	1.结合生活实际,通过观察、操作等活动认识圆及圆的对称性,认识半径、直径,理解同一圆中半径和直径的关系,体会圆的特征及圆心和半径的作用,会用圆规画圆形。 2.结合具体情境,通过动手拼摆等活动,探索并掌握圆的周长和面积的计算方法,体会"化曲为直"的思想。 3.结合欣赏与绘制图案的过程,体会圆在图案设计中的应用,能用圆规设计简单的图案,感受图案的美,发展想象力和创造力。 4.通过观察、操作、想象和图案绘制等活动,发展空间观念。 5.结合具体情境,体会数学与日常生活的密切关系,能用圆的知识来解释生活中的简单现象,解决一些简单的实际问题。 6.结合圆周率发展历史的阅读,体会人类对数学知识的不断探索过程,感受数学文化的魅力,激发民族自豪感,形成热爱数学的积极情感。 7.通过观察、操作、想象,经历一个简单图形经过平移、旋转或轴对称制作复杂图形的过程,能有条理地表达图形的变换过程,发展空间观念。 8.经历运用平移、旋转、轴对称进行图案设计的过程,能灵活运用平移、旋转、轴对称在方格纸上设计图案。 9.结合欣赏和设计美丽的图案,感受图形世界的神奇。 10.能正确辨认从不同方向(正面、左面、上面)观察到的立体图形(5个小正方体组合)的形状,并画出草图。

册别	知识内容	教学要点
六上		11.能根据从正面、左面、上面观察到的平面图形还原立体图形(5个小正方体组合)，进一步体会从三个方向观察就可以确定立体图形的形状；能根据给定的两个方向观察到的平面图形的形状，确定搭成这个立体图形所需的正方体的数量范围。 12.经历分别将眼睛、视线与观察的范围抽象为点、线、区域的过程，感受观察范围随观察点、观察角度的变化而改变，能利用所学的知识解释生活中的一些现象
六下	1.第一单元 圆柱和圆锥 (1)面的旋转：圆柱和圆锥的认识； (2)圆柱的表面积； (3)圆柱的体积； (4)圆锥的体积； (5)实践活动 2.第三单元 图形的运动 (1)图形的旋转(一)：旋转的三要素； (2)图形的旋转(二)：在方格纸上画出一个图形旋转后的图形； (3)图形的运动：用平移和旋转表述图形的运动过程； (4)欣赏与设计 3.整理与复习：图形与几何 (1)图形的认识； (2)图形的测量； (3)图形的运动； (4)图形的位置	1.经历由面旋转成体的过程，认识圆柱和圆锥，了解圆柱和圆锥的基本特征，知道圆柱和圆锥各部分的名称。 2.通过观察、动手操作等活动，初步体会点、线、面、体之间的关系，发展空间观念。 3.结合具体情境和操作活动,探索并掌握圆柱表面积的计算方法，并能解决生活中一些简单的问题。 4.结合具体情境和操作活动，了解圆柱和圆锥体积(包括容积)的含义，探索并掌握圆柱体积的计算方法，并能解决一些简单的实际问题。 5.经历"类比猜想——验证说明"探索圆柱、圆锥体积计算方法的过程，体会类比、转化等思想，初步发展推理能力。 6.通过实例观察，发现一个简单基本图形在旋转过程中的变化规律，并能将简单的基本图形围绕一点按一定方向旋转一定角度，培养观察能力和审美能力。 7.了解一个简单图形经过旋转制作复杂图形的过程,知道图形旋转的三要素：中心点、方向、度数。 8. 通过实例观察，认识图形的平移和旋转，能在方格纸上将简单图形进行平移和旋转。 9.欣赏生活中的图案，灵活运用平移、旋转和轴对称在方格纸上设计图案，感知美、创造美，体验成功的喜悦。 10.引导学生系统整理学过的图形，沟通图形之间的联系，形成知识网络。 11.结合具体的物体或图形，引导学生从不同的角度研究立体图形，沟通立体图形与平面图形之间的联系，发展学生的空间观念。 12.通过列表、画图等，对图形测量的有关知识进行系统整理，进一步理解周长、面积、体积等以及相应的单位。 13.沟通几种基本图形面积公式及其推导过程的内在联系、体积计算公式之间的联系，体会数学知识和方法的内在联系、体会转化、类比等数学思想方法，发展初步的推理能力。

续表

册别	知识内容	教学要点
六下		14.能正确计算常见平面图形的周长和面积、常见立体图形的表面积和体积,并解决一些简单的实际问题。 15.整理图形的平移、轴对称与旋转等变换特征;能确定轴对称图形的对称轴,能在方格纸上画出一个图形的轴对称图形,能将简单图形按要求进行平移或旋转。 16.整理已学过的平面图形的轴对称知识,加深对这些图形的认识。 17.在解决问题的过程中,复习有关确定位置的知识;能在具体情境中,确定某一地点的位置。 18.在整理和复习的过程中,通过观察、操作、想象、设计图案等多种活动,巩固所学知识,能综合运用学过的数学知识和方法解释生活中的现象,解决简单的实际问题,发展解决问题的能力和反向思维意识,发展空间观念

综合表 2-1 发现,小学阶段的图形与几何的主要内容为:空间和平面基本图形的认识;图形的分类和度量;图形的平移、旋转、轴对称;运用坐标描述图形的位置和运动。而这些内容是按照"图形的认识""图形的测量""图形的运动"和"图形与位置"四大板块进行阐释的,这四方面内容以图形为载体,以培养空间观念和推理能力、更好地认识和把握我们赖以生存的现实空间为目标,逐渐深入,循序渐进,呈混合螺旋式上升,符合小学生的认知特点,突出了以人为本的教育教学理念。

二、图形与几何教学的关键词

在图形与几何的教学内容中,需要格外关注以下关键词。

1. 实验几何

至 2001 年新课程改革之前几十年,小学数学内容一直沿用"几何初步知识"这一名称,强调几何中"点、线、面、体"知识的系统性。2001 年,《数学课程标准(实验稿)》将以往"几何初步知识"拓展为"空间与图形"内容,不以欧几里得几何的公理体系为主线,不严格按照知识的逻辑顺序呈现这个领域,而是根据儿童的生理和心理特征,把"图形与几何"的内容均衡地安排在三个学段中。为了保证学生"全面、持续、和谐地发展",《数学课程标准(2011 年版)》将这部分内容的名称再次定为"图形与几何",这是对数学本质的回归。

但是作为小学数学课程内容的"图形与几何"与作为数学科学的几何知识是不同的。这种区别首先表现在作为数学科学的几何是一个完整的知识体系,而作为小学数学课程的"图形与几何"是几何学中最基础的部分;其次表现在作为数学科学的几何是一种论证几何,或称之为证明几何,而作为小学数学课程的"图形与几何"是一种直观几何,或可称之为经验几何、实验几何;最后表现在作为数学科学的几何存在于严密的公理体系中,而作为小学数学课程的"图形与几何"则存在于不太严密的局部组织中。①

2. 空间观念

所谓空间观念就是指物体的大小、形状及相对位置在头脑中形成的表象。空间观念是《数学课程标准(2011年版)》提出的十个核心词之一，主要是指根据物体特征抽象出几何图形，根据几何图形想象出所描述的实际物体，想象出物体的方位和相互之间的位置关系，描述图形的运动和变化，依据语言的描述画出图形等。

20世纪80年代以来，国际数学教育对几何推理的要求相应地发生了变化，其普遍趋势开始从纯粹的演绎推理转向较少的演绎推理，更多地强调从具体情境或前提出发进行合情推理；从单纯强调几何的推理价值转向更全面地体现几何的教育价值，特别是观察、操作、实验、探索、合情推理等方面"过程性"的教育价值。例如，能辨认从不同方向(前面、左侧面、上面)看到的物体形状，注重通过观察物体、认识方向、制作模型、设计图案等活动，有效建立和发展空间观念。

3. 活动经验

《数学课程标准(2011年版)》指出：义务教育阶段要"经历图形的抽象、分类、性质探讨、运动、位置确定等过程，掌握图形与几何的基础知识和基本技能"，在表述上采取"经历……掌握……"的方式，这就要求在教学中我们要合理设计教学活动，注重教学过程，让学生经历一个知识的形成、发展和应用的"再创造或再发现"过程。

学生经历活动体验主要指回忆、观察、操作、想象、描述、思考、交流、分析、推理和表示等活动过程。要注重设计丰富多彩的活动，让学生经历多样化的活动过程，多给学生一些空间，让他们在自己亲身经历的过程中积累图形的特征、位置、变换等概念，获得对简单几何体和平面图形的直观经验，进一步了解自己的生存空间。

具体而言，在第一学段，经历从实际物体中抽象出简单几何体和平面图形的过程，了解一些简单几何体和常见的平面图形；感受平移、旋转、轴对称，认识物体的相对位置。掌握初步的测量、识图和画图的技能。在第二学段，经历探索物体与图形的形状、大小、运动和位置关系的过程，了解简单几何体和平面图形的基本特征。

4. 生活情境

生活经验是儿童几何学习的主要起点。教学时要突出"图形与几何"知识的现实背景，将课程内容与学生的生活经验有机地融合，与数学课程中各个分支进行整合，从而拓展"图形与几何"学习的背景，使学生更好地认识、理解和把握自己赖以生存的空间，发展学生的空间观念和推理能力(包括合情推理、演绎推理)。

在表2-1"教学要点"中，我们看到大量的要求"结合生活情境认识……""结合实例，感知……现象"的话语，目的是注重所学知识与日常生活的密切联系，注重促使学生探索现实世界中有关空间与图形的问题。

以上4个关键词对图形与几何内容分析至关重要，是我们进行图形与几何教学不可或缺的内容，离开了这些名词术语，图形与几何的教学将无法有效进行。

① 杨庆余. 小学数学课程与教学[M]. 北京：高等教育出版社，2004：259.

三、图形与几何的教学策略

图形与几何包括四方面内容，在教学时各有侧重点，以下我们针对不同内容给出相应的教学策略。

(一)图形的认识教学策略

1. 从现实情境中，抽象出图形的全过程

从现实情境中抽象出图形的全过程，体会数学图形与现实世界的密切联系，既符合学生认识事物的规律，也符合数学课程的目标要求。人们生活在三维的空间中，常见的楼房、积木、各种包装盒、皮球……都给我们以长方体、正方体、圆柱体、球体等直观形象。基于这样的生活经验，学生可以从认识立体图形开始，从不同的角度观察长方体、正方体、圆柱体、球的表面，抽象出长方形、正方形、圆等平面图形。像这样从具体到抽象、从实物到图形、从整体到局部的安排，揭示了立体图形与平面图形的关系，也符合学生的认知特点(参见案例 2-1)。

因此，教学中一定要注重使学生在现实世界中积累有关图形经验的基础上，认识常见的立体图形和平面图形，即要依据学生的生活背景与知识背景，逐步完成由实物到几何图形的抽象观察，让学生在生活的空间中发现图形，这样学生对图形的认识就会更加立体。教学中一般可采取"生活实物——实物图——几何图形(模型)——回归生活"的教学策略。在观察物体时，可以让学生带着实物、玩具等，从不同角度去看，从中发现不同角度所看到的图形不一样；教师要给学生呈现大量的感性材料，通过引导学生观察，去建立图形的认识的表象，不断地帮助学生用数学的眼光来观察众多的实物，然后在思考中抽象出图形的本质特征，结合现实生活中物体抽象的过程使学生更好地理解它们。

射线和直线涉及无限的概念，与长方体、正方体、长方形、正方形等相比，在现实中没有"直线"的实物原型，这就需要学生进行抽象与想象。类似地，学生理解两条直线平行的位置关系也比较困难，可以利用两根铁轨作为实物原型来描述，两根铁轨不相交及它们之间的距离处处相等的事实，都揭示了平行线的本质，但铁轨无法总是笔直地延伸，所以在从实物到几何图形的抽象过程中还需要想象，这有助于学生发展抽象能力和空间概念(参见案例 2-2)。

2. 在实践操作等活动中，感知图形的基本性质

"感知"是根据相应的学习材料，通过手、口、脑的并用，初步地感受和认识某种事物的本质。学生空间观念的发展、活动经验的积累、图形性质的体验等都是在观察、操作、思考、想象、交流等数学实践活动中进行的。这里，我们要特别强调动手操作的重要性。学生通过折叠、剪拼、画图、测量、建造模型、分类等活动，对图形的多方面性质有了亲身感受，这不仅为正式地学习图形的性质奠定了基础，同时还积累了数学活动经验，发展了空间概念。

因此，我们提倡学生人人拿学具进行操作实践，这样比只是看一下教师的示范和课件演示获得更多的对图形的"洞察"和体验。尤其是对长方形、正方形、平行四边形、圆形等图形的认识，我们都要通过让学生看一看、摸一摸、折一折、叠一叠、拼一拼、剪一剪、量一量、画一画、描一描、比一比、分一分、做一做等基本的实践操作活动，体验常见的

图形的性质，并运用它们解决实际问题；在拼摆图形、设计图案等活动中，构建空间概念，欣赏丰富多彩的图形世界，体会图形在现实世界中的广泛存在(参见案例 2-4)。

(二)图形的测量教学策略

与传统教学方式相比，《数学课程标准(2011 年版)》在图形的测量部分加强了对量的实际意义的了解。结合生活实际，注重动手操作，掌握测量的方法。注意对测量工具和计量单位的选择，并对测量结果进行解释(误差)。重视估测，弱化了以单纯的计算(周长、面积、体积)为中心的传统框架和无实际意义的单纯量的单位换算。

1. 体会建立测量单位的必要性，理解度量单位的实际意义

对于测量单位的学习，首先要提供给学生实际测量的机会，鼓励学生选择不同的测量方法，并在彼此交流的过程中体会到建立统一计量单位的必要性。例如，讲长度单位，可让学生先用不同的工具测量同一物体的长度，在学生得出这个物体的长度是"几个一拃的长度""几个一支铅笔的长度""几个一本书的长度""几个一把尺子的长度"等，再引出长度单位，这样做就是为了使学生感悟建立统一计量单位的必要性，产生继续学习的愿望，获得对度量单位的初步体验(参见案例 2-5)。

学生还需要通过实际活动建立对度量单位实际意义的体验，1 厘米到底有多长，1 平方厘米到底有多大，1 立方厘米到底占多少空间，要使这些单位变得直观具体，必须让学生通过各种实践操作活动领悟，并让学生列举生活实例加以说明。

2. 重视估测，掌握估测方法，注重数学在生活中的应用

估测在生活中要比准确计算更经常应用，估测有助于儿童理解测量的特征和过程，并获得对测量单位大小的认识。在测量的学习中，应该始终重视估测的重要性，要注意将数学知识与生活联系起来，安排适当的活动，坚持先估测后验证的原则，培养学生的数学素养。例如，在长度单位的学习中，要安排估计身高、步长、臂长、凳子的长度等活动；在面积单位的学习中，要安排估计数学书封面的面积、教室地面的面积、学校操场的面积等活动；在容积的学习中，我们可以安排估算粉笔盒的容积、卡车汽油箱的容积、水桶的容积等活动。这些活动会加深学生对量及其实际单位的理解，发展学生灵活运用知识解决实际问题的能力(参见"面积和面积单位"二维码视频)。[1]

面积和面积单位.mp4

对大数目的估测，要关注学生的估测方法。例如，对于长度 1 千米的估测，当然可以让学生实地走一走，再回头看一看，脑海里想一想有多长，我们也可以先让学生确定 100 米的长度，再定 500 米的长度，500米有 5 个这样的 100 米长度，最后再感悟 1 千米有两个 500 米的长度，这里不是简单的数学推理，更主要的是让学生真正地感悟 1 千米到底有多长(参见"千米的认识"二维码视频)。[2]

千米的认识.mp4

3. 在测量公式的教学中，注意测量方法的探求和数学思想方法的渗透

在测量公式教学中，不能将主要精力放在套用公式进行计算上，以至于将这部分内容

---

[1] 授课教师：北京市大兴区第八小学　于兵。
[2] 授课教师：北京市大兴区第二小学　冯俊英。

简单地处理为计算问题。实际上，对于周长、面积、表面积和体积等公式的探索和应用，不仅有利于学生解决实际问题，并且对于学生认识图形的特征和图形间的相互关系，体会重要的数学思想，对发展空间观念也是大有好处的。对于这部分内容的教学，教师应鼓励学生在具体的情境中，让学生经历猜测、观察、操作、归纳、建立数学模型、实践应用的数学发现过程。

数学新知识总是建立在旧知识基础之上，在学生明确了周长、面积、表面积和体积等概念的含义之后，要鼓励学生探索解决问题的方法，猜想验证，并且有意识地引导学生回忆与新知识有关的旧知识，看看能否转化为既有知识。学习任何知识的最佳途径是自己去发现，学生独立思考，相互讨论，辩论澄清的过程就是自己发现或创造的过程。在小学阶段，除分析综合、猜想验证、归纳总结、联想类比外，还有数形结合、化归思想、函数思想、方程思想这些数学思想方法，以及几何变换、等价转换、逐步逼近等解题策略。

教学中要让学生对问题进行独立探索、尝试、讨论、交流，让学生充分展示自己的思维过程，在想象、猜想的基础上进行验证，在操作过程中体验图形变化的思想和方法。要以图形测量公式推导为载体，让学生在操作、实践中感悟"转化""极限""函数"等数学思想，教师在教学设计时就要有意识地设计进课堂教学环节中(参见案例 2-8)。

在直边图形面积公式的推导过程中，教师应经常让学生利用学具进行操作活动，将新图形转化成学过的已知图形，从而找到新旧两个图形之间的对应关系，推导出计算公式。在这个过程中巧妙地渗透了转化的数学思想方法，最终通过图形间的相互转化关系，建立起图形面积公式的知识体系，如图 2-1 所示。

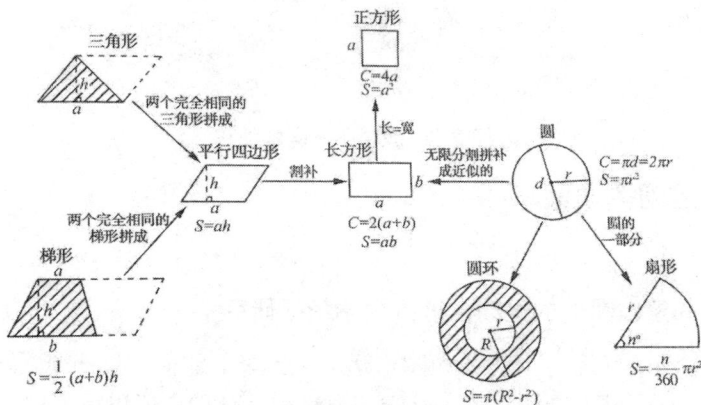

图 2-1　图形间的相互转化关系

圆是第一、二学段学习的平面图形中唯一的一个曲线图形，是学生第一次了解 π 这个无理数，是学生第一次正式接触并运用极限的数学思想来解决曲线的长度和圆形的面积等问题。因此，对圆的周长以及面积的探索具有一定的挑战性，这个过程的学习有助于学生提高分析问题、解决问题的能力，获得基本的数学活动经验，体会"转化""极限"和"函数"的思想，如图 2-2 所示(参见右侧二维码视频)[①]。

圆的面积.mp4

―――――――――――――

① 授课教师：北京市大兴区第二小学　张美玲。

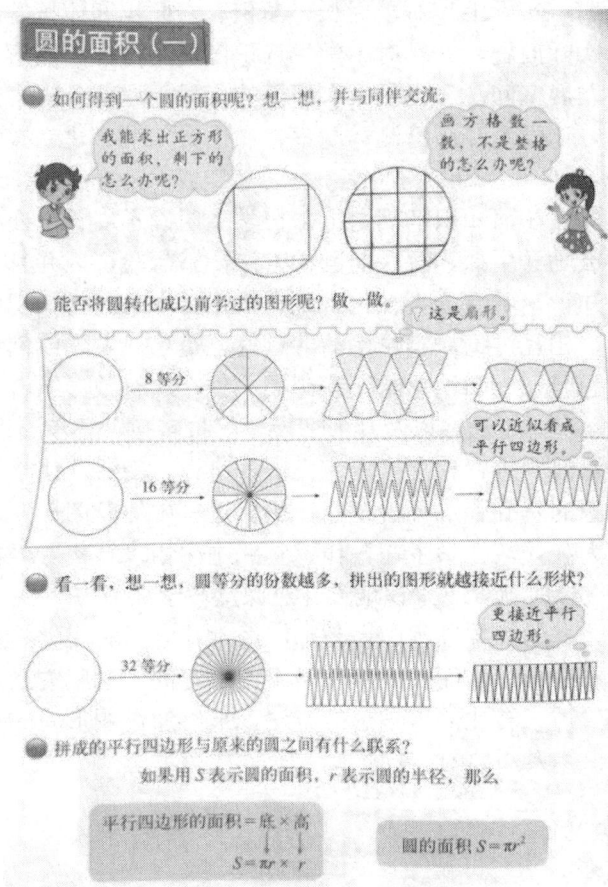

图 2-2　教材——圆的面积

(三)图形的运动教学策略

1. 从生活中抽象出图形的运动，进行数学特征研究

由于学生在生活中已经有了物体和图形运动的经验，他们通过折纸、转风车、照镜子等活动获得了诸如平移、旋转、轴对称的体验。所以教学时要从生活情境中认识变换现象，可以让学生举出生活中大量的变换现象，如旗帜升起、螺旋桨转动以及建筑、植物(枫叶)、动物(蝴蝶)等来感知认识变换现象的整体特征(参见"旋转三"二维码视频)。

当图形的变换确定后，就可进行该变换特征的研究。此时的教学策略是组织学生进行实际操作，体验图形变换的方法。考虑到学生的语言表达能力和动手操作能力有所提高，所以"图形的运动"对操作方式作出了明确的界定，如"用折纸等方法……""利用方格纸等形式……""在方格纸上将……平移或旋转""在方格纸上设计图案"等。这种阐述旨在要求以直观操作的方式引导学生初步认识平移、旋转、轴对称等变换现象的数学内涵(参见"平移和旋转"二维码视频)。

旋转三.mp4

平移和旋转.mp4

2. 欣赏和设计数学变换图案，培养审美情趣和创新精神

不论是大自然的鬼斧神工，还是人类文明的巧夺天工，数学变换总是带给人们神奇与愉悦，给予人美的享受。这是一个很好的载体，教学中可充分利用教材(或多媒体手段)呈现美丽的图案，让学生在观察图形时，发现熟悉的图形；运用数学的眼光分析图案是否存在变换现象；欣赏各具特色的图案，发现其中蕴含的对称美、和谐美、简洁美，通过让学生欣赏并体验图形变换在现实生活中的广泛应用，得到美的熏陶。

同时，我们应以此为启发，发挥学生的个性和创造力，灵活运用轴对称、平移和旋转组合，亲自动手设计图案以灵活运用所学知识和技能，并从中体会创造的乐趣和辛苦，领略图形世界的神奇。例如，可要求学生利用图形变换制作一个美丽的图案。这是一种开放式的活动，学生可以从一个或几个简单的图形出发，按照自己的设想进行变换，得到新的图案，并可以不断地改变操作过程，使所得的图案更美，进而相互交流各自图案的特点，相互欣赏、评价图案的美以及设计的创新(参见案例2-9)。

(四)图形的位置教学策略

1. 把数学课本里的场景转化为学生身边真实的生活

"图形的位置"内容与我们身边的生活息息相关，教材在介绍这部分内容时建立起知识与学生生活实际的联系，体现了生活中处处有数学的观点。但那毕竟是"别人的数学"，教学时要及时把数学课本里的场景转化为学生身边真实的生活，把学生生活中感兴趣的事物纳入教学之中，沟通"图形与位置"与小学生的实际生活的天然联系，让学生用数学的眼光看待生活，用数学的语言表述生活，提高数学素养。

比如，教学"方向和路线图"，可以把学生带到操场上，让他们说一说早晨的太阳在什么方向。让学生面向东站好，告诉他们背对着的方向是西；再让学生伸开两臂，左手指的方向是北，右手指的方向是南。从而利用学生已有的前、后、左、右的方位知识与东、西、南、北建立起联系，帮助他们认识这四个方向。然后，结合学校的具体情况，让学生说出校园内的四个方向各有什么建筑物，使学生进一步熟悉东、南、西、北这四个方向，并能用这些词语描述建筑物所在的位置(参见案例2-10)。

2. 回归生活，运用学到的方法解决实际问题

设置"图形的位置"教学内容，当然并不是仅仅要传授数学知识本身，数学学习归根结底要回归生活，帮助人们解决生活中的实际问题。为此，图形的位置教学应专门设置描述简单的路线图这一教学内容，这是方位在具体问题中的应用。路线图就是从初始点出发到达终点的行径，由于在描述路线图的过程中参照点不断变化，随之需要确定的方向、距离也在不断变化，所以正确地描述路线图对学生具有挑战性。如果要正确地描述路线图，首先要对周围环境存在的物体有位置和方向感，其次大脑中要构成图像。因此，描述简单的路线图对发展学生的空间概念是十分有益的，不仅能检验学生对方位的理解和认识，而且有助于学生体会数学的价值，增强学习的兴趣，促进空间观念的发展(参见案例2-12)。

教学时可以安排由学生描述从家到学校的路线、途经的主要建筑物(参照物)以及相应的距离等，并根据描述画出简单示意图，在交流中加以修改、完善。在这样的过程中，学生不仅可以学会"借助不同参照物确定物体的位置，并画出示意图"这样一个数学方法，而且还可以体会这个方法在生活中的应用。

第二节　图形的认识案例与分析

图形的认识是小学阶段"图形与几何"中最基本的知识，主要包括两个方面：一是对图形自身特征的认识，包括对四体(长方体、正方体、圆柱体、圆锥体)、五线(直线、线段、射线、平行线、垂线)、六角(直角、平角、锐角、钝角、周角、圆心角)、七形(长方形、正方形、三角形、平行四边形、梯形、圆形、扇形)的认识；二是对图形各元素之间、图形与图形之间关系的认识。

图形的认识内容的学习顺序是：从立体到平面再到立体(从立体图形中找到平面图形，从平面图形中还原立体图形)；从生活中的实物抽象出图形到应用于生活；从直观辨认图形到操作探索图形的特征；从直边图形到曲边图形；从静态到动态。

下面我们通过教学案例，具体分析图形的认识这部分内容，并给出相应的教学建议。

一、教学案例

【案例2-1】一年级下册第二单元"观察物体"

观察物体.mp4

儿童对几何的学习是从图形的认识开始的。在一年级上册就要让学生认识常见的立体图形，即认识长方体、正方体、圆柱、球等。一年级下册经历观察实物的过程，根据具体实物、照片或直观图，辨认从前面、后面、左面、右面、上面观察到的简单物体的形状，之后进入具体的平面图形的学习。这一安排顺序体现了人们对周围事物从空间到平面的观察过程。因为越是初级阶段的内容反而越不好教，很多教师不知道怎么设计一年级的数学课程，认为三言两语就讲完了。下面我们就从一年级观察物体讲起。

观察物体①

一、激趣导入

(1) 出示照片：存钱罐的侧面。

师：今天老师给大家介绍一位熟悉的朋友，猜猜是谁？(学生答案不是很肯定)

(2) 出示照片：正面。

生：招财猫。

师：现在能猜出来吗？

(3) 出示照片：反面。

师：能确定吗？

生：能。

师：这是什么？(学生齐说"存钱罐")

引题：看来我们要准确判断它是什么，必须进行全面观察，今天我们就一起来学习观察物体。

---

① 授课教师：山东省济南市泉景中学小学部　孙艳梅。

二、自主观察，构建新知

(一)观察描述，初步感知

师：今天，老师给大家请来了一位小客人，小组长快把它请出来吧。同学们，快看是什么？

生：小象。

师：现在请小组长把小象放在桌子的正中央，面朝老师。现在请你面朝小象，让你的眼睛和小象在同一水平线上。静静地观察，你看到了什么？

学生汇报：

生1：我看到了小象的长长的鼻子，大大的耳朵、眼睛，还有小舌头、围巾呢。

生2：我看到的是小象的尾巴、头还有两条腿。

生3：……

师：老师好奇了，为什么大家观察的是同一只小象，而看到的样子却是不同的呢？

生1：因为它是立体的，小象每个面都不一样。

生2：因为我们坐的位置不一样。

小结：看来我们从不同的位置观察同一个物体，看到的样子是不一样的。

(二)换位观察，体验对比

(1) 小组活动，按顺序到另外3个位置观察。

依次出示小象前、后、左、右的照片。请学生仔细观察，这四幅图分别是从小象的哪个位置看到的，为什么？(小组讨论，同学们依次说一说)

(2) 汇报 先"前后"。

(3) 对比"左右"，突破难点。

师：(出示从右边拍的小象照片)仔细观察，这是从哪个位置看到的？

学生有的说左边，有的说右边。

师：同学们出现不同意见了，找个同学说一说你是怎么判断的。

生：我就坐在小象的右边，看到的就是这个样子的。

师：是不是他说的这样呢？赶快到小象的右边去看一看。

出示左边的照片，学生判断，再到小象的左边去看看。

师：刚才同学们对左边和右边不好区分，那它们有什么不同呢？

生：小象坐着的方向不一样。

师：他提到了方向不同，我们一起来看看，从右边看到的小象脸朝？(右)从左边看到的脸朝？(左)

小结：我们从不同的位置观察到的小象样子是不同的，一般情况下，从左、右两个位置看到的，在方向上是相反的。

三、练习巩固，拓展提升

(1) 小小摄影师。

生活中的观察，出示6幅学生的照片，学生一起判断是从什么位置拍的。

(2) 小动物摄影。

先让学生说一说有哪些小动物在给小猴子拍照，再判断这4张照片分别是哪只小动物为小猴子拍的，在练习纸上进行连线。

(3) 观察正方体。

师：从不同位置看到的小猴子样子不同，同学们想一想，在我们的生活中、数学里有没有什么物体，不管从前、后、左、右甚至是上、下来观察，看到的样子都是相同的？

生：正方体、球。

师：先想象一下，我们一起观察观察，是不是从不同位置看形状都相同。(老师拿正方体、球走到学生中)你看到的都是什么形状？

总结：正方体、球体，从上、下、左、右、前、后来看，都是一样的。

(4) 观察长方体。

师：小组长拿出长方体像老师这样摆在桌子中间，从你的位置仔细观察长方体，用手摸一摸你看到的图形。

伸出手指，沿着你看到的图形的四周摸一摸，你观察到的是什么形状，从彩色卡片中快速找出来。

小结：通过对长方体、正方体的观察，我们知道，虽然有时候观察的位置不一样，但看到的形状却是相同的。

(5) 练习。

不同位置看到的圆柱体分别是什么样子的，把序号填在括号里。

四、课堂总结

我们今天学习了观察物体，课下同学们也可以观察身边的物体，换个角度看看，只要有一颗善于观察的心，就一定能发现一个不一样的世界。

【案例 2-2】四年级上册第二单元"线与角"

在具体认识平行四边形、三角形、梯形等图形之前，学生需要清楚认识数学里的线和角的特征，平行和相交是其中一项重要的学习内容。通过操作活动，认识平面上的平行线和垂线，能用三角尺画平行线和垂线，体会两点间所有连线中线段最短，知道两点间的距离。通过下述案例，我们一起看看这个内容的教学过程。

平行与相交①

一、复习

出示直线，说一说它的特征。

二、合作探究，学习新课

1. 认识平行

请同学们在纸上用黑色彩笔任意画出两条直线，看看你可以画出多少种不同的情形？(每张纸画出一种情形)

投影展示交流。

(1) 分类：请同学们把自己不同的作品张贴在黑板上，请同学们认真观察这几组直线的

平行与相交.mp4

---

① 授课教师：北京市大兴区枣园小学 徐艳菊。

位置关系，能分分类吗？和同桌说一说你是怎么想的。

(2) 全班汇报，说理由。

(3) 引导、纠正分类结果：如果把这些直线延长，会怎样呢？(演示)修改分类方法。

定义平行：像这类两条永不相交的直线，就是互相平行的。

(4) 强调同一平面。

教师在黑板上画一条直线，再在教室侧面墙上画一条直线，问学生：想象一下，将它们延长、延长、再延长，会相交吗？那么它们互相平行吗？

不相交，也不平行，这是为什么呢？(不在一个平面内)

对，只有在同一平面内，不相交的两条直线才能互相平行。互相平行要具备几个条件呢？(①同一平面；②永不相交)其中一条直线称为另一条直线的平行线。如果这两条直线分别为直线a和直线b，我们就可以说，a是b的平行线，b也是a的平行线。

2. 认识相交垂直

像第二类中的这两条交叉在一起的直线，在数学中叫相交。

用你手中的三角板或量器器量一量两条直线相交后所形成的夹角，看看你有什么发现？

(有的相交成了锐角，有的相交成了钝角，有的相交成了直角，对角相等，相交成直角时，四个角都相等，都是90°)

分类：如果老师请同学们给这些相交的直线分一分类，你想怎么分？怎么就知道它是直角了？

像这种两条直线相交成直角时，我们就说这两条直线互相垂直。其中一条直线是另一条直线的垂线。这两条直线的交点叫作垂足，一般用字母O表示。

垂直要具备怎样的条件呢？

三、拓展练习

慧眼识真：你能快速找出互相平行或垂直的两条直线吗？

四、总结课堂

生活数学：其实，在我们的生活中处处都有平行与相交的现象，我们一起来欣赏。看，只要我们细心观察、善于动脑，生活中就会处处有数学。

【案例2-3】四年级下册第二单元"认识三角形和四边形"

三角形是小学数学中非常重要的学习内容，从三角形的认识、三角形高的画法、三角形三边的关系、三角形的内角和、三角形面积的计算到三角形的等积变形，覆盖了小学数学图形与几何模块从一年级到五年级平面图形的大部分内容，三角形知识对深刻感知其他图形有促进作用。

认识三角形[①]

一、情境导入

1. 出示图片，引入新课

师：同学们，再次见面，老师为大家带来了两张著名的建筑图片(课件出示：埃及金字

认识三角形.mp4

---

① 授课教师：黑龙江省哈尔滨市南岗区花园小学 王钧杰。

塔、杭州湾跨海大桥)。

师：从这两座建筑物上，你发现我们学习过的平面图形了吗？一起说吧！

生：三角形。

师：一年级时我们初步认识了三角形，这节课我们要进一步来研究与三角形有关的知识。

2. 借助已有经验，确定研究方向

师：关于三角形，有许多内容值得我们去研究，那么这节课我们首先该研究哪些知识呢？咱们先回顾一下学习平行四边形的时候，学习了哪些知识？

师：没错，对于不同图形的研究方法是相通的，我们学习三角形也可以像学习平行四边形那样，学习一下三角形的定义、研究一下三角形的特点，当然还要认识它的底和高(板书：定义、特点、认识底和高)。

师：接下来咱们就围绕这3个方面展开对三角形的进一步学习。

二、探究三角形的定义及特点

1. 学生独立画生活中的三角形

师：刚才我们在建筑物上找到了三角形，想一想，在生活中从哪些物品的表面上也能找到三角形呢？比如，我们戴的_____(红领巾)，我们用的_____(三角板)，我们吃的_____(三明治)，接下来请把你想到的三角形选择一个用直尺画到A4纸上。

2. 展示作品，并猜一猜这些三角形是通过哪个物体想到的

师：同学们非常了不起，你们能够抓住物体表面的特点，想象出三角形，并把它们画下来；而且还能根据这些三角形的特点，联想到生活中类似的事物，为你们的想象力点赞。

师：接下来，谁能根据我们刚才画三角形的过程，说一说什么样的图形是三角形呢？

3. 概括定义

(1) 尝试概括。把你的想法与同桌交流一下。

(2) 汇报交流。

生：由3条边、3个角、3个顶点组成的图形叫作三角形。

师：不错，能根据三角形的外部特点来下定义。不过，有一点需要注意，在构成三角形时，你们所说的三条边只能称为3条线段(板贴：线段)，你们所说的3个顶点只能称为3个端点。那么问题来了，每条线段有2个端点，三条线段应该有6个端点，这6个端点怎么变成3个了呢？

生：每两条线段的端点重合了，所以6个端点就变成3个了。

师：他所说的重合的意思就是指每相邻两条线段的端点连在了一起，这样3条线段就围成了三角形(板贴：围成)。

(3) 结合关键词概括定义。

师：谁能运用黑板上这两个关键词，再说一说什么样的图形是三角形呢？

生：由3条线段围成的图形就叫作三角形。

师："每相邻两条线段的端点相连"很好地解释了这三条线段是如何"围成"三角形的(板贴：每相邻两条线段的端点相连)。

4. 学习外部特点

(1) 三角形组成。

师：正因为3条线段像这样围在一起，所以就使三角形具有了刚才你们说的那些特点。

还记得是什么特点吗?

生: 3 条边、3 个顶点、3 个角(板贴: 3 条边、3 个顶点、3 个角)。

师: 让我们到这个三角形上找一找它的 3 条边、3 个顶点、3 个角。

(2) 学习表示方法。

师: 为了表达方便,我们可以用 3 个不同的大写字母来分别表示这 3 个顶点,如用 A、B、C 来表示这 3 个顶点,那么这个三角形就可以称为三角形 ABC。

(3) 学习顶点的对边。

师: 这个顶点可以读成点 A(指读其他顶点)。这条边可以读作 AB(指读其他边)。

师: 与顶点 A 相对的边是哪条边?

生: BC。

师: 所以我们就把 BC 称为点 A 的对边,点 B 的对边呢?

生: AC。

师: 看来三角形的每个顶点都有一条相应的对边。

5. 游戏: 想想猜猜

想象三角形。

师: 格子图(见图 2-3)中有 4 个点,请你任意选择 3 个点作为三角形的顶点,连成一个三角形。想象一下,你所连出的三角形是什么样的? 谁愿意给大家介绍一下?

师: 老师还有一个小提示,在介绍三角形时,千万不要把你用了哪 3 个点告诉大家,因为老师还想让大家猜一猜呢!

生 1: 我想象的三角形有 3 个锐角。

生 2: 我想象的三角形有 2 个锐角,1 个钝角。

生 3: 我想象的三角形有 2 个锐角,1 个直角。

猜一猜并揭示名称。

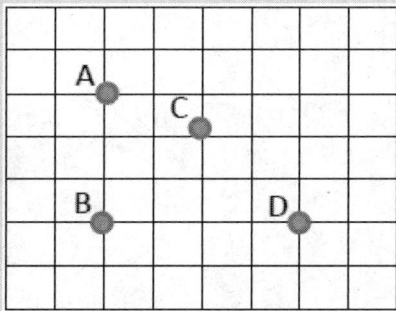

图 2-3 "认识三角形"1

师: 接下来咱们就来猜一猜,有 3 个锐角的三角形是哪个?

生: 三角形 ABC。

师: 这个三角形的 3 个角都是锐角,数学上把这样的三角形叫作锐角三角形。

师: 有 1 个钝角和 2 个锐角的三角形又是哪个呢?

生: 三角形 BCD。

师: 这个三角形可以称为_____?

生: 钝角三角形。

师：这个三角形呢？

生：直角三角形。

6. 小结提升

师：学到这儿，我想我们有必要对前面的学习进行一下梳理。刚才，同学们借助学习平行四边形的经验，运用类比迁移的方法，通过操作、联想，总结概括了三角形的定义，了解了它的特点，学会了用字母表示三角形的方法，在游戏中还意外地知道了根据角的特点可以将三角形分成三类。接下来，我们就借助刚才获得的学习经验和方法来认识三角形的高和底。

三、学习底和高

1. 结合平行四边形的高说一说什么是三角形的高

师：我们已经认识了平行四边形的高和底，并学会了给平行四边形画高的方法(出示平行四边形高的定义)。这是平行四边形高和底的定义，能不能借助已经学习过的这些知识，大胆地推想一下，什么是三角形的高和底呢？

组织学生讨论并互相补充。

师：这是你们对三角形高和底的推想，那书上是怎样说的呢？(老师把书上的定义打到幻灯片中)咱们来读一读。

出示三角形高的定义。

师：看来，抓住知识间的内在联系，借助已经学过的知识，进行合理的推想，也能得到新的知识，这就是咱们前面提到的类比迁移的学习方法(板贴：类比迁移)。接下来，你们的考验又来了！

2. 辨析(见图 2-4～图 2-7)

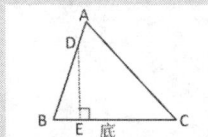

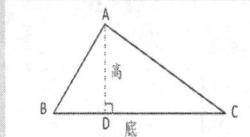

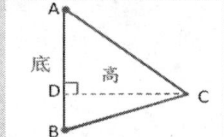

| 图 2-4 "认识三角形" 2 | 图 2-5 "认识三角形" 3 | 图 2-6 "认识三角形" 4 | 图 2-7 "认识三角形" 5 |

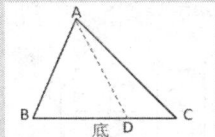

师：看来给三角形画高，从顶点出发很重要；高必须是底边上的垂线段；三角形的高和底是一一对应的，不同的底对应着不同的高。

3. 画高

(1) 锐角三角形。

师：黑板上的三角形还没有画高，谁愿意帮老师画一下？请你边画边讲一讲画高的方法。

生：将三角板的一条直角边与三角形的底重合，另一条直角边经过底边所对的顶点，然后从顶点向对边画出一条垂线段。

师：老师刚才发现这位同学一口气把三角形的高都画出来了，猜猜看他画了多少条？

师：还记得平行四边形、梯形的高有多少条吗？为什么三角形只有 3 条呢？

生：给平行四边形画高时，是在一条边上任意选择一个点，向对边画垂线段，因为一条边上有无数个点，所以可以画无数条高；而三角形的高要从顶点画出，它只有 3 个顶点所以可以画 3 条高。

师：刚刚我们找到了这 3 个图形的高在数量上的不同之处。想一想，在这不同的背后，是否有相同的地方呢？

生：给哪个图形画高都是先选择一个点，然后向它的对边画垂线段。

师：将新学的知识与已经学过的知识进行比较，找找它们的不同点，再找找它们的相同点，这样可以帮助我们更加深刻地理解知识，这就是比较推测的学习方法(板贴：比较推测)。

(2) 直角三角形。

师：老师在巡视时，发现有些同学在给直角三角形画高时遇到了问题，猜猜看他可能遇到了哪些困难？

学生在展台上汇报画法。

生：首先把三角板的直角边与指定的底重合，另一条直角边要经过底所对的顶点。

师：你们发现什么了？

生：高和直角边重合了。

小结：那也就是说，直角三角形的两条直角边是互为底、高的。

(3) 钝角三角形。

师：钝角三角形另外两条高在哪里？你知道吗？

生：我觉得另外两条高应该在外面，从这个顶点出发向对边画垂线段，底边不够长需要延长，它的高正好与底边的延长线垂直。

师：了不起的想法，这个问题对于我们四年级的孩子来说太有挑战性了，所以老师做了一个动画，帮助大家体会一下。

师：在平行线间有一个锐角三角形，经过点 A 向 BC 边画一条高，动画就要开始了，请注意观察(见图 2-8～图 2-11)随着三角形形状的变化，BC 边上的高的位置又有哪些相应的变化？

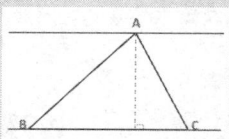

图 2-8 "认识三角形"6　图 2-9 "认识三角形"7　图 2-10 "认识三角形"8　图 2-11 "认识三角形"9

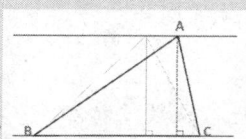

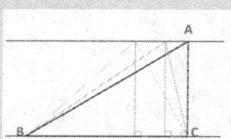

四、总结延伸

这节课，我们借助学习平行四边形的经验，运用类比迁移、比较推想的方法，总结概括了三角形及其高和底的定义(板贴：总结概括)，了解了它的特点，在生活中三角形的应用随处可见。

师：据统计，汶川大地震中，房屋受损程度最轻的是有三角形房顶的木结构房子。

课件出示(如图 2-12 所示)。

师：发生地震时，迅速找到"活命三角区"可以大大提高生存的概率。如果你想了解更多关于"活命三角区"的知识，请百度一下。相信在学习之后，对于三角形，你一定会有新的收获和新的发现。

图 2-12 "认识三角形"10

【案例 2-4】五年级下册第二单元"长方体(一)"

对于平面图形的认识，我们基本了解了教学流程。那么对于立体图形的认识，由于此时已经是高年级学生，在教学策略上应该有怎样的调整呢？下面以"长方体(一)"为例，一起来研究。

长方体(一)①

长方体(一).mp4

一、激活经验，整体导入

师：同学们，新课之前，老师给你们带来了一个礼物，请看大屏幕，它是什么图形？这是一个"点"，别小瞧这个"点"，它很神奇。

想象一下：一个"点"运动起来会形成什么图形？(课件呈现：点动成线)

再想象：线动起来，会形成什么图形？(课件呈现：线动成面)

最后一次想象：面动起来，会形成什么图形？(课件呈现：面动成体)

师：这个立体图形是长方体，这就是今天老师带来的礼物(出示教具)，它是最基本的立体图形。刚才，大屏幕上，从一个"点"的运动开始，形成线，线运动形成了面，面运动形成了体(板书：点、线、面、体)。这节课我们就从这 4 个方面来认识长方体。

二、探究特征，建构导图

(一) 理解"体""面""棱""顶点"的概念及数量特征

师：拿出手中的长方体，找一找哪里有点、线、面、体？

学生独立找，同桌交流。

1. 认识体

师：在哪找到了"体"？

引导学生谈对体的感受，引导学生理解体占有空间，是立体图形。

2. 认识面

师：摸一摸，数一数有几个面？

引导学生感受面的光滑、平整，引导学生对比两种数数的方法，并认识 6 个面。教师在学生汇报中强调：这里的点叫作顶点，线叫作棱。

---

① 授课教师：黑龙江省哈尔滨市平房区教师进修学校 刘圣良。

3．认识棱

师：线在哪？这些线怎样产生的？

生：两个面连接的部分形成线。

师：线是两个面公共的部分，是面与面相交的部分，并且这条线叫作棱。数一数有多少条？

4．认识顶点

师：点在哪？怎样形成的？

教师引导归纳顶点的概念，引导学生数出顶点的个数。

小结：刚才我们认识了顶点、棱、面、体，并且知道了它们的数量特征，接下来从 4 个方面来深入认识长方体的特征。

(二) 探究长方体"面""棱""顶点""体"的特征

自主探究，小组学习。(提示：研究形状、大小等特征)

活动要求：利用手中的长方体，看一看、数一数、量一量、比一比，将自己的发现填在表格中(见表 2-2)；小组交流你的发现，并说一说你是如何验证你的发现的；交流讨论后，思考你还有哪些新发现？

小组汇报，分享互动(交流发现、验证、梳理)。

表 2-2 长方体(一)

	面的特征	棱的特征	顶点的特征
数量	长方体有(　)个面	长方体有(　)条棱	长方体有(　)个顶点
形状和大小	每个面是什么形状？ ―――――――― 哪些面完全相同？	哪些棱长度相等？ ―――――――――	

(1) 面的特征。

师：每个面都是什么形状？都是长方形吗？

师生互动、思辨，理解特殊和一般的关系。

师：哪些面完全相同？(相对的面完全相同)什么是相对的？怎样验证？

在反馈互动中，引导学生用量一量、画一画、剪一剪、比一比等方法验证。

师：有没有特殊情况？

小结：特殊的情况是 2 个相对面为正方形，其他有 4 个面完全相同。

(2) 棱的特征与棱长和的度量。

师：哪些棱长度相等？

在学生反馈互动中，引导学生用量一量、比一比等方法进行验证，教师课件出示信息技术的验证方法；随机归纳棱的特征。

师：如果要给 12 条棱分组？可以分成几组？

生：可以分成 3 组，相对的 4 条为一组。

师：人们为了清楚地表达棱的这一特征，特意给这 3 组棱起了名字，叫作长、宽、高。

师：指一指长方体的长、宽、高(长方体摆放位置发生变化，长、宽、高也发生变化，但是长方体的形状、大小没变)。

师：看来长、宽、高在刻画一个长方体的大小方面，发挥着至关重要的作用。

教师拿出一个长方体，引导学生想象：这个长方体，如果它的长变大，它的哪个面会发生变化？怎么变？哪个面不变？如果它的宽变小，它的哪个面发生变化？高呢？

师：一个长方体的长、宽、高确定了，那么它的形状、大小是否就确定了呢？

生：确定。

师：12条棱，还可以怎样分组？

引导学生：长、宽、高为一组，有4组。(课件呈现分4组的情况)

师：根据前面总结出的长方体的特征，想一想长方体的12条棱长度的和可以怎样求？

生：棱长和等于4个长加上4个宽，再加上4个高。

师：如果把长、宽、高分为一组，还可以怎样简化这个公式呢？

生：棱长和=(长+宽+高)×4。

(3) 归纳长方体的定义。

师：归纳一下什么样的图形叫作长方体。

生：6个面、12条棱、8个顶点组成的立体图形。

师：回忆一下三角形的定义：由3条线段围成的图形，叫作三角形。

教师引导学生迁移经验，归纳长方体的定义。

三、联系生活，巩固练习

(1) 下面(如图2-13所示)长方体的长、宽、高各是多少厘米？

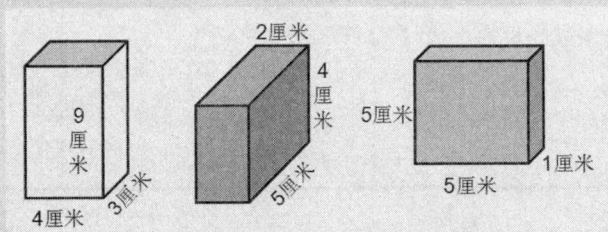

图 2-13　"长方体(一)" 1

(2) 填一填：下图(如图2-14所示)是一个长方体的3条棱，根据所提供的信息，想象这个长方体的长(　　　)厘米、宽(　　　)厘米、高(　　　)厘米。猜一猜这个长方体的形体接近我们生活中哪种物体？

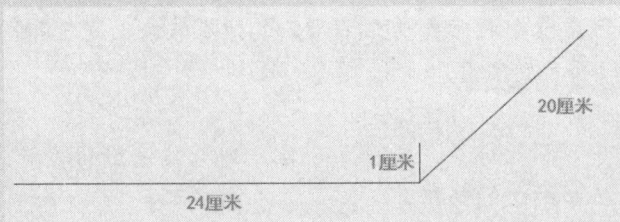

图 2-14　"长方体(一)" 2

这个长方体(如图2-15所示)下面是(　　　)形，面积是(　　　)平方厘米；前面是(　　　)形，面积是(　　　)平方厘米；左面是(　　　)形，面积是(　　　)平方厘米。

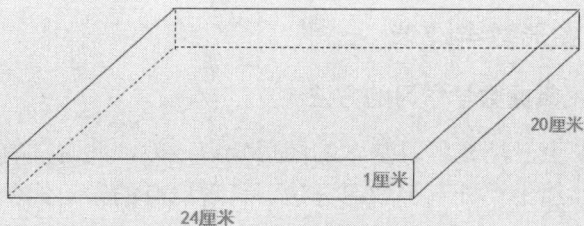

图 2-15 "长方体(一)" 3

算一算：围成上题这样的一个长方体，需要长度多少厘米的小棒？

想象：这样还是长方体吗？(教师利用课件将长方体高变小为 0.01 厘米)

四、课堂总结

利用思维导图的方式可以优化我们的学习方法，提高学习效率，将知识形成一个网络，今天对长方体的认识使我们明晰了认识立体图形的一般思路(点、线、面、体)，接下来还将学习关于面的度量知识——表面积，学习关于体的度量知识——体积。

二、教学建议

小学数学课堂经常采用探索性学习的纵向结构，即"设疑激情——引导探索——应用提高——交流评价"的基本教学模式。

(一)低年级认识图形教学建议

1. 要有充足的动手操作活动

教师要有充足的教学准备，即准备实物及实物图片、正方体、球体、长方体、长方形等图形卡片；学生要准备必要的实物、长方体等图形卡片、彩色卡片、练习纸。

2. 要让学生经历从实物抽象出几何图形特征的过程

低年级的学生其思维以形象思维为主，通过换位观察，亲自体验不同方位看到的图形的不同，可以丰富学生的直接经验，体会更深刻，也可以在活动中培养学生的自主探究能力。因此要从生活实例引入，从学生身边熟悉的环境引入，经历观察——交流——确认的数学学习过程。例如，通过前、后、左、右四个位置的同学交流自己观察到的小象的样子，引导学生体会从不同位置观察到的同一个物体的形状是不同的。

一年级的数学内容简单，但教学设计并不简单。从"观察物体"案例，我们可以看出：如何引导低年级学生用数学的眼光观察世界、用数学的语言描述世界是教学目标。本课程要培养学生通过实际的观察、比较，初步体会从不同位置观察物体所看到的形状是不一样的，并学会根据看到的不同形状正确判断观察者所在位置；在观察物体的过程中培养初步的空间概念，培养主动探究的能力，激发学生学习数学的兴趣。教学重点是感受从不同位置观察到的物体的形状可能是不同的、会辨认立体图形从不同角度观察到的形状。教学难点是能正确辨认从左、右方位观察到的物体的形状。

(二)中年级认识图形教学建议

1. 要逐渐引导学生掌握数学学习的方法

进入中年级后,学生已经具备了基本的图形知识,教师此时要有意识地引导学生回顾旧知识,借助类比迁移和比较推测等学习方法,再现已有的学习经验,让学生感悟到平面图形的学习在研究方法、研究要点等方面的共通之处,潜移默化地使学生自发地将新图形的学习纳入平面图形的知识体系之中,在知识的结构化处理中,彰显学习方法的渗透。这对学生学会学习,实现自主发展等学生发展的核心素养要点的落实和培育都是大有裨益的。在"认识三角形"案例中,这一教学建议体现得尤为明显。

2. 要引导学生透过现象看本质,逐渐发现数学特征

比如,不仅应引导学生感知生活中垂直与平行的现象,更重要的是通过操作活动、分类比较,理解垂直与平行是同一平面内两条直线的两种位置关系,并正确认识垂线和平行线,能排除干扰,正确判断两条直线是否平行或垂直。

"平行与相交"是学生在初步认识直线以后,进一步学习直线与直线的位置关系。在同一平面内的两条直线可能相交,也可能不相交。不相交的两条直线互相平行。相交成直角的两条直线互相垂直,垂直是特殊位置的相交。教材按上述的线索,组织教学内容,把两条直线的平行和垂直作为本单元的主要内容。先教学平行,再教学垂直,以理解这两种位置关系为重点,平面内两条直线的平行与相交(包括垂直)的位置关系在数学学科中具有重要意义,它是画垂线、平行线和学习点到直线的距离的基础,对于理解掌握初中几何知识也具有很重要的作用。学生对平行与相交的现象有初步模糊的认识,但是对于一些几何术语可能理解不透,如"同一平面""两直线的位置关系""互相垂直"等将两条直线的位置关系进行分类时如果忽略了直线可以延长,会导致分类标准混乱。

(三)高年级认识图形教学建议

1. 要让学生熟练利用思维导图开展系统学习

鼓励学生立足于图形的全局,思考会涉及哪些研究问题,先梳理思路,然后逐一展开研究。教师要关注学生知识体系建构的合理性,鼓励学生系统整理所学的图形知识,从而厘清知识内部的关联,沟通平面图形之间、平面图形与立体图形之间的联系,加深对数学知识的理解。

2. 要鼓励学生自主学习

经过几年的小学数学学习,高年级学生应该具备较好的学习能力,教师此时应大胆放手,鼓励学生在自主学习的基础之上,组成研究小组,开展合作交流。教师宜及时进行点拨,使学生不断登上新的学习高度,培养全面视角,逐渐提高学习能力。

以"长方体(一)"为例,认识并梳理长方体的特征,建构认知结构图;经历观察、发现、猜想、验证、操作、想象等数学活动,培养学生的空间观念与推理能力;通过自主探究、合作交流等学习活动,学会与人合作、对话,培养学生敢于质疑、批判,虚心接纳、包容

的品质。教学重点是认识长方体的特征，建构认知结构图；教学难点是归纳长方体的定义及培养对长方体的空间想象能力。

三、教学评价

1. 开展了适合学生年龄特征的活动

在认识图形的过程中，教师必然要组织丰富的活动，通过观察、发现、猜想、验证、操作、想象等数学活动，加深对图形的感知。在低年级"观察物体"课中，教师设计的是观察招财猫、玩具小象、小小摄影师、小动物摄影等一系列活动，充满了童趣，是一年级孩子喜闻乐见的形式；四年级"认识三角形"，教师设计的活动既要兼顾学生已有的经验，又要有新的内容，因此组织了这样的活动：从格子图中的 4 个点中，任意选择 3 个点作为三角形的顶点，连成一个三角形。先想象一下所连出的三角形是什么样的，再介绍给大家。到五年级"长方体(一)"，教师则是单刀直入，直接呈现长方体教具让学生观察。由此可见，组织什么样的活动？用什么样的语言？活动进行到什么样的程度？要看面对的对象层次，随着学生年龄的增长以及理解能力的提高，活动逐渐应从形象生动深入到抽象认识上来。

2. 每个活动都有明确的目的

不论是低年级还是高年级，教师都要注意体现活动的目的性，在活动之前蕴含理性的思考，在活动之后引导学生发现规律，并用数学的语言表达出来。在"观察物体"中，教师引导学生通过观察和交流，倾听他人的描述，意识到不同位置观察到的物体的形状是不同的。在分辨从左右所观察到的样子时，先让学生试着想象，然后再次到左右两边观察，获得小象的直观表象，对比之后悟出：左右两面观察到的物体在方向上是相反的。在"长方体(一)"中，教师活动开展之前用 "点在哪？怎样形成的？""线在哪？这些线怎样产生的？"这些富有启发意义的问题促使学生思考，在学生自主活动后让学生整理长方体面、棱、点的特征，填写表格，最后交流发现、归纳总结。接下来的观察长方体教具活动依然带着问题："如果它的长变大，它的哪个面会发生变化？怎么变？哪个面不变？如果它的宽变小，它的哪个面会发生变化？"每一次活动，都令研究更加深入。

3. 充分发挥了学生的主观能动性

《数学课程标准(2011 年版)》对数学教学活动提出的基本理念之一是："数学教学活动必须建立在学生的认知发展水平和已有的知识经验基础之上。教学应激发学生的学习积极性，向学生提供充分从事数学活动的机会，帮助他们在自主探索和合作交流的过程中真正理解和掌握基本的数学知识与技能、数学思想和方法，获得广泛的数学活动经验。"平行与相交"让学生"在纸上用黑色彩笔任意画出两条直线，看看你可以画出多少种不同的情况？能分分类吗？"将学习内容纳入学生的研究课题中，变"要我学"为"我要学"，充分调动学生的学习积极性，在探究及交流过程中，培养了学生的空间概念。

4. 联系生活，将数学与生活紧紧融合在一起

小学生的认知经验是在与客观世界的相互作用中逐渐形成的，是他们进一步学习的基础。数学来源于生活，又应用于生活，本节展示的 4 个案例，无不体现出数学在生活中无

处不在。"认识三角形"课开始的"世界七大奇迹之首"埃及金字塔和"世界最长的跨海大桥"杭州湾跨海大桥的图片呈现，使学生领略到了不同形状的三角形的广泛存在，并通过画出你想到的三角形活动，唤醒了学生已有的经验储备，完成了基于学生原有认知的对三角形特征的数学表达；课程结尾，在突出三角形在生活中的应用的同时，教师顺势引导：在发生地震时，迅速找到"活命三角区"可以大大提高生存的概率。这些源于生活的联系，不仅是认识三角形特征的需要，而且有助于学生切实感受到数学对于解决实际问题的价值，在此过程中，积淀了学生的人文底蕴，让数学学习充满吸引力，充满人文魅力。

第三节　图形的测量案例与分析

图形的认识是关于图形"形"的认知，图形的测量则是关于图形"量"的刻画，数形结合才是对图形最准确的把握。图形的测量总是紧密伴随在图形的认识之后，具体内容包括测量的量的认识、测量单位的认识、测量方法的学习、测量公式的探究及运用，涉及一维的长度、二维的面积、三维的体积，还包括角度、周长、表面积等内容计算。

下面我们通过教学案例，具体分析图形的测量这部分内容，并给出相应的教学建议。

一、教学案例

【案例2-5】二年级下册第四单元"测量"

图形的测量是从离学生身边最近的长度单位开始学起，北师大版小学数学教材在二年级上册学习米和厘米，二年级下册学习毫米、分米、千米。既然这是离学生现实生活最近的测量知识，毫无疑问要和生活紧密联系。怎样设计能恰到好处？让我们一起来看下面的例子。

神奇的尺子[①]

神奇的尺子.mp4

一、沟通情感，激发学习兴趣

师：初次见面，老师为每一位新朋友准备了一件小礼物，就放在你们的书桌中，快找一找，拿出来看看吧！

生：(找)格尺、尺子。

师：(出示尺子卡通图)这是把什么样的尺子呢？

生：一把直尺。

师：你们一定不知道老师送给你们的可是一把神奇的尺子(板书课题：神奇的尺子)。

生：为什么说这是一把神奇的尺子呢？

师：不用老师告诉你，通过这节课的学习，你们自己就会找到答案。

[①] 授课教师：黑龙江省哈尔滨市南岗区清滨小学　刘清姝。

二、观察尺子，认识毫米

师：仔细观察一下手中的尺子，看看你能发现些什么？和伙伴一起说一说。

生1：尺子上有一些数字，还有一些线。

师：(指着展台上的尺)这些线叫什么名字，你们知道吗？

生：刻度线。

生2：尺子上有一些1厘米的格，格中还有一些小格。

师：谁知道1厘米中的这些小格，叫什么名字吗？

生：毫米。

师：(板书：毫米)你是怎么知道的？

生：我是看书知道的，书上说格尺上的一个小格就是1毫米。

师：没错，书是我们共同的老师，有了问题可以直接向书请教(指着黑板上的"毫米")。"毫米"是我们今天要认识的新朋友，它还可以用字母"mm"表示(板书：mm)。

师：(指着尺子上的小格)格尺上1个小格是1毫米，2个小格呢？6个小格呢？

生：2毫米、6毫米。

师：接着观察，还有什么发现？

生：1厘米中有10个1毫米的小格。

师：你发现了厘米和毫米之间的关系，能把这个发现用一个式子表示出来吗？

生：1厘米=10毫米。

师：(贴出一个小男孩的头像)这个小男孩就代表你，因为你的发现也是我们今天要学习的一项主要内容。带着大家把你的发现读两遍。

学生齐读两遍，并用字母表示1cm=10mm(教师板书)。

(课件出示：放大的尺子，学生随着画面上跳动的红色数出10个小格，巩固1厘米=10毫米，10毫米=1厘米)

师：想不到吧！一把小小的尺子上竟藏着这么多的数学知识，够神奇的吧！现在再到你的身边找一找，哪些物体的长度或厚度大约是1毫米呢？

生：这张电话卡的厚度大约是1毫米；一分钱的硬币厚度大约是1毫米……

师：把你们找到的物体或学具举起来，像老师这样用食指和拇指捏住，轻轻地拖动它。

(学生：和老师一起来回拖动学具并轻轻地抽出学具)

师：看，你的食指和拇指之间的缝隙大约就是1毫米。刚才我们通过看一看、数一数、找一找认识了毫米，能不能和毫米成为好朋友可要看你们下面的表现了。

(课件出示：换算练习，学生完成)

三、猜一猜，认识分米

师：现在我们一起来玩一个猜一猜的游戏好吗？游戏需要一样道具，就是你们学具袋中的纸条，快拿出来吧！

师：不能用格尺量，猜一猜纸条有多长？

生1：我猜这张纸条大约长10厘米，因为我的一拃差不多15厘米，我一比，纸条比我的一拃短一些，所以我猜是10厘米。

生2：我猜它是11厘米，我是用我手指比的，我手指宽大约是1厘米，比一比，差不多得比 11 次，所以我猜是 11 厘米。

师：一拃的长、手指的宽都是我们熟悉的，估测物体长度的时候经常要请它们帮忙，它们是藏在我们身上的——(指课题)

生：神奇的尺子。

师：彩纸条究竟多长呢？

生：(测量)10 厘米。

师：(板书：10 厘米)10 厘米还可以用另一个长度单位来表示，谁知道是什么？

生：分米，10 厘米就是 1 分米。

师：(板书：1 分米=10 厘米)感谢你把新知识介绍给大家(贴出一个小头像)，分米是我们今天要认识的另一个新朋友，它也可以用字母 dm 表示(板书：分米(dm))。

这个式子用字母怎么表示，试着在本上写一写。

师：(出示：米尺)谁能在这把米尺上找一找从哪儿到哪儿之间的长是 1 分米？

生 1：从 10 到 20 之间是 1 分米。

生 2：从 45 到 55 之间是 1 分米。

师：他们找的明明不一样，你们怎么都说对呢？

生：因为他们找的都是 10 厘米，10 厘米就是 1 分米。

师：对，像这样 10 厘米的一段就是 1 分米，和同桌一起在你们的格尺上找一找 1 分米吧！

师：现在让我们一起闭上眼睛想一想，1 分米有多长呢？(师生闭上眼睛一起想)

想好了吗？睁开眼睛，找一找你身边有没有大约长 1 分米的物体呢？

师：只要你细心观察，藏在身边的一分米朋友自己就会跳出来。刚才我们通过猜一猜、量一量、想一想认识了分米，你还想再猜一猜吗？

(出示：一条彩带)猜一猜它有多长？

生：我猜大概是 1 米吧！因为我两臂伸开大约是 1 米，和彩带差不多长。

师：又找到了一把藏在身上的尺子，好样的。

师：大家猜得不一样，请前后桌 4 个人一个小组一起想办法测量它的长度好吗？

(学生分组测量)

组 1：我们把 4 把尺子接起来量，彩带长 100 厘米，就是 1 米。(板书：1 米)

组 2：我们用这个长 1 分米的小纸条一段一段地量，量出来正好是 10 分米。

师：(板书：10 分米)这个办法怎么样？

生：很好，因为他们动脑筋了，用纸条来量。

师：对，只要善于动脑筋，一张普通的小纸条，同样是一把——(指课题)

生：神奇的尺子。

师：在你们测量丝带长度的时候发现了什么？

生：我发现 1 米就是 10 分米，因为 1 米是 100 厘米，1 分米是 10 厘米，100 厘米就是 10 分米，1 米也就是 10 分米。

师：(板书：1 米=10 分米)还有什么办法能证明你的发现吗？(引导学生把 100 厘米和 10 分米的彩带放在一起比一比)

师：发现了什么？

生：一样长；10 分米就是 1 米。

师：动手做，在做中观察和思考是数学学习中一种重要的方法，刚刚同学们就在这样的学习中认识了新朋友，获取了新知识。

四、情境练习，巩固新知

师：除了老师送给你的尺子以外，你还见过什么样的尺子？

生：米尺；皮尺；卷尺；三角尺。

师：(课件展示不同的尺子图片，学生认读名称)生活中尺子的种类很多很多，这些形形色色的尺子在不同的领域发挥着神奇的功用，方便着我们的学习和劳动。

师：现在我们来轻松一下，一起看一个淘气的故事(课件出示：淘气的故事)。

师：你们笑什么？

生 1：淘气说错了，公共汽车不能是 8 厘米，应该是 8 米。

生 2：机灵狗也不能是 5 毫米，5 毫米(比尺子)就这么点，太小了，应该是——

……

师：说一说吧，你们怎么这么快就发现并改正了淘气的错误呢？有什么奥秘吗？

生：应该根据实际来看。

师：你亲自量过它们吗？

生：没有。

师：看来奥秘还是它——(指课题)

生：神奇的尺子。

师：是，因为我们每个人都拥有这神奇的尺子，它在哪呢？

生：(举起格尺)这呢！

师：对，这是一把神奇的尺子，还有呢？

生：(边比边说)一拃；一指；一臂。

师：对，生活中这些藏在我们身上的尺子往往更加神奇。

同学们，其实在我们的身边还有许多神奇的尺子，只不过现在它们藏起来了，藏在小朋友的眼睛里，藏在我们的脑子里，藏在了每一个人的心里。

【案例 2-6】三年级上册第五单元"周长"

在基本的长度单位学习之后，图形的认识与测量就会紧密地结合在一起，周长的认识是正式进入图形的测量内容学习前的基础知识。此内容貌似简单，但如果对概念的理解不到位，将直接影响后续课程学习。因此，结合具体事物或图形，通过观察、操作等活动，准确认识周长是教学目标。通过下述案例，我们一起看看如何开展周长的教学活动。

周长[①]

一、导入

师：同学们爱看动画片吗？看，老师给大家请来了谁？(懒羊羊和村长)懒羊羊贪吃爱睡，为了提高它的身体素质，村长给它制订了一个健身计

周长.mp4

① 授课教师：吉林省延吉市进学小学 江霞。

划：每天围着操场跑一圈。

师：懒羊羊是怎样跑的呢？我们一起来看一看。第一天，它是这样跑的(课件演示)。

师：它是按照村长的要求跑的吗？

生：不对，它跑到里面去了。

师：应该怎样跑？

生：应该沿着最外面的线跑。

师：请你来指一指。

师：这条黑线就是操场的边线。看来它没有理解村长的意思，那第二天它是怎么跑的呢？(课件演示)

师：这回是沿着边线跑的——

生：不对，(师：你发现了什么？)它没有跑完一圈。

师：应该跑到哪里？(从这点开始沿着边线跑，最后又回到这一点，这才是操场的一圈)

师：看来懒羊羊还是没有按要求跑一圈。

师：第三天，让我们陪着它一起跑，好吗？伸出小手，我们一起出发，一起喊停，预备出发(学生结合课件演示手势比画，齐声喊：停！)这一次跑对了吗？

师：这一次它是怎么跑的？

生：它围着操场的边线跑了一圈。

师：它从起点开始，沿着边线又跑回了起点，这才叫跑了一圈，也就是一周。

这一周的长度也就是操场的周长。这节课我们就来认识周长。(板书：周长)

二、理解周长的含义

1. 树叶、图形的周长

师：老师这里有一片树叶，谁能到前面描出叶面的一周？(边指边说：从起点开始沿着树叶的边线描一周，到起点结束)

师：她是从这一点开始的，还可以从哪儿开始描？(学生边演示边回答)

师：从这点开始可以吗？这点呢？看来，只要沿着树叶边线任意一点描一周，又回到这一点就是树叶的周长。

谁能边说边指一指这个长方形的周长？

谁能指一指这个游泳池的周长？

2. 找周长

师：刚才我们找到了操场的一周，树叶的一周，正方形的一周，我们身边还有哪些物体表面有一周呢？快来找一找。

3. 画周长

师：课前老师为每位同学准备了一个图形，快举起来看看！现在请你用水彩笔描出它们的周长。(贴在黑板上)

师：让我们一起来看看这些同学描得对不对？谁愿意提醒大家描的时候要注意些什么？

提醒得真好，老师这也有一个图形你能指出它的周长吗？(学生到前面指，它没有周长)为什么？(有缺口，回不到起点)像这样有缺口的图形我们把它叫"不封闭图形"，它们没有周长；像这些图形它们都是——(板书：封闭图形)

封闭图形一周的长度，是它的周长。(齐读)

三、运用与拓展

刚才我们测量了一些图形的周长，利用周长的知识，还能解决不少生活中的问题呢！这不，羊村就遇到了一些困难，我们帮帮它们吧！

1. 基本练习

师：看，美羊羊给自己的照片安上了漂亮的边框。村长也想它们的全家福镶上边框，想想需要准备多长的边框才够呢？

2. 拓展练习

师：看，喜羊羊和美羊羊在羊村散步，注意看它们走的路线，想一想，谁走的路线长？(课件出示长方形绿绿的草地，中间有一座弯弯曲曲的桥)

师：你认为谁走的路线长？还有不同意见吗？看来大家意见不统一，支持这位同学的举手，支持这位同学的举手。到底谁说得对？请你们各自说说理由。

师：看来判断一个图形的周长，是看图形一周的长度，与图形面的大小没有关系。

3. 提升练习

师：听，羊村教室里传来了沸羊羊和懒羊羊的争吵声(课件出示画面)，原来它们是因为比较图形的周长而争执起来！沸羊羊认为这两个图形的周长一样长，懒羊羊认为它的图形长。我们快来作出准确的判断，帮它们平息争吵吧。

(第一组)比一比：下面图形(如图 2-16 所示)的周长一样吗？

图 2-16　"周长"1

师：判断出来了吗？请认为一样长的学生回答。

师：看，这位同学把这两条边线通过平移，转化成了周长和这个正方形一样的图形，虽然这两个图形表面的大小不一样，但它们边的总长度是完全一样的。

(第二组)比一比：下面图形(如图 2-17 和图 2-18 所示)的周长一样吗？

 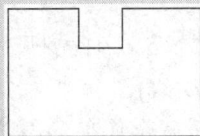

图 2-17　"周长"2　　　　　　图 2-18　"周长"3

4. 拓展应用

同学们太了不起了，运用周长的知识帮助羊村解决了那么多问题。其实周长在我们生活中的应用无处不在。请看大屏幕(手势示意)(短片欣赏)。

【案例 2-7】四年级上册第二单元"线与角"

量角器量角是一节操作性极强的课，在日常教学活动中，操作技能的教学往往是教师

87

讲解、演示、示范操作的基本程序和步骤，然后学生模仿操作并进行强化练习。这样的技能教学容易降低学生的思维水平，因为在操作中缺少思考与探究，更缺少猜想与创造。怎样能突破单纯的操作教学模式，讲出使用量角器的必要性，把它讲出文化色彩，从而使技能教学更"厚重"些？请看特级教师华应龙老师的经典演绎。

角的度量[①]

角的度量.mp4

一、创设情境，引入新课

师：(出示三个滑滑梯，角度不同)"玩过吗？""喜欢玩哪个？""为什么？""那滑梯的角多大才合适呢？"我们需要量出角的大小。

生：可以用量角器量。

师：会量的举手。

尝试：用量角器量一量角2到底多大。独立尝试——学生演示。(方法不是很准确)

二、动手操作，探索新知

(一)体会用量角器的必要性

要求学生试量∠1，学生拿出教师事先为他们准备好的∠1试量(有意提问一位量错的学生汇报)。

师：我们先不去研究到底有多少度，看到这个量角器，这么复杂你有什么问题吗？

生1：两圈数字到底看哪圈数字？

生2：角是尖尖的直直的，量角器怎么是圆圆的？

师：还有其他问题吗？(学生思考)

生3：外面一圈是干什么用的？

生4：为什么左边是外圈大，右边是内圈大。

(二)自主探究，认识量角器

师：我们来讨论第二个同学的问题，量用器是用来量角的，我好奇的是量角器上有角吗？

生：这里是一个直角(指向量角器的90°)。

师：同意吗？那么这个角的顶点在哪儿？我们可以用一个词来表达。

生：中心。

师：对，这个点我们就叫量角器的中心，这一条边是0，我们就叫他0度刻度线。另外一条呢(90度刻度线)？

师：90度还有个简单的写法——90°。

要求学生在纸量角器上面分别画出90°、60°、1°与157°的角。

师：在纸量角器上画出一个90°的角。想一想，顶点在哪里？画长画短有关系吗？

师：在第二个纸量角器上画一个60°的角。尽可能与同学画得不一样(展示两个作品——左右两边的角)。

师：相同的是60°，什么不一样？生1：位置不一样；生2：边画的地方不同；生3：边长不同；生4：两条边所夹的角的方向不同。

---

① 授课教师：北京市第二实验小学 华应龙。

师：对，也就是开口方向不同。我们还发现这里的外圈是 60°，而另一个内圈是 60°。现在你们知道内圈和外圈有什么用了吗？

生：左边就读内圈，右边就读外圈。

师：说得真好，其实我们也可以不用去记左边右边，这里有一条 0 度刻度线。我们知道 0 就是……对，就是表示开始，我们只要记住从 0 这里开始就行了。

师：在第三个纸量角器上画上 1° 的角。

师：太难了是吗？这里有没有标出 1° 呢？其实从边开始的一小格就是 1° 的角。

师：能找到多少个 1° 的角？对，全世界都规定把一个半圆平均分成 180°。感觉到 1° 的角很小很小对吧？

师：在第四个纸量角器上画一个 157° 的角。展示作品。

师：观察刚才画的四个角，有什么相同的地方吗？

生 1：顶点相同，还有一条相同的横线。

生 2：都是从 0 度刻度线开始画起。

师：你从量角器中能看到什么？

(三)尝试量角，探求量角的方法

要求学生再量∠1。小组内交流一下∠1 是多少度，应该怎么量角，怎么写。

先不量，猜一猜，∠2 和∠1，哪个角大？学生猜测验证，并把边延长再量。

量∠3、∠4、∠5，量完后，说说量角要注意些什么问题？

学生操作，汇报并得出用量角器量角的步骤与方法：要对准顶点，对准 0 度刻度线，看另一条边有多少度。

师：其实就是把量角器上角和要量的角重合在一起。

(四)体会量角的用处

(1) 风筝。风筝比赛是用同样长的线，比谁的风筝放得高。怎么比高度呢？

(2) 椅子。椅子的靠背总是往后倾。用于学习的椅子，一般向后倾 8°；吃饭的椅子，一般后倾 9°；沙发靠背则后倾 11° 左右。

(3) 滑梯。滑梯的角度一般在 40° ～56°。

(4) 飞机泊位。机场停飞机的位置。

三、课堂总结

(出示长方形)如何知道它的边长和面积？看来，要表达一个数量，总是先要找到一个度量单位，再数有多少个这样的单位。也就是大数学家华罗庚说的"数起源于数，量起源于量"。

四、课后作业

如果你是量角器，你将和同学们说些什么呢？请写下来。

【案例 2-8】五年级上册第四单元 "多边形的面积"

面积教学是图形测量的重点内容，从三年级长方形、正方形的面积讲起，到五年级平行四边形、三角形、梯形、组合图形的面积爆发，再到六年级圆的面积收尾，跨越小学多个年级教学阶段。面积教学中蕴含着丰富的数学思想方法，其中的转化、有限无限、极限、推理思想对学生的思维能力发展具有重要推动作用；面积教学还有助于整体梳理图形与几何的内容。下面来看"梯形的面积"教学中如何培养学生的思维能力？

梯形的面积①

梯形的面积.mp4

一、尝试发现

1. 情境设疑

课件出示"点"，展开想象引到"线段"又通过想象引到互相垂直的两条线段。

师：同学们，看到这组垂线，你会想到什么？(平面图形的底和高)可能是什么图形的底和高？(平行四边形、三角形、梯形)学过其中哪些图形的面积？我们在学习平行四边形和三角形面积的计算时，学到一种非常重要的学习方法，还记得是什么方法吗？谁来说说平行四边形和三角形的面积是怎样推导出来的？

师：推导平行四边形和三角形面积公式时，我们都使用了转化的方法，把我们要研究的图形转化成已经学过的图形来发现它们之间的联系，进而推导出面积计算的公式。

2. 尝试解疑

师：其中哪个图形的面积我们还没有学习？(梯形)今天我们就来研究梯形的面积。

师：猜想梯形的面积可能与谁有关？有什么关系？你想怎样推导出梯形面积的计算方法呢？

师：同学们都有了推导公式的初步想法，不管你转化成什么图形，总的思路都是把梯形转化成我们学过的图形，找到图形间的联系，推导出梯形的面积公式。任何猜想都要经过验证，才能确定是否正确。那你想不想马上动手试一试呢？

二、探究形成

1. 交流互动

师：桌上的学具超市里放有直角梯形、等腰梯形和一般梯形等若干个，有完全一样的，也有不一样的。请同学们按学习提示，动手验证。

2. 汇报展示

(1) 展台展示"拼组"的方法。

学生一边演示拼组过程，一边介绍方法步骤。

方法一：梯形面积公式的推导方法与三角形面积公式的推导方法相同，运用"拼"的方法，选择两个形状相同、大小相等(完全一样)的梯形可以拼成一个平行四边形，每个梯形的面积就是所拼成的平行四边形面积的一半。梯形上底与下底的和等于拼成的平行四边形的底，梯形的高等于平行四边形的高，由此得出：梯形的面积＝平行四边形的面积÷2＝底×高÷2＝(上底+下底)×高÷2。

方法二：选择两个形状相同、大小相等的直角梯形可以拼成一个长方形。所以，根据长方形的面积计算公式就可推导出梯形的面积计算公式：梯形的面积＝长方形的面积÷2＝长×宽÷2＝(上底+下底)×高÷2。

师：同学们不仅动手能力特别强，公式的推导过程也叙述得特别清晰、有条理。那么两个怎样的梯形可以拼成正方形呢？同学们试着想象一下。

---

① 授课教师：黑龙江省哈尔滨市继红小学 姜昆。

师：对！只要是两个完全一样的梯形就能拼成一个平行四边形或长方形或正方形。

师：刚才展示的两种方法都是把两个完全相同的梯形经过"拼组"之后转化成一个已学过的图形。还有哪些同学的方法更有意思呢？快来展示吧！

(2) 展台展示"割补"的方法。

师：有的同学只用自己手中的一个梯形就完成了任务，我们快来分享他们的成果吧！

方法三：把一个梯形分割成两个三角形 a 和 b。a 的面积=上底×高÷2；b 的面积=下底×高÷2，所以，梯形的面积=a 的面积+b 的面积=上底×高÷2+下底×高÷2=(上底+下底)×高÷2。

师：在公式的推导过程中应用了乘法分配律，非常巧妙，很独特！

方法四：把一个梯形剪成两个梯形再拼成一个平行四边形。将梯形对折，使上下底重合，沿折线将梯形剪开，就可以拼成平行四边形(如图 2-19 所示)。拼成的平行四边形的底就是梯形的(上底+下底)，高是梯形高的一半。平行四边形的面积就是梯形的面积，所以梯形的面积=(上底+下底)×高÷2。

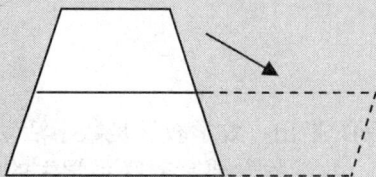

图 2-19 "梯形的面积"1

师：同学们能够设法将新问题转化成已经学过的问题来解决，这本身就是一种了不起的创造。善于观察，勇于实践，才能给大家带来如此多的发现。在这些方法中，你最喜欢哪一种？能说说喜欢的理由吗？

三、归纳总结，提高认识

师：同学们真爱动脑筋，想出了这么多的方法，老师非常欣赏你们的创新能力。这些方法虽然操作过程不同，但是同学们一定感觉到它们之间是有共同点的，谁来说一说共同点是什么呢？这个共同点就是用"转化"的方法推导出梯形的面积计算公式为：梯形的面积=(上底+下底)×高÷2。

师：前面我们学习了平行四边形和三角形面积计算公式的字母表示方法，简单明了，便于记忆，同学们非常喜欢。现在就请同学们自己用字母表示梯形的面积计算公式。

四、实践运用，解决问题

(1) 出示例题：我国三峡水电站大坝的横截面的一部分是梯形，求它的面积。

(2) 出示篮球场的罚球区图形，请计算出罚球区的面积。

(3) 出示汽车的侧门窗户，要制作这扇车门的窗户需要多少平方厘米的有机玻璃？

(4) 算出幼儿园需要的梯形桌面的面积。

(5) (出示图)学校靠墙的一个花坛，周围篱笆的长度是 46 米，你能算出它的面积吗？

五、反思收获，拓展延伸

师：这节课同学们在探索的过程中发挥了自己的聪明才智，创造出了多种推导梯形面积计算公式的方法，而且能够用所学知识解决生活中的问题，老师相信同学们一定有许多收获。你还有什么疑问吗？

六、板书设计(如图 2-20 所示)

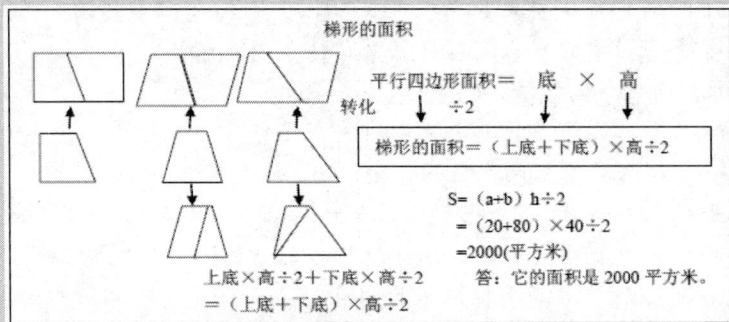

图 2-20 "梯形的面积"2

二、教学建议

1. 要在活动中体验

《数学课程标准(2011 年版)》指出：数学教学是数学活动的教学，是师生之间、学生之间交往互动与共同发展的过程。数学教学要紧密联系学生的生活实际，从学生的生活经验和已有知识出发，创设生动有趣的情境，引导学生开展观察、操作、猜想、推理、交流等活动，使学生通过数学活动，掌握基本的数学知识和技能，初步学会从数学的角度去观察事物、思考问题，激发其对数学的兴趣，以及学好数学的愿望。测量教学一定要创设生动、活泼的活动情境，通过看一看、量一量、比一比、找一找等学生熟悉的、感兴趣的活动，注重学生在活动过程中的直观体验，感悟数学知识，经历数学化的过程。

"周长"是学习平面图形周长计算的基础。教学中应结合具体的实物，通过观察、亲身体验等活动，让学生在具体情境中理解周长的含义。首先可通过"观察蚂蚁爬过树叶的边线一周"及观察有趣的图形一周的长度使学生初步直观认识到什么是周长，然后再通过"描一描"树叶的边线，"摸一摸"具体事物(课桌面和数学书封面)边线的操作活动，拓展学生对周长的感性认识，建立丰富的表象，初步认识周长的意义。类似的活动在生活中可以找到许多，教学时可以根据需要灵活地选用，以体现数学与生活的紧密联系。最后通过一个实践活动，使学生进一步体验到周长与实际生活的密切联系，在实践活动中，可以让学生自主选择测量的工具和方法，并在小组交流中说一说测量的过程。例如，在测量树叶周长时，应鼓励学生用各种不同的测量工具(直尺、卷尺、绳子等)，可以一人单独测量，也可以小组合作测量，只要能测得结果，都应得到肯定。

2. 要加强对学生估测能力的培养，重视对测量单位的感知

图形的测量从它诞生的那一刻就是生活的需要，因此学习测量是为生活服务，估测是测量的一个重要组成部分，在现实生活中有着重要的作用，因此，估测活动应贯穿于整个测量过程中。要通过估测、动手操作、合作交流、想象等学习方式，培养学生的空间概念。

要提高估算的准确性，对测量单位的准确感知非常重要。教学中首先要引导学生在实际测量中通过观察、比较、推理，实际感受测量单位的意义。比如 1 厘米、1 分米到底有多长？我们身上的尺子有哪些？1 平方厘米是多大？1 立方米占多大的空间？此外，通过交流估测的方法和根据比较估测与测量的结果，提高学生的估测意识和能力。例如，一间教室

的面积、一块地砖的大小、操场一圈跑道的长度、从校门口走到最近的公交站台的距离……这些学生身边的量一定要让学生感知到，不要让孩子学的只是"书本数学"，不要让学生单位换算、代入公式计算都飞快，一到生活中就一脸茫然。

"神奇的尺子"一课的任务是让学生知道 1 分米和 1 毫米有多长，通过实际测量知道米、分米、厘米之间的关系。教材中创设了"估一估、量一量"铅笔有多长的活动情境，引导学生在估测的基础上通过观察、测量、比较、找实物等活动体验分米、毫米的实际意义，掌握长度单位之间的进率，培养学生的估测、操作、分析、判断等能力。教学中应通过挖掘身边的课程资源，通过比身高、观察直尺、估测纸条长度、测量书的厚度、判断公共汽车的长度、硬币的厚度等内容，帮助学生建立长度单位的数学模型，发展学生的空间概念和动手操作能力。

3. 要重视概念的理解

有效的测量教学离不开对相关概念的深刻理解，脱离对概念深刻理解的技能教学容易演变为简单的模仿、记忆、强化训练。以"角的度量"为例，在这节课上，量"角"的过程是学生更深刻地理解"角"概念的过程。虽然在此之前学生已经认识了"角"，但并不精细和深刻。例如，学生仅会简单地判断什么样的图形是"角"，知道"角"各部分的名称。至于如何抽象出"角"、知道"角"的大小的作用，以及"角"的大小是否取决于角两边的长短等问题，学生的理解并不深刻，而这些都是"角"概念的重要内容。"角的度量"的本质就是所要测量的"角"与"标准的角"(已经知道大小的"角")的合同。学生理解"角的度量"的本质有两方面的困难：一方面学生看不到量角器上的"角"。这与学生对角的概念的理解比较浅有关；另一方面，即使看到了量角器上的"角"，也不知道怎样才能使量角器上的"角"与所测量的"角"重合。量角器上"角"的顶点在中心，有两条边都可以作为角的"始边"，要度量的角与哪条始边重合呢？这需要学生根据所要测量的角的特征来决定。另外，所要测量的角的两条边的长度不确定，不能恰好和量角器上的刻度线重合，也会给学生的学习带来困难。真正了解了教学的"难点"，教师就可以设计有效的活动，进行适时的点拨、引导。

4. 要重视数学思想方法的浸染

测量教学目的是增强学生的动手操作能力及分析问题和解决问题的能力，这需要学生养成独立思考、勇于探索的学习习惯。教师教学中要有意识地渗透数学思想方法，教会学生思考问题的方法、解决问题的途径，学生在遇到新问题时，会自觉开动脑筋，想到化生为熟、化未知为已知、化繁为简的数学思想，想到平移、旋转、割补等具体的方法去探索解决问题的策略，这是千百年来人类面对几何测量留下的宝贵的精神财富，要传承下去。

"梯形的面积"是在学生认识了梯形特征，掌握了平行四边形、三角形面积的计算方法，并形成一定空间概念的基础上进行教学的。因此，教材没有安排用数方格的方法求梯形的面积，而是直接给出一个梯形，引导学生思考，怎样仿照求三角形面积的方法把梯形转化为已学过的图形来计算它的面积。让学生在自主参与探索的过程中，发现并掌握梯形的面积计算方法，让学生在数学的再创造过程中实现对新知的意义建构，解决新问题，获得新发展。本课程的教学目标是在自主探索、合作交流中经历梯形面积公式的推导过程，掌握梯形面积的计算方法，并能灵活运用公式解决相关的数学问题；通过观察、猜想、操作等数学活动，发展空间概念和推理能力，获得解决问题的多种策略，体会转化思想的价值；进一步积累解决问题的经验，增强新图形面积研究的策略意识，获得成功体验，提高学生学习自信心。理解梯形面积计算公式的推导过程是本课程的难点。

三、教学评价

1. 激发了学生的学习需求

每一节课，教师都应精心设计教学情境，复习引入、故事引入、生活情境引入……形式各不相同，但是最佳的导入一定是激起学生强烈的求知欲望的导入，因为只有发自学生内心深处的需要才是学习真正的动力。"角的度量"在课的导入环节，三个不同倾斜度的滑梯情境既符合学生的生活经验，又能体现出"角的大小"的作用，使学生强烈地感受到"角的大小"是影响下滑速度的重要因素。虽然学生有这方面的生活经验，但现实中的滑梯几乎都是标准的、安全的，学生没有思维上的对比和冲突，就不会有意识地思考下滑速度与"角"的大小之间存在本质联系。学生学习的愿望与需求，需要教师激发而不仅仅是满足。再者，这三个滑梯也蕴含着重要的函数思想：当滑梯角度变大时，下滑的速度越来越快，即一个变量随着另一个变量的变化而变化。学生在变化中可以感受"角的大小"的作用。

2. 培养了学生思维的灵活性

数学不只是数学符号的堆砌，更是一门有丰富内涵的知识体系，是一种独特的文化。数学对人的行为、观念、态度和精神等方面的影响，特别是人的理性思维的影响有目共睹。在数学学习中，通过"一题多变""一题多解"，可以促使学生多角度分析问题、多策略解决问题，促进思维的灵活性。"梯形的面积"以活动为主线，以"动"促"思"，通过"拼、剪、割"的活动过程，让学生在活动中发现，在活动中体验，在活动中发散，在活动中发展。同时，又由于各项活动的设计环环相扣，步步深入，使学生思维的深度和广度也得到了有效的拓展。这一教学策略在推导梯形的面积时达到极致，尽管剪拼的方法不同，但"殊途同归"，都从不同的思维角度推出了梯形的面积公式，这对开阔学生的思维是大有好处的。

3. 培养了学生的数感

一直以来，学生的学习重点都聚焦在课本上与习题里，而忽视了数学在生活中的强大功效，多少同学在解答数学题时得心应手，但在问及两幢楼房之间的距离，或者一间教室的面积时却哑然失声，这说明多数学生学的是"书本数学"，走不上生活大舞台。"神奇的尺子"一课，教师通过"仔细观察一下手中的尺子，看看你能发现些什么？"培养学生发现的眼光；通过找找身边神奇的尺子，发现了一拃、一指、一臂的长；通过跟教师一起"把你们找到的物体或学具举起来，像老师这样用食指和拇指捏住，轻轻地拖动它""闭上眼睛想一想，1分米有多长"的活动，生动地帮学生建立起数感，建构了空间概念。

4. 体现了"以学生发展为本"的课堂教学理念

数学教学要立足于学生已有的知识基础和既有经验，教学设计要充分体现学生的主体意识，将课堂还给学生。"周长"一课教师没有直接给出周长的定义，而是不断呈现反例，让学生不断回顾头脑中的原始朦胧的概念认知，在对比中形成周长的清晰、准确的概念；在习题时既有常规练习，也有变式练习，引起学生的认知冲突，让知识在思辨中越辨越明，促进了学生成长。"梯形的面积"一课在思路上淡化了教师"教"的痕迹，突出了学生"学"

的过程。为学生创设了一种"猜想"的学习情境，先让学生大胆猜想，进而是实践检验。"猜想"成为学生自身的需要，使运用科学探究的方法进行探究学习成为可能。

第四节 图形的运动案例与分析

图形的运动展示了数学的神奇之美，轴对称、平移与旋转的变幻莫测带给人赏心悦目的感觉，这部分课程一直受到小学生的喜爱，并激发起他们强烈的欣赏美、创造美的欲望。下面我们通过教学案例，具体分析图形的运动这部分内容，并给出相应的教学建议。

一、教学案例

【案例2-9】二年级上册第四单元"变化的图形"

对称是一种最基本的图形的运动。在自然界和日常生活中具有对称性质的事物很多，学生对于对称现象并不是很陌生。怎么样让学生从生活现象中发现数学的特征？

轴对称①

轴对称.mp4

一、情境引入

在生活中和大自然中有许多美丽有趣的景物，我们一起来欣赏一下。仔细观察，你发现了什么？(课件出示图片：埃菲尔铁塔、天安门、风水画、蝴蝶、脸谱、剪纸)

师：你们说出了一个新的词"对称"，看来啊，生活中的一些景物跟我们的数学有关系。今天我们就来学习"对称"。

生活中对称的物体有很多，想一想生活中什么物体是对称的呢？说一说为什么你觉得它是对称的。

师：大家觉得这个物体两边一样就是对称的。老师这里有一个两边一样的图形(小兔子剪纸)，判断一下是对称的吗？

二、讲授新课

出示燕子、蝴蝶、蜻蜓图案，说一说这些图形是否对称，为什么是对称的。

学生活动：

(1) 学生自己动手折一折来证明图形是否对称。

(2) 两个人交流自己的发现。

(3) 展示汇报。

预设：

生：对折后两边一样，两边重合了。

师：像这样，沿一条直线对折后两边完全重合的现象是对称现象，这样的图形，叫作轴对称图形。

---

① 授课教师：北京市大兴区西红门镇兴海学校 曹月娇。

师：之前我们的小兔子图形着急了，你判断一下它是不是对称的，并说一说为什么。

生：不是，因为这个图形对折后两边不能完全重合，所以不是对称的。

三、课后练习

1. 判断对称图形

出示图形，判断它们是不是对称的，如果判断不出来，可以借助老师提供的图片，动手折一折。先自己判断，然后四人小组交流自己的判断结果，最后汇报展示。

师：为什么你认为正方形是对称的？

学生通过不同的折法来证明正方形是对称的。

师：看来一个图形可以通过不同的折法来证明是对称的，也就是说有的图形有许多的轴。我们可以多角度地观察图片。

2. 巩固练习

师：人的身体其实也是对称的，不信伸出你的双手，我们来对一下，你看看怎么样了？

师：老师利用身体做了一些对称动作，是对称的你就跟着做，不是对称的你就跺跺脚。

师：其实我们的汉字中有一些也是对称的，请你根据这些对称汉字的另一半，猜一猜它们是什么汉字。

3. 欣赏生活中的对称现象

大自然有一双无比灵巧的手，它给了燕子、蝴蝶、蜻蜓一双对称的翅膀，让它们飞得平稳而优美；还让树叶看起来更加漂亮。受它们的启发，我们人类也设计出了许多对称的东西，我国古代就开始使用的弓，今天仍在使用的椅子、台灯，甚至先进无比的飞机。就连雄伟的天安门城楼和高大的埃菲尔铁塔也是对称的。警察叔叔还把它用在了交通标志上。更有心灵手巧的人们制作出美丽的风筝和剪纸，使它们成为一件件工艺品，把我们的生活装扮得更加美丽。

4. 创造对称图形

学生动手剪出对称图形，汇报展示：说一说自己怎么剪出对称图形的。

生1：只要把纸对折后，在另一半上画上图案，再剪出来，这个图形就肯定是对称的。

生2：只要把纸对折，在另一半上随意剪出一个形状，打开后这个都是对称图形。

把剪出来的对称图形贴到黑板上。

四、课堂总结

看来创造对称图形很简单，只要你把纸对折后，在另一半随意剪出图形，打开后肯定是对称图形。

欲获得更多教学案例文本与视频请扫描二维码。[1][2]

旋转三.mp4	平移和旋转.mp4	扫码案例2-4.docx	扫码案例2-5.docx

① 授课教师：黑龙江省哈尔滨市民生路小学校 孙胜涛。

② 授课教师：黑龙江省哈尔滨市虹桥第一小学 孙迎新。

二、教学建议

1．结合实例，让学生感知现实世界中图形的运动现象

图形的运动与生活联系密切，生活中有大量生动的例子。教师要通过呈现丰富、有趣的实例，让学生充分感知现实社会中的对称、平移、旋转现象，在生活中无处不在，在情境中发现数学信息。

2．通过折一折、画一画、猜一猜等活动，培养学生的观察能力和动手操作能力

根据学生的生活实际、认知水平和生活经验，设计丰富的活动，通过猜想及动手操作，鼓励学生在观察、体验、探究、展示、合作活动中学习，用自己的思维方式自由开放地去看、想、说、做，在交流碰撞中积累不同的图形运动的感性认识体验，在探索、发现、再创造过程中张扬个性，培养学生的动手操作能力，发展学生的空间概念。

3．学会欣赏数学的美

通过对生活中的事物及相应图形旋转变换所创造美的欣赏，感受数学与生活的密切联系，体会生活中处处有数学，激发学生学习数学的兴趣，充分感受图形运动的意义和图形的美。同时在学习中运用轴对称、平移、旋转的数学知识，创设美丽的图案，培养创新能力，提高学生的文化素养；学会用数学的眼光观察、思考生活，体会数学的价值。

三、教学评价

1．从兴趣入手，呈现学生身边丰富、有趣的实例，在情境中发现数学信息

在自然界和日常生活中具有对称、平移、旋转性质的事物很多，学生对于图形运动现象并不陌生。三节课都是从学生身边丰富多彩的世界开始，从一开始就抓住学生的心，让学生带着欣喜的眼光学习，充分感知对称、平移、旋转现象，在情境中发现数学信息。

2．以一系列趣味盎然的活动牵引，使学生的思维开放自由

几节课教学中教师根据学生的生活实际、认知水平和生活经验，设计了画一画、剪一剪、折一折等丰富的动手操作活动，鼓励学生在活动中观察、体验、探究、展示，在合作中学习和运用图形的特征，教学活动更加有层次性；尤其是创设符合要求的图形，极大地激发了学生学习数学的兴趣，让学生用自己的思维方式自由开放地去探索、去发现、去再创造，张扬了个性。同时在学习中体会到生活中处处有数学，培养了学生的观察能力和动手操作能力，发展了学生的空间概念。

3．巧妙地融合了现代化教学手段，增添了教学的灵动性

图形的运动这几节典型课对于信息技术的运用较以往相比要更加深入，在现代化教学手段的帮助下，课程呈现内容更加丰富，动态与静态图文互相结合，不但使研究的运动特征更加明显，而且课堂感染力大大加强，整节课非常流畅。若离开了信息技术，大部分活动和游戏将没法进行。

4. 热闹而不失本真，理性但富有课程思政

一节好课，不仅要在教学设计上下功夫，而且还需要教师高超的教学艺术。图形的运动课程因为其素材生动活泼，加之学生的兴奋点被点燃后，教师很容易把控不住课堂的节奏。这几节课好就好在教师收放自如，在学生活动时及时用问题牵动，从层层深入到步步为营，再到优化策略，体现了浓浓的数学思考的味道，使学生感悟到轴对称、平移、旋转的本质特征。

数学以培养学生的理性思维为目标，但教师能在数学教学中做到立德树人，润物细无声，体现了师者情怀。

第五节　图形的位置案例与分析

图形的位置是新课改后走入小学数学教材的内容，相对于其他三个图形与几何内容模块，要晚且新，比如"东南西北""上下左右"原来都是自然常识课的内容，现在都属于小学数学教学内容了，但是这部分内容与学生的生活有着天然的联系，教学起来要生动得多。

下面我们通过教学案例，具体分析图形的位置这部分内容，并给出相应的教学建议。

一、教学案例

【案例2-10】二年级下册第二单元"方向和位置"

北师大版一年上册的图形与几何内容是第五单元"位置与顺序"与第六单元"图形"，可以说是图形的位置模块开启了图形与几何在北师大版教材的篇章，由于图形与几何教学培养的是学生的空间概念，所以由图形的位置来开篇再恰当不过了。一年级上册介绍上、下、左、右，二年级下册介绍东、南、西、北。生活中很多成人都分不清东南西北，恰恰是孩子学习了这段内容之后再去教大人，可见其教学的必要性。

认识东、南、西、北①

一、导入新课

游戏：找四名学生站在老师前、后、左、右四个方向，让学生说出这四个方向的学生姓名，然后老师转身，再让学生说出这四个方向的学生姓名。

认识东、南、西、北.mp4

除了前、后、左、右，你还知道哪些表示位置与方向的词？今天继续学习有关位置与方向的知识。(板书课题：认识东、南、西、北)

二、探讨新知

1. 创设情境

出示课件，让学生根据经验说出前面是什么方向。

---

① 授课教师：黑龙江省七台河市第八小学　常淑梅。

太阳是在教室的哪个方向升起的？(板书：东)，根据经验还能确定出哪个方向？(板书：西)

2. 认识南、北

南、北两个方向怎么确定呢？(学生根据自己掌握的知识回答)

借助儿歌学习(课件出示儿歌)(板书：南、北)。

活动一：

(1) 课件出示儿歌填空。

(2) 用东、南、西、北介绍身边的同学。

3. 找排列规律

有什么办法记住它们的位置吗？

活动二：

(1) 老师说方向，学生指方向。发现东、西相对，南、北相对。

(2) 按顺时针方向转动身体，发现东、南、西、北按顺时针规律排列。

思考：如果要确定四个方向，只要知道几个就可以？

活动三：老师说出一个方向，学生辨别出其他三个方向。

4. 了解东、南、西、北的特点

再次做第一个游戏，使学生了解东、南、西、北方向具有相对性和固定不变两个特点。使学生了解因为东、南、西、北方向是固定不变的，所以人们在航海、航天以及画地图时都用东、南、西、北来确定方向。

三、巩固练习

(课件出示：主题图)想象自己也和小明到操场上做操，能找出东、南、西、北方向吗？再说说图书馆、体育馆、教学楼、大门在校园的哪个方向。

四、畅谈收获

通过这节课的学习，你有什么收获？

五、课后作业

观察你的房间东、南、西、北面都有什么，用平面图画出来。

【案例 2-11】四年级上册第五单元"方向和位置"

学生在描述平面上物体的位置时，原有的用一个数字描述第几个的方法已显得力不从心了，由此产生深入数学学习的必要。"用数对确定位置"就是在这样的前提下展开教学活动的，让我们一起来看一看。

用数对确定位置①

一、游戏引用

师：今天我们将在游戏中进一步学习有关位置的知识。现在老师想请几位坐得端正的同学到讲台上来。(选择 6 名学生面向大家站成一排)

用数对确定位置.mp4

① 授课教师：内蒙古巴彦淖尔市实验小学　刘宇。

师：谁来描述一下××同学在这排的什么位置？谁有不同的表述方式？

生1：在××同学的左边，××同学的右边。

生2：从左数第三(从右数第四)。

师：刚才我们在描述他们的位置时，都只用了几个数字？

生：一个。

师：现在请这些同学回到自己的位置，暂时先不要坐。你还能仅用一个数就表示出他们的位置吗？

生：不能。

师：那谁来描述一下××现在的位置？

生描述在从左数第几排的第几个(从右数的第几排第几个)。

师：有不同的表述方法吗？

师：无论我们怎么表述，都用了几个数字？

生：两个。

师：为什么现在我们用两个数才能表述清楚呢？

生：刚才仅有一排同学，而现在有很多排(不止一排)。

二、结合实际探索新知

师：(指着板书)想一想，这两个数分别表示的是什么？

生：一个数代表第几组(竖排)，另一个数代表的是这一组的第几个。

师：同学们回答得相当不错。同学们所说的组，这样的竖排(边说边板书)，在我们数学上称之为"列"，在数列的时候，你们习惯上是从哪边往哪边数？

生：从左往右数。(板书)

指着第一列同学生：这是第几列？这是……一直到最后。

师：同学们所说的这样的横排(边说边比画边板书)在数学上称之为"行"，同学们在数行的时候，习惯上怎么数？

生：从前往后数。(板书)

师：现在请你明确一下自己在第几列第几行？

师：现在我们来做游戏，请听好老师的口令。

第2列的同学拍拍手，第4列的同学手叉腰，第7列的同学拍拍肩，第3行的同学扮兔子，第5行的同学挥挥手，第6行的同学扮可爱(老师边说边示范动作)。

师：你们好可爱。在刚才游戏的过程中，老师发现有的同学做了不止一次动作，都有谁？请站起来。

师：你做了几次？其他同学呢？我刚才明明叫的是不同行不同列的同学，你为什么会做两次动作？你能给大家解释一下吗？

生：因为我既在第×行，又在第×列，所以做了两次。

师：那你能说一说你的具体位置吗？

生：我在第2列第3行。

师：也就是说，只有行和列都知道了，才能确定一个人的位置。

师：在描述自己位置的时候，同学们刚才是先说列，还是先说行？

生：先说列，后说行(板书：在列的上面写先，在行的上面写后)。

师：现在请你用一种简单明了的方式在纸上表示出××同学的位置。

教师在教室中巡视，寻找学生中具有代表性的作品。在投影仪上展示。叫学生说一说自己的想法，老师提问。

师：同学们表示的方法都很棒，你们最喜欢谁的作品？

师：想不想知道在数学上是如何简单明了地表示第2列，第7行的？(板书第2列第7行)

师：列数在前，行数在后，中间用逗号隔开，为了表示它们是一个整体，外面添加小括号，像这样有顺序的两个数，在数学上称之为"数对"。(把板书两个字擦掉，改成数对)

师：数对怎么读呢？(教师示范)可以直接读(2，7)，也可以读作数对(2，7)。

师：传说，用数对确定位置的这种方法是法国数学家笛卡尔受到蜘蛛结网的启发而创立的。无论这个传说是否真实，有一点是可以肯定的，笛卡尔受到周围一些事物的启发，触发了灵感，老师希望同学们也能成为一个善于观察勤于思考的人。

师：现在请你用数对表示出自己的位置。

三、知识应用

师：看来同学们掌握得不错，你们愿意用今天所学的知识，帮助老师整理一下收纳盒吗？(出示收纳盒，明确列和行)

师：我把耳钉放在了(　，　)？头绳放在了(　，　)？(4，3)放着(　　)？(3，4)放着(　　)？

师：为什么同样是数字3和4，所表示的位置却不同呢？

师：请你把卷笔刀放在(6，2)位置。

师：数对不仅可以帮助老师，还可以帮助医生确定药材在药橱中的位置，快打开课本第22页看看吧。

师：不仅如此，在图案设计中也会用到数对。(出示学习单，学生独立完成并汇报)

师：用数对表示位置，在生活中有着广泛的应用，你能举出例子吗？

教师出示图片学生欣赏(十字绣、围棋、国际象棋、扫雷游戏、连连看游戏、奥运会活字表演、经纬线等)。

四、课堂总结

师：通过这节课的学习，你有什么收获？

教师适时板书课题：用数对确定位置。

五、知识回顾与拓展

教师引导学生一起回顾本节课所学的知识。

(1) 回忆课一开始，请6位同学上台站成一排，把这一排学生看作一条直线，某位同学看作直线上的任意一点，一个数就可以表示他的位置。

结论：在直线上确定一点，只需要一个数据。

(2) 如果让这些同学回到座位上，把整个班的座位看作一个平面，那么任意一个同学的位置就可以看作平面上的任意一点(这个同学的位置可以在任意一列的任意一行)。

结论：在平面上确定一个点，需要两个数据。

师：传说，是笛卡尔根据"蜘蛛结网"的原理而创立的"笛卡尔坐标系"，如下图所示(课件出示图)。

师：如图所示，这就是我们下节课即将学习的，在平面内用数对表示任意一点的位置。

师：那么在空间内确定一个点的位置，需要几个数据呢？大家大胆地猜一猜。

引导学生想：咱们学校有 3 幢教学楼，如果给每幢教学楼都标上序号，我们所在的教学楼为 2 号楼，那么你怎么给一个陌生人介绍清楚我们班的具体位置呢？

生：2 号楼 3 层第 6 个教室。

师：想一想，用了几个数据？

生：3 个。

师：那么也就是说，我们把我们自己的教室看作是空间中的任意一点，那么在空间内确定任意一个点的位置需要 3 个数据。（课件出示：空间坐标图）

师：数学知识无穷无尽，只要我们肯探索肯思考，一切问题都不是难题。

【案例 2-12】五年级下册第六单元"确定位置"

有了低年级对位置的认识基础，随着年级的升高，就需要精准确定物体的位置。那么需要哪些要素来描述？又要设置什么样的情境引入，才需要有精准确认位置的必要呢？下面我们一起来看小学阶段这最后一次讲"图形的位置"，该怎么讲？

位置与方向①

一、情境引入

播放新闻：韩国部署萨德反导弹系统。

师：知道萨德装在哪里？

生：星州郡。

师：星州郡在哪里？在地图上，它在济南的什么方向？

生：东南方向。

师：这也是东南方向，这里是星州郡吗？

生：不是。

师：看来以前的知识不能解决今天的问题了，那我们今天接着来探究"位置与方向"。

二、探究描述位置的两个要素

师：拿出 1 号练习纸。现在王老师把星州郡和济南放在一个坐标系里面，小组讨论，怎样准确描述星州郡在济南的什么方向？什么位置？

小组活动。

生 1：星州郡在济南东偏南 20° 方向上，距离 900 千米。

师：他说的信息量可真大。听清了吗？他说的什么方向？哪偏哪？只有东偏南 20° 能准确定出它的位置吗？还少什么信息？你怎么知道距离是 900 千米？

生：地图左下角有一个线段是 300 千米，我们一量星州郡距济南有 3 个那么长，就是 900 千米。

教师引导学生准确说出：星州郡在济南东偏南 20° 方向上，距离 900 千米。

---

① 授课教师：山东省济南市经十一路小学　王允美。

位置与方向.mp4

师：刚才在说星州郡的时候，用到了两个量，哪两个量？

生：一个是角度，另一个是距离。

师：角度也就是方向。所以以后我们在描述位置时，一定要说清楚方向和距离，这两者缺一不可。

练习：描述 A 基地和 B 基地相对于济南的位置。

三、进一步探讨描述方向的说法

拿出 2 号练习纸，找出北京在济南的什么位置。

生 1：北京在济南的西偏北 75° 方向上，距离 800 千米。

生 2：北京在济南的北偏西 15° 方向上，距离 800 千米。

师：哪来的 15° 啊？我怎么没看出来？

师：这两种方法哪个对啊？

生：表示的一个地点，都对。

师：以后再遇到这种题，你打算用哪种方法？

生 1：我觉得应该用让角度更小一些的方法，这样更精确。

生 2：我觉得应该用题目给出度数的那个说法，就不用计算了。

生 3：北京更靠北，所以用角度更小一些的方向。

师：北京更偏北还是更偏西啊？(偏北)所以说，通常都用更偏北的小角度来表示。

拿出 3 号练习纸，写出大连在济南的什么位置。

生 1：先量出角度，45°，大连在济南的北偏东 45° 方向上，距离 1000 千米。

生 2：大连在济南的东偏北 45° 方向上，距离 1000 千米。两种说法都对。

师：既然两种说法都对，还有不同的说法吗？

生 3：大连在济南的东北方向上，距离 1000 千米。

看下面题：青岛，也没给出角度，你会做吗？

四、课堂总结

师：这节课，你学会了哪些知识？

生：今天学习了如何精准地确定位置，必须知道两个要素：一个是方向，另一个是位置。

二、教学建议

1. 要让学生通过亲自实践，自主体会并掌握知识

通过让学生结合生活经验，在具体情境中结合生活经验学习新知，有利于学生更好地理解和辨认方向，通过活动去辨认方向，调动学生的学习热情，收到事半功倍的效果。

"认识东、西、南、北"这节课在整个知识体系中起着承上启下的作用。这部分内容的教学不是单纯地进行知识点的传授，更应该关注学生的学习过程，让学生经历在熟悉的生活环境中找出东、南、西、北四个方向，发展学生的方向感，掌握辨认方向的方法，能根据给定的一个方向，正确辨别其余的三个方向。

2. 要以学生熟悉喜爱的儿歌为起点

民间有许多辨认方向的口诀、民谚，诸如"太阳东升西落""上北下南左西右东""早

晨起来，面向太阳。前面是东……"教学时结合自然现象，巧妙引入歌诀，朗朗上口，传承经典，使学习内容与学生自己的生活经验建立联系，能有效地降低学习难度。

3. 要以学生身边素材为例，增强数学意识

数学源于生活而又服务于生活。学习数学的一个重要目标，是为了解决生活中的实际问题。儿童空间概念较弱，教师教学时要以学生身边的素材为例，重新设计教学环节，置学习内容于学生的生活空间，既可以强化学生的空间概念，培养数学应用意识，又可以提高其解决问题的能力。

用数对确定位置，突破了学生之前对一维空间的认识，是培养学生空间概念的有力手段，也是初中教学坐标概念的铺垫。教学中要使学生经历由语言描述实际情境中物体的位置抽象成用数对表示具体情境中物体位置的过程，认识行、列的含义，知道确定第几列、第几行的规则，初步理解数对的含义，会用数对表示具体情境中物体的位置，理解用数对确定位置的方法，使学生感受到数学与生活的密切联系，体会到数形结合的数学思想，发展空间概念。

五年级的确定位置课，是小学阶段最后一次讲授图形的位置内容。由于学生在日常生活中已经积累了一些确定位置的感性经验，已经能够熟练运用上下、前后、左右和八个方向描述物体的相对位置，也学习了在平面内如何通过两个条件来确定物体的位置，所以最后在小学收尾阶段在描述位置的准确性上有更高的要求，要通过具体活动，认识方向与距离对确定位置的作用；能根据方向和距离确定物体的位置。丰富对现实空间认识的同时，感受数学与生活的联系，拓展知识视野，进一步发展空间概念。

三、教学评价

1. 在真实的情境中使学生感受到数学与生活的密切联系

4 节课都围绕学生的真实生活实际展开教学，拒绝纸上谈兵，使教学内容就在学生身边发生，增加了教学的亲和力和趣味性。在讲解"认识东、南、西、北"课程时，老师找 4 名学生站在教师的前、后、左、右，让学生描述某同学在什么位置？教学时结合了"太阳东升西落"的自然现象，作业布置是"观察你的房间东、南、西、北面都有什么，用平面图画出来"；在讲解"用数对确定位置"课程时，教师让学生描述学生的座位；第三节"位置与方向"的教学内容还是找位置，但是随着年级的升高，学生的视野从身边移向了生活的国家，需准确指出星州郡、大连、北京、青岛分别处于学生所在的济南的什么位置。看得出来，数学就在我们身边，生活中处处有数学，而且将课堂所学知识延伸到课外，应用到生活当中，凸显了数学在生活中的实际应用。

2. 真正体现了学生的主体地位，使学生在主动探索中获得认知的飞跃

数学是培养学生思维的科学。4 节课都应注重将学生的学习积极性调动起来，使学生的大脑转动起来，获得最大的认知体验。"用数对确定位置"一课表现尤为突出，教师在讲平面上用数对表示物体的位置时，不是直接告诉学生，而是让学生先自行探索，"用自己最喜欢的简单明了的方式在纸上表示某同学的位置"，解放了学生的大脑，思维活跃起来的结果是个性化的呈现。在本课程的结尾，教师再一次启发学生，对在直线和平面上表示

位置进行结构化梳理，串联起碎片化知识，使学生豁然开朗，进而自然而然地想到描述物体的空间位置需要 3 个数据，将思维加以拓展，达到了认知的飞跃。

3. 注重数学的人文魅力

在讲解"用数对确定位置"时出示十字绣、围棋、国际象棋、奥运会活字表演等图片，介绍了笛卡尔坐标系的数学故事；在讲解"位置与方向"时呈现了世界地图、中国地图；在讲解"认识东、南、西、北"时引用了欢快的童谣，这些都增加了课程的人文魅力，同时蕴含了爱国、数学家的坚韧、执着等德育教育元素。

本章小结

本章主要介绍了图形与几何的教学内容结构及常见的关键词，重点阐述了图形与几何的教学策略，对图形与几何四部分内容给出了分门别类的教学建议。同时，为了使理论叙述更直观，在教学策略环节运用了对应的视频案例，使本章学习的实用性、指导性更强。

思考题

考点链接

在教师资格证及教师编制的考试中，通常会出现填空、选择、辨析、简述与论述题目。请看真题。

一、选择

讲完"体积的大小"后，张老师要求学生回家量一量日常用品的体积，这种教学方法是( )。(教师资格证考试题 2013 年上半年)

A. 实物演示法　　　B. 实习作业法　　　C. 实验教学法　　　D. 实践探究法

二、分析(教师资格证考试题 2013 年上半年)

请认真阅读下列材料，并根据要求作答。

在进行"三角形面积"教学时，指导面积计算公式一般采用两种方法，一种是把两个完全一样的三角形拼成一个平行四边形，如图 2-21 所示；另一种是利用三角形中位线剪拼成平行四边形，如图 2-22 所示，或折叠成长方形，如图 2-23 所示。

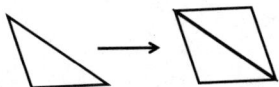

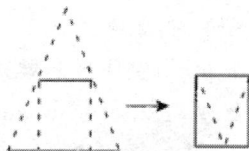

图 2-21　三角形面积 1　　　　图 2-22　三角形面积 2　　　　图 2-23　三角形面积 3

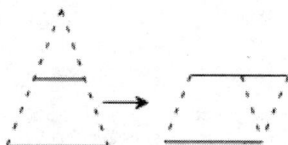

请根据上述材料，回答问题(1)、(2)、(3)。

问题(1): 试分析上述两种方法所蕴含的数学思想。

问题(2)：若指导高年级小学生学习上述内容，试拟定教学目标。

问题(3)：根据拟定的教学目标，设计讲授的部分教学活动。

三、教学设计(教师资格证考试题 2019 年下半年)

请认真阅读下文，如图 2-24 所示并按要求作答。

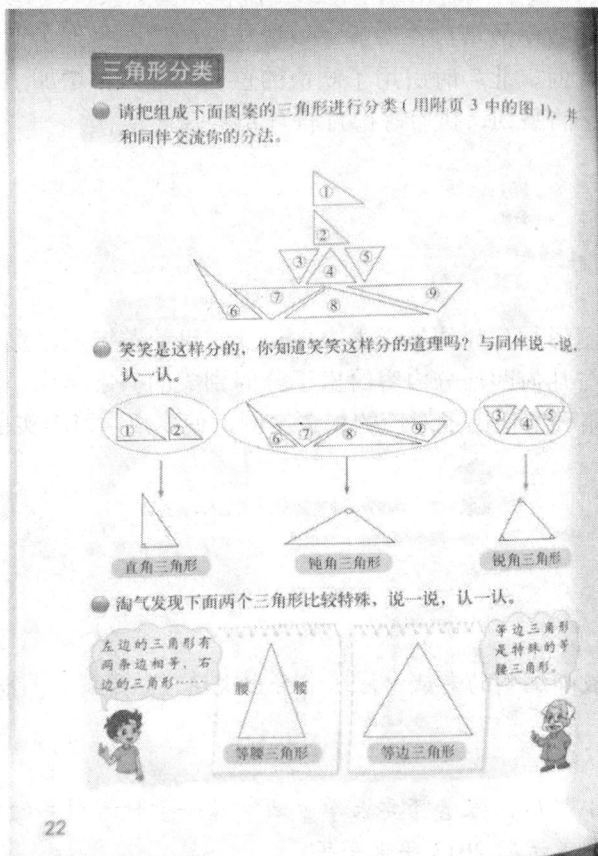

图 2-24　小学教材——三角形的分类

根据上述材料，完成下列任务。

(1) 什么是分类？请对三角形进行分类。

(2) 如何指导四年级学生学习上述内容？试拟定教学目标。

(3) 根据拟定的教学目标，设计课堂教学的导入环节，并简要说明理由。

知识巩固

一、填空题

1. 所谓空间观念就是指物体的_____、_____及_____、在头脑中形成的表象。

2. 儿童几何学习的主要起点是_____。

3. "平行四边形"与"长方形"这两个概念间是_____关系。

4. 在圆面积公式的推导过程中，体现了_____和_____的数学思想方法。

二、选择题

1. 为了让学生直观地认识圆柱的概念，教学时主要通过(　　)来获得。

A. 感知　表象　抽象　　　　B. 观察　触摸　感知

C. 观察　感知　表象　　　　D. 触摸　感知　抽象

2. 什么东西在放大镜下不会被放大？（　　）

A. 点　　　　　B. 线　　　　　C. 面　　　　　D. 角

三、辨析题

1. 三角形的"高"究竟指的是特定的"线段"，还是指该"线段的长度"？

2. 圆形和圆一样吗？

3. 火车车厢的运动是"平移"吗？火车车轮的运动是"旋转"吗？

4. 两个图形的"轴对称"和轴对称图形有什么区别？

四、简答题

1. 在第一、二阶段学习的"图形与几何"内容有什么不同？在掌握要求时应注意什么？

2. 你认为小学几何是否需要体现坐标思想？方格纸和坐标的关系是怎样的？

3. 小学几何教学怎样运用折纸活动？

实践活动

1. 以视频优秀课堂教学内容为课题写一篇教案，在班级试讲、评课。然后收看视频优秀课，再评课。

2. 分别在图形的认识、图形的测量、图形的运动、图形的位置4部分内容中，选择一课时内容进行教学设计，并在班级试讲。

第三章 统计与概率教学

学习目标

➤ 熟悉统计与概率的教学内容和编排特点。
➤ 掌握统计与概率的教学要点，明确关键词。
➤ 会通过教案设计及课堂展示，培养学生的数据分析观念。
➤ 熟悉统计与概率基本的教学策略，并能灵活运用到教学中。

重点与难点

➤ 掌握统计与概率教学的关键词和教学策略。
➤ 掌握分析统计与概率教学内容的能力。
➤ 统计与概率教学案例赏析。

导入案例

小刘老师在教授四年级下册"平均数"一课时，在本课教学的最后部分，让学生评价自己的表现。

师：同学们都觉得自己今天的表现很棒，那觉得老师的表现怎样呢？想给老师打几分？

生1：95分；　　　　生2：97分；

生3：98分；　　　　生4：93分；

生5：95分；　　　　生6：98分。

师：那你们觉得用哪个分数来评价老师更准确呢？

生：可以算出6名同学的平均分。

师：你们认为老师的上课分数肯定比几分多，比几分少？

生：比93分多，比98分少。

师生共同演算：(95+97+98+93+95+98)÷6=96(分)。

师：同学们算得对，但很客气，因为老师并没有上得那么好，还应该更好。

这节课这么安排好不好？为什么？

通过本章的学习，我们就可知分晓了。

第一节 统计与概率教学概述

"统计与概率"主要研究现实生活中的数据和客观世界中的随机现象，它通过对数据的收集、整理、描述和分析以及对事件可能性的刻画，帮助人们作出合理的推断和预测。

"统计观念"多年来一直是义务教育阶段数学课程的重要目标之一，《数学课程标准(2011年版)》将"统计观念"扩展为"数据分析观念"，作为培养学生数学素养的十个核心词之一加以明确，凸显了数据在统计与概率研究对象中的核心地位，体现了时代发展的要求。

小学阶段专门介绍统计与概率内容的篇幅并不多，但统计与概率的研究内容，与其他数学分支相比，有着与社会生活联系紧密的天然优势。学习统计与概率，能够使学生更自然地感受到数学与现实生活的联系。统计与概率的思想方法，是学生未来生活与工作所必需的，是进一步学习不可缺少的。统计与概率的内容进入小学数学课程，可使学生尽早接触统计与概率相关的事物与知识，当学生在生活中遇到需要决策的事情时，统计与概率的相关知识能够帮助学生采用科学方法，作出正确判断。

一、统计与概率教学内容结构

了解小学阶段统计与概率内容的编排顺序，有助于我们准确把握教材思路，更好地进行教学设计。在北师大版小学数学教材中，统计与概率的内容按如下所述顺序呈现(见表 3-1)。

表 3-1　北师大版小学数学教材统计与概率的内容结构

册别	知识内容	教学要点
一上	第四单元 分类 (1)整理房间：知道分类的含义、方法和标准。 (2)一起来分类：体会分类标准的多样性	1.经历分类的过程，学会按一定标准或自定标准进行分类。 2.初步养成有条理地整理事物的习惯。 3.进一步体会生活中处处有数学
一下	无	无
二上	无	无
二下	第八单元 调查与记录 (1)评选吉祥物：收集数据的方法。 (2)最喜欢的水果：整理数据的方法	1.借助有趣、真实的情境，激发学生参与统计活动的兴趣，发展初步的统计意识。 2.通过简单的统计活动，初步体验数据的整理过程，能回答一些简单的问题
三上	无	无
三下	第七单元 数据的整理和表示 (1)小小鞋店：象形统计图。 (2)快乐成长：经历统计的全过程	1.进一步经历数据的收集和整理过程，体会统计的必要性。 2.认识简单的统计表和象形统计图，并能制作相应的图表。 3.能根据统计图表中的数据，回答一些简单的问题，并作出简单的预测

册别	知识内容	教学要点
四上	第八单元 可能性 (1)不确定性。 (2)摸球游戏：感受事件发生的可能性有大有小	1. 在简单的猜测活动中初步感受不确定现象，初步体验有些事情的发生是确定的，有些事情的发生是不确定的。 2.对一些简单事件的可能性进行描述，知道事件发生的可能性是有大小之分的。 3. 结合具体情境，能进行初步的猜测和推理，获得初步的数学活动经验，并在和同伴的合作与交流中获得良好的情感体验
四下	第六单元 数据的表示和分析 (1)生日：认识1格表示1个单位的简单的条形统计图。 (2)栽蒜苗(一)：用1格表示多个单位制作统计图。 (3)栽蒜苗(二)：折线统计图。 (4)平均数：认识平均数的意义和求平均数	1.认识简单的条形统计图，进一步体验数据的收集、整理、描述和分析的过程，体会统计在实际生活中的应用。 2.通过结合实验数据画统计图的活动，体会统计图中1格表示多个单位的必要性；能根据统计图表中的数据提出并回答简单的问题，能和同伴交流自己的想法。 3.通过处理实验数据的活动，了解折线统计图的特点，能根据数据画折线统计图，并能根据折线统计图进行简单的判断和预测。 4.通过丰富的实例，了解平均数的意义，体会学习平均数的必要性，会求简单数据的平均数(结果为整数)
五上	第七单元 等可能性 (1)谁先走：认识等可能性，判断规则的公平性。 (2)摸球游戏	1.通过游戏活动，体验事件发生的等可能性，并会分析、判断规则的公平性，能设计公平的游戏规则。 2.在操作活动的过程中，能根据摸球等活动的结果推测事实。 3.在活动过程中，体验设计方案获得成功的愉悦
五下	第八单元 数据的表示和分析 (1)复式条形统计图。 (2)复式折线统计图。 (3)平均数的再认识	1.通过投球游戏、两城市降水量等实例，认识复式条形统计图和复式折线统计图，了解复式条形统计图和复式折线统计图的特点。 2.能根据需要选择复式条形统计图或复式折线统计图有效地表示数据。 3.能读懂简单的复式统计图，能根据统计结果作出简单的判断与预测，并与同伴进行交流。 4.进一步理解求平均数的意义，理解平均数是刻画数据集中趋势的统计量。体会平均数并不是一个孤立的数据，任何一个数有变化，平均数都会受影响

续表

册别	知识内容	教学要点
五下		5.感受平均数与生活的密切联系，体会平均数的应用价值
六上	第五单元 数据处理 (1)扇形统计图。 (2)统计图的选择。 (3)身高的情况：认识中位数、众数。 (4)身高的变化：选择适当的统计量表示数据的不同特征	1.经历统计的全过程，体会统计的作用，发展统计概念。 2.通过实例，了解扇形统计图的特点和作用，能根据需要选择合适的统计图，直观、有效地表示数据。 3.能读懂简单的统计图表，能通过报纸、杂志等媒体的数据或统计图表获得有用的信息。 4.在实际情境中，认识并会求一组数据的中位数、众数，并解释其实际意义。 5.能根据具体的问题，选择适当的统计量表示数据的不同特征。 6.体会数学与生活的密切联系，能利用所学的数学知识解决生活中的简单问题，感受统计知识在生活中的广泛应用
六下	第九单元 整理与复习：统计与概率 (1)统计。 (2)可能性	1.经历收集、整理、分析数据的活动，体会统计在实际生活中的应用；在运用统计知识解决实际问题的过程中，发展统计概念。 2.收集统计在生活中应用的例子，整理收集数据的方法；在解决问题的过程中，整理所学习的统计图和统计量，能用自己的语言描述各种统计图的特点。 3.在具体情境中，进一步体会不确定事件的特点；在解决问题的过程中，复习如何计算事件发生的可能性

综上所述，"统计与概率"的主要内容有：收集、整理和描述数据等，包括简单抽样、整理调查数据、绘制统计图表等；处理数据，包括计算平均数等；从数据中提取信息并进行简单的推断；分析简单随机事件及其发生的概率。

统计与概率在第一、第二学段的内容安排有不同侧重点。第一学段的学习重点是数据的采集和分类，第二学段的学习重点是数据的整理、描述和简单分析。简而言之，第一学段只学习统计；第二学段开始学习概率。

二、统计与概率教学的关键词

在义务教育阶段，"统计与概率"教学的目标是使学生熟悉统计与概率的基本思想方法，使他们逐步形成数据分析概念，进而养成尊重事实、用数据说话的习惯，树立科学的世界观和掌握科学的方法论。

为了准确达成教学目标，需要明确以下统计与概率教学的关键词。

1. 统计观念

《数学课程标准(实验稿)》提出的核心词是"统计观念"。它的含义是"能从统计的角度思考与数据信息有关的问题；能通过收集数据、描述数据、分析数据的过程作出合理的决策，认识到统计对决策的作用；能对数据的来源、处理数据的方法，以及由此得到的结果进行合理的质疑"。

2. 数据分析观念

《数学课程标准(2011年版)》将"统计观念"推广为"数据分析观念"，并将数据分析观念的培养覆盖到小学数学全部内容，贯穿于小学数学教学全过程。有学者认为，《数学课程标准(2011年版)》最大的变化是"数据分析观念"的提出。由于统计与概率与学生的现实生活联系紧密，而且"在基础教育阶段统计的重要性是大于概率的，发展学生的数据分析观念是这部分的核心"[1]。

"数据分析观念"的含义为：了解在现实生活中有许多问题应当先做调查研究，收集数据，通过分析作出判断，体会数据中蕴含着信息；了解对于同样的数据可以有多种分析的方法，需要根据问题的背景选择合适的方法；通过数据分析体验随机性，一方面对于同样的事情每次收集到的数据可能不同，另一方面只要有足够的数据就可能从中发现规律。

在这段表述中，点明了两层意思。第一，点明了统计的核心是数据分析。"数据是信息的载体，这个载体包括数，也包括言语、信号、图像，凡是能够承载事物信息的东西都构成数据，而统计学就是通过这些载体来提取信息进行分析的科学和艺术"。第二，点明了数据分析观念的三个重要方面的要求：体会数据中蕴含着信息；根据问题的背景选择合适的方法；通过数据分析体验随机性。这三个方面也正体现了统计与概率独特的思想方法[2]。

3. 数据分析

数据分析是指用适当的统计分析方法对收集来的大量数据进行分析，提取有用信息并形成结论，进而对数据加以详细研究和概括总结的过程。数据分析是数学与计算机科学相结合的产物，可帮助人们作出判断，以便采取适当行动。

数据分析可以分为描述性统计分析和推断性统计分析。描述性统计分析是通过集中趋势、离散程度、图形表示等来刻画数据；而推断性统计分析是利用样本的数据去推测总体的情况。第一、二学段学生主要学习的是描述性统计分析。数据分析的首要方面是"了解在现实生活中有许多问题应当先做调查研究，收集数据，通过分析作出判断，体会数据中蕴含着信息"[3]。

4. 随机思想

生活中的事件可以分成两类：一类是确定事件，是指在一定条件下一定发生的和一定不会发生的事件，这些事件都是确定事件；另一类是随机事件，就是指在一定条件下可能

---

① 义务教育数学课程标准(2011年版)解读[M]. 北京：北京师范大学出版社，2012：211.
② 义务教育数学课程标准(2011年版)解读[M]. 北京：北京师范大学出版社，2012：96.
③ 义务教育数学课程标准(2011年版)解读[M]. 北京：北京师范大学出版社，2012：96.

发生也可能不发生的事件，称为随机事件，这些随机事件表面上看似杂乱无章，但是大量地重复观察这些事件时，这些随机事件会呈现规律性。

体会数据的随机性是《数学课程标准(2011 年版)》的一个重要特点，也是一个重要变化。在以前的学习中，学生主要是依靠概率来体会随机思想的，《数学课程标准(2011 年版)》希望通过数据使学生体会随机思想。

小学数学教材编排了初步的推断性数据分析，即通过样本来推断总体。而在调查或者实验之前，我们不可能知道数据的具体数值。也就是说，数据可以取不同的值，并且取不同值的概率可以是不一样的，这就是数据随机性的由来。

5. 古典概型

在义务教育阶段，所涉及的随机现象都基于简单随机事件，这也就是数学上所说的"古典概型"，即所有可能发生的结果是有限的，而每个结果发生的可能性是相同的。古典概型是人们最早发现的一种概率模型，是概率论中最直观和最简单的模型，它由法国数学家拉普拉斯于 1812 年提出。

一个实验是否为古典概型，在于这个实验是否具有古典概型的两个特征——有限性和等可能性，只有同时具备这两个特征的概型才是古典概型。

小学数学课程中经常讲到的投掷硬币的实验，以及掷一个质地均匀骰子的实验，就是古典概型非常经典的例子。

至此仅仅阐述了统计与概率知识教学中最常见的五个关键词，这些名词术语是我们进行统计与概率教学不可或缺的内容，离开了这些名词术语，统计与概率的教学将无法进行，其在理解知识、钻研教材和处理教材时，起着至关重要的作用。

三、统计与概率的教学策略

在"统计与概率"的学习中，应帮助学生逐渐建立起数据分析观念，了解随机现象。在学习统计与概率的过程中，也会涉及解决问题，对计算、推理，以及整数、小数、分数、比值等知识进行应用，这实际上是数学知识的融会贯通。当学生逐渐长大，面对的事物的可选择性变得越来越大，越来越需要通过自己头脑的分析、判断作出决策，科学性与否在很大程度上取决于对概率统计思想的理解和运用水平。通过对统计与概率内容的学习，学生的问题解决能力将会逐步得到提升。

(一)统计教学策略

1. 体会到统计的必要性，是感受统计全过程的第一步

组织学生经历统计的全过程，这是统计课程内容的第一条主线。要使学生形成数据分析观念，最有效的方法是让他们真正投入到数据分析的全过程中：提出问题，收集数据，整理数据，分析数据，作出决策，进行交流、评价与改进等。在此过程中，学生将不仅仅可学习一些必要的知识和方法，同时还将体会数据中蕴含的信息，提高自己运用数据分析问题、解决问题的能力。

为此，《数学课程标准(2011 年版)》在各个学段都将"投入数据分析的全过程"作为本学段统计学习的首要目标，并根据学生的身心发展规律提出了不同程度的要求。从"有所

体验""经历"到"从事"。两个学段有不同的侧重点。第一学段的学生很难理解统计的全过程，主要应在教师指导下，通过操作活动，对数据统计有所体验；而第二学段，则要求学生独立进行简单的统计活动。

无论哪个学段，让他们发现和感受统计的必要性是统计学习的第一步。要让学生自发地形成统计的需求，而不是教师或书本要求他们去统计的，这一点非常重要。要让学生体会到学习数学是有用的，同时让学生自己认识到为解决某个问题需要统计某些信息，并且参与决定统计哪些信息，讨论决定执行方案的原则，激发学生参加统计活动的积极性。例如，可以结合学校组织的回收废电池活动进行统计教学。问题：学校要公布每班同学的回收情况，用什么方式使大家能一目了然呢？同学们会想到用统计图表的方式最好，从而投入到收集、整理、分析和描述数据活动中去。

2. 组织学生收集、整理数据，学会一些收集、整理数据的方法

掌握必要的收集数据、整理数据、描述数据和分析数据的方法，是统计课程内容的第二条主线。教师要组织学生积极投入到收集、整理数据活动中去，并留给学生足够的独立思考和自主探索的时间和空间，学生在此基础上加强与同伴的合作和交流。教师可以提出一些问题引导学生进行探索。

两个学段在收集数据环节的要求不同。在第一学段，主要让学生养成保存资料的习惯，了解简单的数据处理方法；在第二学段，感悟到可以从数据中得到一些信息，培养数据统计意识。例如，学校一般每年都要测量学生的身高，这为学习统计提供了很好的数据资源，因此这个问题可以贯穿于第一学段和第二学段，根据不同学段的学生特点，要求可以有所不同。

在收集数据方面，所涉及的数据可能是全体的数据(总体数据)，也可能是通过抽样获得的数据(抽样数据)。在第一、第二学段中，学生收集的基本都是总体数据。数据的来源有两种，一种是现成的数据，另一种是需要自己收集的数据。在义务教育阶段，这两种来源都应该让学生有所体验，特别是自己收集的数据。

常用的收集数据的方法包括调查、试验、测量、查阅资料等。其中查找资料既包括自己去查找资料，也包括去咨询他人。《数学课程标准(2011年版)》强调对这几个方法在小学阶段都要有所体验。学生应该对收集数据的方法有比较丰富的体验[1]。

计数是最原始最直接的方法，既可以采用一个同学提案、其他同学赞同举手的方法；也可以采用填写调查表的方法；还可以采用列出全部提案后，让同学轮流在自己同意的盒里放积木的方法等。必须事先约定，每位同学最多可以同意几项。但当统计量大的时候，同学们会感到原始的统计方法很不方便。这时就可以介绍用"正"字或五笔画的字和符号来记录数据，学会新的收集、整理数据的方法(参见案例3-1)。

3. 在统计图表教学中逐渐学习数据分析方法

统计图表作为数据分析的工具，可以直观地呈现数据，清晰地反映出数据的特点，为人们作出决策提供依据。

---

① 史宁中. 义务教育数学课程标准(2011年版)解读[M]. 北京：北京师范大学出版社，2012：208.

1) 统计表教学策略

统计表是应用非常广泛的一种信息呈现方式。它的优点是把各种数量之间的关系用简单明了的方式呈现出来。小学生学习的统计表有两种：只涉及一种项目数量的单式统计表和涉及两种或两种以上项目的复式统计表。复式统计表因其涉及的数量关系比较复杂，分类整理难度比较大，学生制作起来有一定难度。教学时通常应先让学生练习填写复式统计表，在学生熟悉复式统计表的结构之后再逐渐要求其自行制作复式统计表。

2) 象形统计图教学策略

统计图以统计表为基础，比统计表能更直观形象、更具体地呈现事物之间的数量关系乃至变化态势。人们对统计图表的认识也要经历一个过程，象形统计图是人们认识大自然时最直观、最生动的一种统计图。教学象形统计图时，先要画一条横线，相当于条形统计图的横轴，让学生把待统计的实物图片按一定顺序类别贴在横轴上方，从而形成了一个象形统计图，然后针对象形统计图回答数量、最值、相差多少的简单问题。

3) 条形统计图教学策略

小学阶段学习的正规统计图有条形统计图、折线统计图和扇形统计图三种。

条形统计图(条形图、直条图)是小学阶段描述、分析数据的主要工具，是统计教学的重点知识内容。它是用直条的长短表示统计事物数量多少的图形，主要用来比较性质相似的间断性(离散性)数据资料，分单式和复式两种。单式条形统计图在小学数学中条形统计图出现的次数较多，与小学生所具有的数学知识、生活经验和年龄特点有关，也与条形统计图的功能和特点(易于比较、排列和分类)有关。教学时可由象形统计图逐步过渡到条形统计图，先不要求学生独立绘制条形统计图，只要求学生在给出横纵坐标、项目、单位的半成品中画出相应的条形(从 1 个格代表 1 个单位，逐渐过渡到 1 个格代表多个单位)(参见案例 3-2)。

随着单式条形统计图学习的深入，出现了两种常见的条形统计图：一种是横向条形统计图，另一种是起始格与其他格表示不同单位量的条形统计图。由于这两种条形统计图在统计报表中经常出现，有必要让学生认识。这时，首先需要让学生看懂统计图，理解为什么采取这样的画法和这种画法的优点。

对于起始格与其他格表示不同单位量的条形统计图一般在以下情形中能加以使用：各样本的统计数据的绝对值都比较大，但不同样本统计数据之间的差异值又相对比较小。这时候教师要问学生：如果每格代表的单位量较小，统计图中的条形就会很长；如果每格代表的单位量较大，就很难在统计图中看出不同样本之间的差异，怎么办？引导学生采取用起始格表示较大单位量，而其他格表示较小单位量的方式，就避免了上述矛盾。

随着统计范围的扩大，有些数据用简单的单式条形统计图来表示，就很难直观地反映出来，这时就需要学习复式条形统计图。

4) 折线统计图教学策略

折线统计图(线形图)主要用来表示连续性的资料，小学数学中的折线统计图主要是描述某种现象在时间上的发展趋势。[①]由于折线统计图和条形统计图比较相似，只是不画直条，而是按照数据的大小描出各点，再用线段顺次连接起来。因此教学中适于选用数据富于变化的条形统计图，从而引出另一种表达方式，自然地过渡到折线统计图。

---

① 张奠宙，孔凡哲，等. 小学数学教学研究[M]. 北京：高等教育出版社，2009：220.

折线统计图也有单式、复式之分。教学复式折线统计图时，可先用单式折线统计图分别表示两组数据，让学生体会到，单式折线统计图可以清楚地反映出一组数据的增减变化，但在对两组数据进行比较时就不方便了，由此引出复式折线统计图，从而使学生深切体会到复式折线统计图的特点和优势，以加深对折线统计图的认识(参见右侧二维码视频)[①]。

折线统计图.mp4

5) 扇形统计图教学策略

在学习了百分数之后，可以介绍扇形统计图。扇形统计图(圆形图、饼图)主要用来表示间断性资料，是利用圆及扇形之间的关系来表示整体与部分之间关系的统计图。扇形统计图只要求学生认识，不要求学生绘制，这和条形统计图、折线统计图的要求是有区别的。

上面三种统计图，教学时应使学生体会各自的作用，要求学生能够根据不同的需要，选择合适的统计图来表达数据。条形统计图能清楚地表示出每个项目的具体数目，有利于学生直观地了解统计量个体的多少及其间的差异；折线统计图能清楚地反映事物变化情况，有利于预测事物的发展趋势；扇形统计图能清楚地反映出各部分数量与总量之间的关系，清楚地表示出各部分在总体中所占的百分比，有利于反映不同统计量之间的相对关系及其间的差异。

值得注意的是，认识这三种统计图不是最终的教学目标，教学的目标应当是学生能够根据不同的需要选择合适的统计图来表达数据，形成解决问题的能力。教学中仍然要注意从实际生活中发现采用不同统计图的必要性。此外，应鼓励学生从统计图表中获取尽可能多的有用信息。

4. 通过丰富的实例，帮助学生理解平均数的意义

平均数是反映数据集中程度的统计量，安排在第二学段教学，其中感受统计量的特点、正确理解平均数的概念是教学的重点。教学中应当强调对平均数的意义(不仅仅是"移多补少")以及它在统计过程中的作用的理解，使学生能够在问题情境中，准确地运用它去解决一些实际问题，至于对名词、概念的表述则不做要求，尤其不能单纯地学习名词、计算方法等。

理解平均数有三个角度，即算法理解、概念理解、统计理解。对于统计数学，概念理解和统计理解是非常重要的。但是在实际教学中，确实存在着注重计算、绘图而忽视运用方法提取信息、体会方法价值的现象。以平均数教学为例，有人做过调查，学生学习了平均数会进行计算，但当遇到真正的数据需要分析时，他们却很少想到用平均数。所以说，平均数教学的关键之一是发展学生的数据分析观念，使他们想到用平均数，愿意用平均数来刻画数据[②](参见案例 3-3)。

平均数是数据统计中常用的概念，但它易受极大或极小两个极端数值的影响。这也是在许多比赛中，为了保持公正性和平均成绩的真实性，采用去掉一个最高分和一个最低分的原因。[③]为了避免极端数据的影响，就要继续学习新的统计量——中位数和众数。

---

① 授课教师：黑龙江省哈尔滨市华园小学 杜良胤。

② 史宁中. 义务教育数学课程标准(2011 年版)解读[M]. 北京：北京师范大学出版社，2012：225.

③ 张奠宙，孔凡哲，等. 小学数学教学研究[M]. 北京：高等教育出版社，2009：230.

(二)可能性教学策略

概率是研究随机现象(不确定现象)的一门科学。儿童对概率的学习，主要是通过有关的活动，获得对概率思想初步的直观体验。概率学习和学生此前学习的数学内容完全不同。在这之前，不论数数，还是计算，总有一个确定的结果。现在要研究的对象，结论却是不确定的。这对儿童来说，从研究对象上，从思维方式上，和以往都有很大的不同。小学数学中的概率部分，在第二学段，概率的学习内容为随机现象发生的可能性，包括"随机现象"和"可能性"两部分，重点是概率的思想方法的学习、理解与应用。

1. 结合具体情境，正确理解随机现象

"一定""可能""不可能"是三个比较抽象的概念，为了帮助学生更好地理解，教师在教学时，应以直观的内容为主，创造性地使用教材资源，将数学学习置于生活的背景之中，让学生在活动中亲历数学，体验数学。

生活中每天都会发生大量的事件，教学时可以举教材中的和老师提供的例子，更重要的是让学生自己举例，说说身边碰到了哪些事情。再说一说，什么事情一定发生，什么事情可能发生，什么事情不可能发生，使学生初步体验有些事件发生的结果有确定和不确定两种可能。然后设计专题游戏，在此基础上，要求学生用"一定""可能""不可能"造句，深刻理解"随机"的含义。

由于该阶段儿童的思维正处在以具体形象思维为主逐步过渡到以抽象逻辑思维为主的时期，其思维与学生的感性经验联系比较多，因此当用"一定""可能""不可能"造句时，容易联想到自己的生活经验，而不是从数学的角度来谈论此问题。例如，教师让学生用"一定"说一句话，其本意是让学生说一个必然现象，而学生却说出了"妈妈明天一定会给我买新书包"，这句话从诚信的角度来看是说得通的，但是这个事件却不是一个必然现象。妈妈是否给买新书包，有两种可能：买或不买，两个结果都可能出现，只是我们事先不知道哪一个出现罢了，不能以相信妈妈作为判断标准。学生的这个回答反映了儿童的思维发展水平有限，这就需要教师在教学时善于引导学生从数学的角度提出问题和分析问题(参见案例 3-4)。

2. 指导学生通过实验、游戏活动，感受随机现象发生的可能性

有趣的活动能充分调动学生的学习积极性，尤其是低年级儿童，开展喜闻乐见的游戏活动，玩中寓知、玩中见智、寓教于乐是我国小学教师在实践中创造的经验。虽然学生所进行的活动是极其简单的，带有一种游戏的性质，但在操作过程中，仍有一定的步骤，教师要予以指导。要使学生感受在相同条件下，重复相同的实验，无法预料在可能的结果中会出现哪一种。特别应注意上述语句中的"相同条件下"。没有"相同条件下"这一前提，就不是"相同的实验"。在学生正确判断出随机现象后，教师可以继续追问：若某某事情可能发生，那么可能出现什么结果？让学生尝试列出简单的随机现象中所有可能发生的结果。

学生在学习过程中，可以初步体会到一些简单事件发生的可能性是有大小的。接下来就要求学生定性地描述随机现象发生的可能性大小，并尝试用自己的语言对可能性大小的产生原因作出解释，这个过程是对事件发生的可能性从定性到定量的一个非常重要的过渡

(参见案例 3-5)。

为了帮助学生深刻感受可能性，教材设置了"游戏公平"内容，目的是借助有趣的活动，让学生感受游戏规则的公平性；通过动手实践，合作探究，根据指定的要求，设计简单公平的游戏方案(参见案例 3-6)。

小学阶段对可能性大小的进一步刻画仅限于上述非常简单的随机事件，本学段不要求学生计算随机事件的可能性，因此要注意把握教学的难度。教学时要把重心转移到引导学生通过观察、猜想、实验验证等过程来体会可能性大小上来，对于概率教学还没有严格要求的小学阶段，让学生了解进行数学研究的思想方法，以及参与数学学习的过程更加重要。

第二节　统计案例与分析

统计一直是小学数学教学中的传统内容，从教学统计表、统计图的绘制、分析，到平均数教学，数学教师们积累了丰富的经验。新课程改革后，数据分析观念走入了人们的视野，小学数学教材中统计内容的变化就是增加了数据的收集、整理环节的教学，使统计的过程更趋于完整。

下面我们通过教学案例，具体分析统计这部分内容，并给出相应的教学建议。

一、教学案例

【案例 3-1】二年级下册第八单元"调查与记录"

统计的全过程从收集数据开始，如何进行这方面的教学？教给学生哪些收集数据的方法？怎样含而不露地教学"象形统计图"？我们来看下面的案例。

收集数据①

一、创设情境

(1) 同学们，学校食堂为咱们同学准备了四种餐后水果，分别有苹果、香蕉、梨和橘子。在这几种水果中，你最喜欢哪一种水果？

师：学校规定每班只能选一种水果，你们想选哪种？

师：我们需要了解一下大多数同学喜欢的水果，也就是喜欢哪种水果的人数最多？

师：怎样才能知道我们班喜欢哪种水果的人数最多呢？有什么好办法吗？

师：那我们就让每一位同学都表达一下自己的想法，看看在咱们班中到底喜欢哪种水果的人数最多。

师：在你们的课桌上，老师已经为你们准备好了这四种水果的卡片，一会儿你喜欢哪一种水果举起哪种水果卡片，把其他三种水果卡片放回袋子里。现在，请你想一想你最喜欢哪种水果，然后举起来。

(2) 整理数据。

师：接下来，请你为你喜欢的水果投上一票。

收集数据.mp4

---

① 授课教师：北京市大兴区第八小学 杨琪。

(学生将水果卡片由下往上依次贴在黑板上)

师:现在你能一眼就看出喜欢哪种水果的人数最多了吗?那老师还想知道喜欢另外三种水果的都有多少人?有什么好办法?

(直接数一数,教师将数据填在表格里)

(3) 解决问题。

像我们刚才这样分类,再数一数,最后把你们喜欢每种水果的人数填在上面的过程就叫作收集数据的过程。再把收集上来的数据填在表格里,看得更加清楚了,这个过程就是整理数据的过程。

通过收集、整理数据这种重要的数学方法,能帮我们解决很多问题。

还记得刚才的问题吗?我们应该选择哪一种水果呢?这时选择苹果这个结论是不是就更加合理了。你除了能看出喜欢苹果的人数最多,你还能看出什么?

二、实践探究

1. 创设情境,制造矛盾

师:我们刚刚通过排队投票的方式选出来咱们班选择的水果。是不是所有的班级都是喜欢苹果的人最多呢?(不一定)

师:要想知道其他班喜欢哪种水果的人数最多,该怎么办?

(须调查其他班同学选择水果的情况)

2. 提供素材,实践探究

师:老师已经采访了另一个班同学喜欢水果的情况,并录了下来。你们听(先放一小段儿录音)。

师:怎样才能知道他们班喜欢哪种水果的人数最多呢?

(学生交流方法,排队不行,声音不能排队。念一个水果记录一种水果)

重新放录音,观察学生记录的方法。(由于音频速度较快,学生记一会儿就记不下来了)

引导学生分工合作:一个人记四种水果,太难了,任务太重了!我们这有这么多人,来分工合作。(出示小组合作的要求,找同学读一读要求)

师:我看有的同学拿到了这样的纸条,都有谁和他拿到的纸条是一样的?那你们的任务是什么?

放录音,学生用自己的方法记录,汇总数据。

3. 分享交流

师:有哪组同学想汇报一下你们的数据?

师:老师在之前也和你们做了相同的工作,来看看你们记录的数据和老师的一样吗?有不一样的数据吗?说说你在记录过程中遇到什么问题了?

师:那你们都是用什么方法记录的?能和大家分享一下吗?

用数字记录;用符号记录;写"正"字的。重点介绍"正"字记录法。(如果没有,教师可以出示"正"字记录法:你们来看看,老师是用这种方法记录的,你能看懂我的记录方法吗?)

师:听到几种这样的水果,就可以写满一个"正"字了?

你喜欢这种方法吗?跟之前的方法相比,你们更喜欢哪种方法?她真会思考,不仅考虑到数据收集的过程,还考虑到数据整理的时候哪种方法更方便。画"正"字怎么数?5

个 5 个地数。我们一起来数一数写一个"正"字有几笔。在整理数据的时候，出现一个"正"字就是 5 个，再出现一个"正"字的时候又是 5 个，数起来更方便了。

4. 汇总，整理数据

在这个班选择水果时，你有什么好的建议？

三、巩固练习

师：咱们同学发现了用"正"字记录有这么多的好处，那我们再用"正"字解决一下刚刚课前我们说的问题。

（教师在课前交流时让学生将自己喜欢的动物填在选票上并收集上来）

师：同学们，看看这是哪里？（动物园！）喜欢去动物园吗？（喜欢！）现在，学校组织咱们去动物园游玩，你最想去看哪个动物？

师：现在老师想知道咱们班同学最喜欢哪种动物，我们第一步先做什么？

分工合作：小组分工，学生分别记录，最后将数据整理在表格里。

师：我们已经收集了同学们的意见，接下来是整理数据。选两名监票人，一人念选票，另一人看看他念得是否正确。

分析数据。根据整理的数据结果，你都知道了什么？（班级的总人数，最喜欢某一种动物的人数）

小结：回忆一下，在我们想解决上述这些问题时，第一步要先明确任务，然后收集数据，再画"正"字整理数据，最后根据数据解决问题（教师一边总结，一边写板书）。像这样的能帮我们解决问题的好方法，你掌握了吗？好，那今天我们的课就上到这儿。下课！

【案例 3-2】四年级下册第六单元"数据的表示和分析"

条形统计图是小学数学三种统计图教学的重点，它是从统计表到统计图与折线统计图过渡的桥梁，对条形统计图的理解程度直接影响着对折线统计图和扇形统计图的认知。下面课例较好地把握住了条形统计图的教学要求。

条形统计图[①]

一、创设情境，激趣导入

师：在今天上课前老师为同学们带来一则新闻，我们一起去看看（供暖造成了雾霾天气）。

条形统计图.mp4

讨论交流，探究新知。

1. 用不同的方法统计 2014 年 11 月空气质量情况

师：进入 11 月，伴随着北方冬季供暖期的到来，空气质量情况着实令人担忧。为此，老师收集了 2014 年 11 月的空气质量情况，一起来看看。（出示图）

师：空气质量情况可分为六类，分别用不同的符号来表示。你能看懂每一种符号表示的意思吗？比如 11 月 14 日这天空气质量为良，11 月 25 日这天呢？

师：这是在日历表中统计出的每天的空气质量情况，那么这个月的每种空气质量各有多少天？你能把它们清楚地表示出来吗？回忆一下在数据整理时你都掌握了哪些方法？

---

① 授课教师：黑龙江省哈尔滨市群力兆麟小学 范宏宇。

学生汇报：画"正"字、统计表、象形图。

师：接下来，就请同学们选择自己喜欢的方法将这一个月的空气质量情况统计出来，在统计过程中为了方便、节省时间，我们可以将空气质量的种类用一个字来代替，那中度污染就可以用"中"字，看看哪位同学统计得又准又快，开始吧！

学生统计数据。

师：谁来说一说你想到了什么方法？

生：我用的画"正"字的方法，"正"字的一笔代表一天。

师：谁还有不同的方法？

生：我用的统计表，优有 1 天，良有 3 天，轻度污染有 9 天，中度污染有 8 天，重度污染有 3 天，严重污染有 6 天。

师：这种方法挺直观的，让我们一目了然能清楚地知道每种空气质量情况各有几天。

2. 发现象形图无法直观看出每种空气质量的天数

生：我用的象形图，一个圆圈代表一天，从我的统计方式中我能看出哪种情况天数最多，哪种天数最少。

师：这是在一二年级数据的分类与整理中经常用到的方法，还有谁也用这种方法？

师：老师将这种统计方式呈现在了黑板上，来看一看，能一眼就看出轻度污染、中度污染的天数吗？怎么知道的？

师：看来用图形来整理数据，虽然很直观，但要想知道每种空气质量各有几天，我们还得再来数一数。

3. 条形统计图

(1) 学生自主探究绘制条形统计图的方法。

师：接下来，我们就以小组为单位来共同研究研究，怎样在这个格子图中借助象形图，设计出更加完善的方法，将 2014 年 11 月的空气质量情况表示出来。

(2) 学生自我评价与反思。

师：同学们用不同的方法整理出了 2014 年 11 月的空气质量情况，我们互相看一看，其他组整理数据的方式是否也给你带来了什么启发？可以将你们组的统计数据的方法进行相应的调整。

评价 1：你们组由一个圆圈表示一天，想到了用一个格子表示一天，你真会学习。

评价 2：你们将空气质量的分类情况清楚地标示在格子图的下方，看来，象形图统计的方法，在这幅图上也得到了体现。

评价 3：同学们快看，多了这一列数据就能让我们一目了然地看出每种空气质量各有几天，如果像他这样就可以帮助我们知道每种空气质量各有几天。

师：请你们仔细观察这些方法，是否能发现其中的共同之处呢？

生：他们用不同的图形在小方格上表示一天。

师：来看一看，是不是像他说的这样，同学们在小方格内画上不同的图形来表示一天，其实我们直接就可以利用一个格子来表示一天。

生：他们都是用下面的这条线来表示天气质量情况的种类。

师：你们发现了吗？同学们能将象形统计图的绘制方法迁移到这里，可真了不起。

生：我们可以在这条线的旁边写上数字，来表示几天。

师：如果在这一列上标上数字，就可以直接通过最高点所对应的数据知道某种空气质量有几天了。

（3）完整地呈现条形绘制过程。

师：同学们可真了不起，想到了这么多种完善象形统计图的办法，接下来，我们就一起回顾一下整个绘制过程。

师：我们把这条线称为横轴，可以用来表示空气质量，为了更加清楚一些，通常情况下，两种情况之间我们要空一列，那么我们就先把第一列空出来，这六种情况分别是优、良、轻度污染、中度污染、重度污染、严重污染。

师：我们把这条线称为纵轴，可以用来表示天数，注意在横轴和纵轴相交的地方是0，然后从0开始依次标注，那这个交点的位置就是1，接下来是？由于天数是可以递增的，所以要在纵轴上加上一个小箭头，而空气质量只分为六种情况，不会增多，所以横轴不用加箭头。

师：我们要用这里的1格表示1天，涂满这1个格子就是1天，有时为了方便我们也可以只画几条斜线，注意观察这些数是由下往上依次标注的，所以我们涂色时也要从下往上涂。接下来谁愿意配合老师完成？其他的同学也试着在下面涂一涂。

小结：像这样用条形的长短来表示数量多少的统计图，我们把它叫作条形统计图(板书课题)。

4．回顾所有的统计方法，找到各自的特点

师：下面我们就共同来回顾一下，包括条形统计图在内的所有统计方法，看看它们各有什么特点？

生1：我喜欢统计表，统计表表示数据的多少更直观。

生2：我喜欢条形统计图，条形统计图一眼就能看出谁最多，谁最少。

生3：我喜欢条形统计图，条形图与象形图进行对比，条形图不但能够比较出数据的大小，还能看出数据的多少。

小结：就像同学们所说的，条形统计图不但能一目了然地反映出每种数量各是多少，同时更便于我们进行数据间的比较。

5．数据分析

师：那你现在就来比较一下，空气质量的各种情况，看看你有什么发现。

生1：轻度污染的天数是重度污染天数的三倍。

生2：良的天数是严重污染天数的1/2。

……

师：看来，从这幅统计图中，我们获取的信息真不少，那么对不容乐观的空气质量问题，你们有何感想？谁来谈一谈？

生1：我们要保护我们的环境。

生2：减少汽车尾气的排放。

生3：我们的空气质量能达标的天数太少。

……

小结：同学们，你们真了不起，不但能从中获取有价值的信息，而且能通过数据，分析现状，想到了解决问题的办法。

预测。

师：同比 2014 年 11 月空气质量情况，你能试着预测一下我们 2015 年 11 月的空气质量的各种情况吗？说说你的理由。

师：来看，这就是 2015 年 11 月空气质量统计情况，你猜得准不准呀？同比 2014 年 11 月与 2015 年 11 月的空气质量情况，看看你有什么发现。

学生汇报。

师：看来我们政府相继采取的取缔小锅炉，集中供暖，禁止燃烧秸秆，减少废气、尾气的排放，这些改善空气质量的举措取得了实效，只要我们人人提高环保意识，加大环保力度，我们的空气会越来越好，让我们期待 2016 年更加不一样的 11 月。

二、课堂总结，畅谈收获

师：作为小学生的我们，应从身边做起，积极倡导健康环保的出行方式。经调查，我们四年级一班有 10 人步行上学，四年级二班有 18 人步行上学，四年级三班有 12 人步行上学，四年级四班有 16 人步行上学。(出示统计表)你能将这四个班的上学方式情况绘制在条形统计图上吗？

师：谁来展示一下你的统计成果？

生：横轴分别表示四个班级，纵轴表示每个班级步行上学的人数，1 格表示 1 人，四年级一班有 10 人步行上学，四年级二班有 18 人步行上学，四年级三班有 12 人步行上学，四年级四班有 16 人步行上学。

生：我横轴也表示四个班级，纵轴也表示每个班级所步行上学的人数，不过我的 1 格表示 2 人，同样也能表示出每个班级步行上学的人数。

师：刚才我们都是用 1 格来表示一个单位，那你是如何想到用 1 格来表示两个单位的呢？

生：因为 10、18、12、16 都是 2 的倍数。

师：你不但善于观察，而且能够根据数据的特点，在绘制统计图时，想到了用 1 个小方格来表示 2，从而使绘制统计图更加简洁。

师：那如果我们要统计的数据是这些数据呢？你有哪些好的建议呢？

生：30、50、80、100 都是整十数，我们在绘制统计图时，每 1 个小方格可以表示 10 个单位。

师：刚才他想到了用 1 个格子表示 2，你又想到了用 1 个格子表示 10。

师：看来我们在绘制统计图时，可以根据数据的特点灵活选择合适的统计方法。

总结：这节课我们认识了更加直观、清晰的条形统计图。对收集数据、整理数据、分析数据的全过程进行了预测。其实，在我们科技迅猛发展的今天，我们可以利用信息技术来直接制作各种各样的统计图。比如，我们可以在表格中输入 11 月的天气情况立刻绘制出像这样的条形统计图、折线图、饼图，在课余时间我们也可以尝试着绘制出自己喜欢的统计图。

【案例 3-3】四年级下册第六单元"数据的表示和分析"

平均数是统计学中表示集中趋势的统计量。怎样在教学中突出平均数的统计学含义，而不是简单的平均数计算？2000 年，"数学王子"张齐华老师执教的"平均数"因充分关注"平均数的统计学意义"，在听课教师中引起颇大反响和思考，并引发了一场有关"平均数内涵"的大讨论。时隔20年，这节课依然是平均数教学的经典之作。让我们一起来赏析张老师带来的精彩的平均数教学吧！

平均数[1]

平均数.mp4

一、建立意义

师：你们喜欢体育运动吗？

生：(齐)喜欢！

师：如果张老师告诉大家，我最喜欢并且最拿手的体育运动是篮球，你们相信吗？

生：不相信。篮球运动员通常都很强壮，就像姚明和乔丹那样。张老师，您也太瘦了点。

师：真是哪壶不开提哪壶啊。不过还别说，和你们一样，我们班上的小强、小林、小刚对我的投篮技术也深表怀疑。就在上星期，他们三人还约我进行了一场"1分钟投篮挑战赛"。怎么样，想不想了解现场的比赛情况？

生：(齐)想！

师：首先出场的是小强，他1分钟投中了5个球。可是，小强对这一成绩似乎不太满意，觉得好像没有发挥出自己的真实水平，想再投两次。如果你是张老师，你会同意他的要求吗？

生：我不同意。万一他后面两次投中得多了，那我不就危险啦！

生：我会同意的。做老师的应该大度一点。

师：呵呵，还真和我想到一块儿去了。不过，小强后两次的投篮成绩很有趣。

(教师出示小强的后两次投篮成绩：5个，5个。学生会心地笑了)

师：还真巧，小强三次都投中了5个。现在看来，要表示小强1分钟投中的个数，用哪个数比较合适？

生：5。

师：为什么？

生：他每次都投中5个，用5来表示他1分钟投中的个数最合适了。

师：说得有理！接着该小林出场了。小林1分钟又会投中几个呢？我们也一起来看看吧。

(教师出示小林第一次投中的个数：3个)

师：如果你是小林，你会就这样结束吗？

生：不会！我也会要求再投两次的。

师：为什么？

生：这也太少了，肯定是发挥失常。

师：正如你们所说的，小林果然也要求再投两次。不过，麻烦来了。(出示小林的后两次成绩：5个，4个)三次投篮，结果怎么样？

生：(齐)不同。

---

[1] 授课教师：江苏省南京市北京东路小学 张齐华。

师：是呀，三次成绩各不相同。这一回，又该用哪个数来表示小林 1 分钟投篮的一般水平呢？

生1：我觉得可以用 5 来表示，因为它最多，第二次投中了 5 个。

生2：我不同意。小强每次都投中 5 个，所以用 5 来表示他的成绩。但小林另外两次分别投中 4 个和 3 个，怎么能用 5 来表示呢？

师：也就是说，如果也用 5 来表示，对小强来说——

生：(齐)不公平！

师：该用哪个数来表示呢？

生：可以用 4 来表示，因为 3、4、5 三个数，4 正好在中间，最能代表他的成绩。

师：不过，小林一定会想，我毕竟还有一次投中 5 个，比 4 个多 1 个呀。

生：(齐)那他还有一次投中 3 个，比 4 个少 1 个呀。

师：哦，一次比 4 多 1，一次比 4 少 1……

生：那么，把 5 里面多的 1 个送给 3，这样不就都是 4 个了吗？

(结合学生的交流，呈现移多补少的过程)

师：数学上，像这样从多的里面移一些补给少的，使每个数都一样多，这一过程就叫"移多补少"。移完后，小林每分钟看起来都投中了几个？

生：(齐)4 个。

师：能代表小林 1 分钟投篮的一般水平吗？

生：(齐)能！

师：轮到小刚出场了。小刚也投了三次(分别为 3 个，7 个，2 个)，成绩同样各不相同。这一回，又该用几来代表他 1 分钟投篮的一般水平呢？同学们先独立思考，然后在小组里交流自己的想法。

生：我觉得可以用 4 来代表他 1 分钟的投篮水平。他第二次投中 7 个，可以移 1 个给第一次，再移 2 个给第三次，这样每一次看起来好像都投中了 4 个。所以用 4 来代表比较合适。

(结合学生交流，教师再次呈现移多补少过程)

师：还有别的方法吗？

生：我们先把小刚三次投中的个数相加，得到 12 个，再用 12 除以 3 等于 4 个。所以，我们也觉得用 4 来表示小刚 1 分钟投篮的水平比较合适。

[教师板书：3+7+2=12(个)，12÷3=4(个)]

师：像这样先把每次投中的个数加起来，然后再平均分给这三次(板书：合并、平分)，能使每一次看起来一样多吗？

生：能！都是 4 个。

师：能不能代表小刚 1 分钟投篮的一般水平？

生：能！

师：其实，不论是刚才的移多补少，还是这回的先合并再平分，目的只有一个，那就是——

生：使原来几个不相同的数变得同样多。

师：在数学上，我们把通过移多补少后得到的同样多的这个数，就叫作原来这几个数的平均数。(板书课题：平均数)比如，在这里，我们就说4是3、4、5这三个数的平均数。那么，在这里，哪个数是哪几个数的平均数呢？在小组里说说你的想法。

生：在这里，4是3、7、2这三个数的平均数。

师：不过，这里的平均数4能代表小刚第一次投中的个数吗？

生：不能！

师：能代表小刚第二次、第三次投中的个数吗？

生：也不能！

师：奇怪，这里的平均数4既不能代表小刚第一次投中的个数，也不能代表他第二次、第三次投中的个数，那它究竟代表的是哪一次的个数呢？

生：这里的4代表的是小刚三次投篮的平均水平。

生：是小刚1分钟投篮的一般水平(板书：一般水平)。

师：最后，该我出场了。知道自己投篮水平不怎么样，所以正式比赛前，我主动提出投4次的想法。没想到，他们竟一口答应了。前三次投篮已经结束，怎么样，想不想看看我每一次的投篮情况？

(呈现前三次投篮成绩：4个、6个、5个)

师：猜猜看，三位同学看到我前三次的投篮成绩，可能会怎么想？

生：他们可能会想：完了完了，肯定输了。

师：从哪儿看出来的？

生1：你们看，光前三次，张老师平均1分钟就投中了5个，和小强并列第一。更何况，张老师还有一次没投呢。

生2：我觉得不一定。万一张老师最后一次发挥失常，一个都没投中，或只投中一两个，张老师也有可能会输。

生3：万一张老师最后一次发挥超常，投中10个或更多，那岂不赢定了？

师：情况究竟会怎么样呢？还是让我们赶紧看看第4次投篮的成绩吧。(出示图)

师：凭直觉，张老师最终是赢了还是输了？

生：输了。因为你最后一次只投中1个，也太少了。

师：不计算，你能大概估计一下，张老师最后的平均成绩可能是几个吗？

生1：大约是4个。

生2：我也觉得是4个。

师：英雄所见略同呀。不过，第二次我明明投中了6个，为什么你们不估计我最后的平均成绩是6个？

生1：不可能，因为只有一次投中6个，又不是次次都投中6个。

生2：前三次的平均成绩只有5个，而最后一次只投中1个，平均成绩只会比5个少，不可能是6个。

生3：再说，6个是最多的一次，它还要移一些补给少的。所以不可能是6个。

师：那你们为什么不估计平均成绩是1个呢？最后一次只投中1个呀！

生：也不可能。这次尽管只投中1个，但其他几次都比1个多，移一些补给它后，就不止1个了。

师：这样看来，尽管还没得出结果，但我们至少可以肯定，最后的平均成绩应该比这里最大的数——

生：小一些。

生：还要比这里最小的数大一些。

生：应该在最大数和最小数之间。

师：是不是这样呢？赶紧想办法算算看吧。

[学生列式计算，并交流计算过程：4+6+5+1=16(个)，16÷4=4(个)]

师：和刚才估计的结果比较一下，怎么样？

生：的确在最大数和最小数之间。

师：现在看来，这场投篮比赛是我输了。你们觉得问题主要出在哪儿？

生：最后一次投中得太少了。

生：如果最后一次多投中几个，或许您就赢了。

师：试想一下：如果张老师最后一次投中 5 个，甚至更多一些，比如 9 个，比赛结果又会如何呢？同学们可以通过观察来估一估，也可以动笔算一算，然后在小组里交流你们的想法。

(学生估计或计算，随后交流结果)

生：如果最后一次投中 5 个，那么只要把第二次多投的 1 个移给第一次，就很容易看出，张老师 1 分钟平均能投中 5 个。

师：你是通过移多补少得出结论的。还有不同的方法吗？

生 1：我是列式计算的。4+6+5+5=20(个)，20÷4=5(个)。

生 2：我还有补充！其实不用算也能知道是 5 个。大家想呀，原来第 4 次只投中 1 个，现在投中了 5 个，多出 4 个。平均分到每一次上，每一次正好能分到 1 个，结果自然就是 5 个了。

师：那么，最后一次如果从原来的 1 个变成 9 个，平均数又会增加多少呢？

生 1：应该增加 2。因为 9 比 1 多 8，多出的 8 个再平均分到 4 次上，每一次只增加了 2 个。所以平均数应增加 2 个。

生 2：我是列式计算的，4+6+5+9=24(个)，24÷4=6(个)。结果也是 6 个。

二、深化理解，延伸思维

师：现在，请大家观察下面的三幅图(见图 3-1～图 3-3)，你有什么发现？把你的想法在小组里说一说。

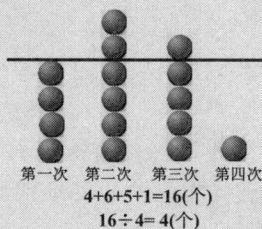

第一次 第二次 第三次 第四次
4+6+5+1=16(个)
16÷4=4(个)

图 3-1 "平均数"1

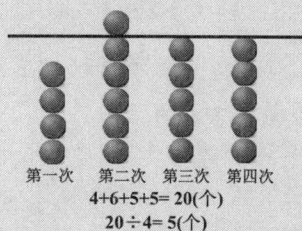

第一次 第二次 第三次 第四次
4+6+5+5=20(个)
20÷4=5(个)

图 3-2 "平均数"2

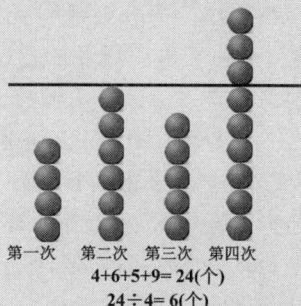

第一次 第二次 第三次 第四次
4+6+5+9=24(个)
24÷4=6(个)

图 3-3 "平均数"3

(学生独立思考后，先组内交流想法，再全班交流)

生：我发现，每一幅图中，前三次成绩不变，而最后一次成绩各不相同。

师：最后的平均数——

生：也不同。

师：看来，要使平均数发生变化，只需要改变其中的几个数？

生：一个数。

师：瞧，前三个数始终不变，但最后一个数从1变到5再变到9，平均数——

生：也跟着发生了变化。

师：难怪有人说，平均数这东西很敏感，任何一个数据的"风吹草动"，都会使平均数发生变化。其实呀，善于随着每一个数据的变化而变化，这正是平均数的一个重要特点。在未来的数学学习中，我们将就此做更进一步的研究。大家还有别的发现吗？

生：我发现平均数总是比最大的数小，比最小的数大。

师：能解释一下为什么吗？

生：很简单。多的要移一些补给少的，最后的平均数当然要比最大的小，比最小的大了。

师：其实，这是平均数的又一个重要特点。利用这一特点，我们还可以估计出一组数据的平均数。

生：我还发现，总数每增加4，平均数并不增加4，而是只增加1。

师：那么，要是这里的每一个数都增加4，平均数又会增加多少呢？还会是1吗？

生：不会，应该增加4。

师：真是这样吗？课后同学们可以继续展开研究。或许你们还会有更多的新发现！不过，关于平均数，还有一个非常重要的特点隐藏在这几幅图当中。想不想了解？

生：想！

师：以图3-1为例。仔细观察，有没有发现这里有些数超过了平均数，而有些数还不到平均数？(学生点头示意) 比较一下超过的部分与不到的部分，你发现了什么？

生：超过的部分和不到的部分一样多，都是3个。

师：会不会只是一种巧合呢？让我们赶紧再来看看另外两幅图吧？

生：(观察片刻)也是这样的。

师：这儿还有几幅图，情况怎么样呢？

生：超过的部分和不到的部分还是同样多。

师：奇怪，为什么每一幅图中，超出平均数的部分和不到平均数的部分都一样多呢？

生1：如果不一样多，超过的部分移下来后，就不可能把不到的部分正好填满，这样就得不到平均数了。

生2：就像山峰和山谷一样。把山峰切下来，填到山谷里，正好可以填平。如果山峰比山谷大，或者山峰比山谷小，都不可能正好填平。

师：多生动的比喻呀！其实，像这样超出平均数的部分和不到平均数的部分一样多，这是平均数的第三个重要特点。掌握了这一特点，我们可以巧妙地解决相关的实际问题。

(教师出示三张纸条)

师：张老师大概估计了一下，觉得这三张纸条的平均长度大约是10厘米。不计算，你能根据平均数的特点，大概地判断一下，张老师的这一估计对吗？

生：我觉得不对。因为第二张纸条比 10 厘米只长了 2 厘米，而另外两张纸条比 10 厘米一共短了 5 厘米，不相等。所以，它们的平均长度不可能是 10 厘米。

师：照你看来，它们的平均长度会比 10 厘米长还是短？

生 1：应该短一些。

生 2：大约是 9 厘米。

生 3：我觉得是 8 厘米。

生 4：不可能是 8 厘米。因为 7 比 8 小了 1，而 12 比 8 大了 4。

师：它们的平均长度到底是多少，大家还是赶紧口算一下吧。

三、拓展延伸

师：下面这些问题，同样需要我们借助平均数的特点来解决。瞧，学校篮球队的几位同学正在进行篮球比赛。我了解到这么一份资料，说李强所在的快乐篮球队，队员的平均身高是 160 厘米。那么，李强的身高一定是 160 厘米吗？

生 1：平均身高 160 厘米，并不表示每个人的身高都是 160 厘米。万一李强是队里最矮的一个，当然有可能是 155 厘米了。

生 2：平均身高 160 厘米，表示的是篮球队员身高的一般水平，并不代表队里每个人的身高。李强有可能比平均身高矮，比如 155 厘米，当然也有可能比平均身高高，比如 170 厘米。

师：说得好！为了使同学们对这一问题有更深刻的了解，我还给大家带来了一幅图。画面中的人，相信大家一定不陌生。

生：姚明！

师：没错，这是以姚明为首的中国男子篮球队队员。老师从网上查到这么一则数据，中国男子篮球队队员的平均身高为 200 厘米。这是不是说，篮球队每个队员的身高都是 200 厘米？

生 1：不可能。

生 2：姚明的身高就不止 2 米。

生 3：姚明的身高是 226 厘米。

师：看来，还真有超出平均身高的人。不过，既然队员中有人身高超过了平均数——

生：那就一定有人身高不到平均数。

师：没错。据老师所查资料显示，这位队员的身高只有 178 厘米，远远低于平均身高。看来，平均数只反映一组数据的一般水平，并不代表其中的每一个数据。好了，探讨完身高问题，我们再来看看池塘的平均水深。

师：冬冬来到一个池塘边。低头一看，发现了什么？

生：平均水深 110 厘米。

师：冬冬乐开了花，这也太浅了，我的身高是 130 厘米，下水游泳一定没危险。你们觉得冬冬的想法对吗？

生：不对！

师：怎么不对？冬冬的身高不是已经超过平均水深了吗？

生：平均水深 110 厘米，并不是说池塘里每一处水深都是 110 厘米。可能有的地方比较浅，只有几十厘米，而有的地方比较深，比如 150 厘米。所以，冬冬下水游泳可能会有危险。

师：说得真好！想看看这个池塘水底下的真实情形吗？(教师出示池塘水底的剖面图)

生：原来是这样，真的有危险！

师：看来，认识了平均数，对于我们解决生活中的问题还真有不少帮助呢。当然，如果不了解平均数，闹起笑话来，那也很麻烦。这不，前两天，老师从最新的《健康报》上查到这么一份资料。

(教师出示：《2009年世界卫生报告》显示，目前中国男性的平均寿命大约是71岁)

师：可别小看这一数据哦。30年前，也就是在张老师出生那会儿，中国男性的平均寿命大约只有68岁。比较一下，发现了什么？

生：中国男性的平均寿命比原来的长了。

师：是呀，平均寿命变长了，当然值得高兴喽。可是，一位70岁的老伯伯看了这份资料后，不但不高兴，反而还有点难过。这又是为什么呢？

生：我想，老伯伯可能以为平均寿命是71岁，而自己已经70岁了，看来只能再活1年了。

师：老伯伯之所以这么难过，你们觉得他懂不懂平均数。

生：不懂。

师：你们懂不懂？(生：懂)既然这样，那好，假如我就是那位70岁的老伯伯，你们打算怎么劝劝我？

生：老伯伯，别难过。平均寿命71岁，并不是说每个人都只能活到71岁。如果有人只活到六十几岁，那么，您不就可以活到七十几岁了吗？

师：原来，你是把我的幸福建立在别人的痛苦之上呀！(学生笑)不过，还是要感谢你的劝告。别的同学又是怎么想的呢？

生：老伯伯，我觉得平均寿命71岁反映的只是中国男性寿命的一般水平，这些人中，一定会有人超过平均寿命的。弄不好，您还会长命百岁呢！

师：谢谢你的祝福！不过，光这么说，好像还不足以让我彻底放心。有没有谁家的爷爷或是老太爷，已经超过71岁的？如果有，那我可就更放心了。

生1：我爷爷已经78岁了。

生2：我爷爷已经85岁了。

生3：我老太爷都已经94岁了。

师：真有超过71岁的呀！猜猜看，这一回老伯伯还会再难过吗？

生：不会了。

师：探讨完男性的平均寿命，想不想了解女性的平均寿命？有谁愿意大胆地猜猜看？

生1：我觉得中国女性的平均寿命大约有65岁。

生2：我觉得大约有73岁。

(教师呈现相关资料：中国女性的平均寿命大约是74岁)

师：发现了什么？

生：女性的平均寿命要比男性长。

师：既然这样，那么，如果有一对60多岁的老夫妻，是不是意味着，老奶奶的寿命一定会比老爷爷长？

生：不一定！

生：虽然女性的平均寿命比男性长，但并不是说每个女性的寿命都会比男性长。万一这老爷爷特别长寿，那么，他完全有可能比老奶奶活得更长一些。

师：说得真好！走出课堂，愿大家能带上今天所学的内容，更好地认识生活中与平均数有关的各种问题。下课！

二、教学建议

1. 感受统计的必要性，经历统计过程，学习统计方法，是统计教学的三大要点

统计教学要牢记：教学前要精心设计，创设一种适宜的教学情境，了解需求，让学生产生统计的需要；在收集、整理、描述、分析数据的过程中，展示不同的统计方法。在这个教学过程中最难的就是创设什么样的情境，才能使学生自发地产生统计的需要？这需要老师下功夫研究，围绕学生的生活营造巧妙的教学情境。

2. 统计图表教学，要注意承上启下，体现学习的层次性

统计图表教学时，学生已经初步经历了简单的数据整理过程，能够用自己喜欢的方式(文字、图画、简单的统计表)，呈现分类计数的结果。因此，进行教学设计时要注重学生已有的学习经验的体现，引导学生用自己喜欢的方式整理数据。这样，一方面可重新梳理原来分散在第一学段不同年级的整理数据的方式，做到知识间的迁移，另一方面也为新课的学习做了铺垫。此外，由于学生个体学习的差异性，教师应允许学生用自己"创造"的新方式整理数据信息，鼓励学有余力的学生继续探索新知识。

3. 鼓励学生从统计图中获取尽可能多的有用信息

统计的核心是数据分析，教学中要注重鼓励学生从数据中提取尽可能多的有效信息。学生对数据分析有三个层次：①数据本身的读取；②数据之间的读取，包括找到图表中数据间的关系(最多、最少)和对数据进行操作(加、减、乘、除)等；③超越数据本身的读取，包括通过数据进行推断、预测、推理并回答具体的问题。教学时，结合统计图表呈现数据的特点，引导学生从不同的角度提取有用信息，逐步提高学生从统计图表中获取数据信息，尤其通过数据来进行推断、预测的能力，从而明确教学的统计特征。

4. 教学平均数时，其统计学含义的理解要重于平均数的计算

很多教师在教授平均数时，关注了"移多补少"和平均数的计算公式，忽视了对平均数的统计学含义的理解，而这恰恰是平均数作为"统计与概率"模块的本真所在。因此，在具体问题情境中，要让学生感受求平均数是解决一些实际问题的需要，通过操作和思考体会平均数的意义，学会并能灵活运用不同的方法求简单数据的平均数；能运用平均数的知识解释简单的生活现象，解决简单的实际问题，进一步积累分析和处理数据的方法，发展统计观念。

三、教学评价

1. 用统一的教学情境串联整个课堂知识

统计教学需要设计一个任务主题，学生为了完成它展开统计研究，为此创设这个教学

情境就显得尤为必要，它需要让学生产生统计的需要。绝好的设计是用一个完整的研究主题串联起零碎的知识。"收集数据"就是通过一个教学情境(如在学校食堂提供的四种餐后水果中只能选一种水果，你想选哪种？)解决了学生在统计过程中遇到的不同问题。在调查、了解学生喜欢哪种水果的过程中，展示学生不同的统计方法；在调查本班学生最喜欢哪种水果时，由学生将水果直接贴在黑板上进而产生象形统计图；在调查全校同学最喜欢哪种水果时，引导学生发现要调查全校同学最喜欢水果的情况不现实，可以先从班里开始调查。在学生听录音记录的过程中，产生合作的需要，同时展示学生不同的记录方法，并优化出"正"字统计方法。最后在练习环节，让学生经历整个统计的过程，从收集数据到整理数据，最后分析数据，使学生对统计的流程更加清晰，同时练习了"正"字记录法。与此同时，教师在教学中始终引导学生自己想出解决问题的办法，并通过对比选出最合理的记录方法，在生生互动、师生互动中激发了学生的学习兴趣，提高了学生解决问题的能力。此外，"平均数"一课以组织两组人数不等的投球比赛为牵引，在学生初步体会到"比总数"不公平的前提下，自动过渡到"比人均数"公平上来，比赛一波三折，紧紧地抓住了学生的心理，使其投入其中，欲罢不能。

2. 注意了知识的承上启下

统计内容在小学数学教材中分散编排，每学期只有1～2个单元介绍，学生容易遗忘；而有些统计内容在介绍比较浅显的统计知识时就蕴含其中，学生对其了解是朦朦胧胧的，需要教师在讲授新知识时先唤起学生的回忆。比如，在第一学段，学生已经初步掌握了简单的数据整理过程，能够用自己喜欢的方式(文字、图画、简单的统计表)，呈现分类计数的结果。"条形统计图"教学就在此基础上展开，设计时注重了学生已有的学习经验的体现。例如，调查"2014年11月每种空气质量各有几天？"问题时，引导学生回忆一下在数据整理时都掌握了哪些方法，用自己喜欢的方式整理数据。这样，一方面可重新梳理原来分散在第一学段不同年级的整理数据的方式(画正字、统计表、象形图)，另一方面也为条形统计图的学习做了铺垫。在完善象形统计图的基础上，逐渐得到条形统计图的画法。由于数据的特点，自然而然从一个格代表一个单位拓展到一个格可以表示多个单位。结尾时，教师指出：在科技迅猛发展的今天，我们可以利用信息技术来直接制作各种各样的统计图，如条形统计图、折线图、饼图等，给课程埋下继续学习的伏笔。

3. 突出了概念的统计学含义

"平均数"是统计课，也是概念教学，本节课的亮点在于它突出了以概念为本的教学理念，再加上"数学王子"张齐华的精彩演绎，成就了一个经典案例。平均数是反映一组数据集中趋势的统计量，但常规教学在这方面体现甚微，而本课重点恰恰在关注如何突出反映平均数这一数据代表的统计学含义。导入部分"1分钟投篮比赛"虽然简单，但易于引发学生对平均数的"代表性"的理解：是用一次投篮投中的个数、几次投篮中的某一次投中的个数，还是用几次投篮的总数来代表整体水平呢？由于教师选择的几组数据经过了精心设计，同时各组数据伴随着教师的不断追问而依次呈现，分别让学生计算其平均数，实现了每一组数据的教学目标，使学生很好地理解了平均数的统计学意义。例如，先呈现小强第一次投中 5 个，然后追问："小强对这一成绩似乎不太满意，觉得好像没有发挥出自己的真实水平，想再投两次。如果你是张老师，你会同意他的要求吗？"这样就使学生直觉体验到：由于随机误差的原因仅用一次数据很难代表整体的水平，因此再给他两次投篮的机会。而小强的投篮水平非常稳定，三次都是 5 个。三次数据都是"5"，这是教师精心设计的，核心是让学生凭直觉体验平均数的代表性，避免了学生不会计算平均数的尴尬。同样的道理，第二组数据的呈现方式仍然先呈现一次，伴随着教师的追问："如果你是小林，会就这样结束吗？"这让学生体验出一次数据很难代表整体水平，但 3 个、5 个、4 个到底哪个数据能代表小林的水平呢？教师设计这些活动的核心是让学生体验平均数的代表性。接下来张老师利用直观形象的象形统计图，通过动态的"割补"呈现"移多补少"的过程，而不是先通过计算求平均数，这样就强化了平均数能刻画一组数据整体水平的直观理解，避免了思维定式。

在随后的深化板块中，教师借助学生的观察、比较、交流，从平均数的"敏感与易变性"(任何数据的变化都会带来平均数的相应变化)、平均数的"齐次性"(每组数据的相同变化，如都加 2，会带来平均数的相同变化，也加 2)，以及平均数的"均差之和为 0"的特性(即一组数据中各个数据与平均数的差之和为 0)，帮助学生从各个侧面丰富了平均数"反映一组数据集中趋势的统计量"的意义的构建，深化了学生对平均数内涵的理解与把握。

第三节　概率案例与分析

"概率"内容也是新课改后走入小学数学教材的内容，这部分内容与学生的生活更有天然的联系，教学时可以选取的素材特别丰富，对培养学生用数学的眼光观察世界、认识世界有重要作用。"概率"内容虽然丰富了统计与概率教学模块，但鉴于学生的年龄特征，很多事情尚不能正确判断，因此"概率"内容只在第二学段开设。

下面我们通过教学案例，具体分析图形的位置这部分内容，并给出相应的教学建议。

一、教学案例

【案例 3-4】四年级上册第八单元"可能性"

四年级学生开始主动探索未知的世界，强烈的好奇心使他们对世界充满了疑问，愿意通过自己的思考认识这个世界上的各种现象。小学数学的概率课就是从对事件"一定""可能""不可能"的判断中开始的。

可能性[①]

一、引入

同学们喜欢玩游戏吗？谁来说一说，都喜欢玩什么游戏？(学生汇报)下面老师和大家一起玩一个"猜一猜"的游戏。老师手里有一枚一元硬

可能性(一).mp4

[①] 授课教师：黑龙江省哈尔滨市香坊小学　李莉。

币,你们猜一猜硬币放在老师的哪只手里。

这枚硬币有可能在老师的左手里,也有可能在老师的右手里。所以本节课我们就来学习"可能性"。(教师板书)

二、新授

老师给大家带来了礼物,大家看一看是什么呢?(老师在布口袋里拿出黄、白、红乒乓球)现在老师这里有3个口袋,请大家看黑板(黑板上贴出用硬纸卡剪出的3个口袋),1号口袋装了4个红球2个白球,2号口袋装了3个黄球3个白球,3号口袋装了6个黄球。

师:老师特别想摸到黄球,你们建议我到哪个口袋里摸,为什么?

生:3号口袋里摸,因为3号口袋里装的都是黄球,一摸就能摸到黄球。

(教师板书:一定)

师:1号口袋里有黄球吗?为什么不建议我去1号口袋里摸?

(教师板书:不可能)

师:你们也不建议我去2号口袋里摸,那是不是说2号口袋里一定不能摸出黄球?你们想不想实际动手摸一下,看看到底有没有可能摸出黄球?

小组活动。

每6个人一组,给组长装3个黄球3个白球的口袋。在摸之前先说要求:①摸球的时候不许偷看,要按顺序摸,摸完后要放回袋子里。②摸之前组长要摇一摇口袋。此处提问:为什么要摇一摇?为什么摸完后要放回袋子里?

学生汇报摸的是什么颜色的球。汇报4组,这4组里装的都是3个黄球3个白球,老师在黑板上用磁扣根据学生的回答贴出相应颜色的圆。

师:我们来看这4组同学都摸到黄球了吗?

师:说明在3黄3白里摸,有可能摸到黄球,也可能摸到白球。那第几次能摸到黄球,你能确定吗?

生:不能确定。

师:老师刚才在放球的过程中做了点手脚,你们想知道吗?(拿出第5组装有2红2白2黄的口袋,展示给大家看球)

师:你们和刚才汇报的4组比一比,装的球有什么不同?那你们猜一猜,还有可能摸到黄球吗?说出理由。汇报一下你们组摸的是什么颜色的球?

教师再展示第6组,给大家展示球的颜色:发现黄球又少了一个,5白1黄。

师:同学们猜一猜,还有可能摸到黄球吗?说理由。(小组汇报)

师:如果袋里装10白1黄呢?100白1黄呢?1000白1黄呢?还有可能摸到黄球吗?

小结:只要有黄球在里面,不管几个,都有可能摸到黄球。

师:(指着5白1黄的口袋)把这一个黄球拿走,还有可能摸到黄球吗?

生:不可能。

师:像这样第几次摸到黄球不确定,但只要摸下去,总有一次能摸到黄球,数学中我们说有可能摸到黄球。

(教师板书:可能)

三、巩固练习

刚才我们通过摸球,认识了"一定""可能""不可能"。那么刚才是老师给大家装的球，现在你们想不想自己来装球？这球不是随便装的，有要求。

(1) 随意摸一个球，一定是绿球。

同桌说一说，你打算怎样装？学生汇报。师：怎样摸就一定能摸出绿球？还有不同的答案吗？

(2) 任意摸，不可能是绿球。

小组说一说，汇报。师：怎样装就不可能摸出绿球？

(3) 任意摸，可能摸到绿球。

你打算怎样装？(此处注意如果只装一个绿球，问学生可以吗？不可以，只装一个绿球就变成了一定)。

师：生活中我们经常会遇到这样的事情，有的事情一定会发生，有的事情可能会发生，还有的事情不可能发生，现在大家一起来看看(出示例 2，读要求后，让学生自己完成，可以小组讨论)。

四、课堂总结

本节课有哪些收获？

【案例 3-5】五年级上册第七单元 "可能性"

五年级学生对事情的判断开始有了理性思考，这时候对可能性事件的理解进入了量化的阶段，并且开始思索可能性大小对事件解决的影响程度。我们通过五年级的 "可能性" 案例来体会一下。

可能性[1]

可能性(二).mp4

可能性(二)~2.mp4

一、尝试发现

1. 创情置疑

师：课下交流时老师知道我们班的体育迷可真不少，你们都喜欢哪些体育运动？杜老师也非常喜欢体育运动，你们知道我喜欢什么体育项目吗？

生：踢足球。

师：(点击课件)的确，踢足球是杜老师喜欢的体育运动之一。你们看过足球比赛吗？知道裁判是用什么办法决定谁先开球的吗？

生：抛硬币。

师：(点击课件)的确，主裁判采用的就是抛硬币的方式决定谁先开球，抛硬币是一种最常用的方法，很多比赛都用它。你们觉得抛硬币公平吗？为什么？

生：公平……

师：你刚才提到了硬币的正面和反面，(点击课件)这里有一枚一元硬币。大家看，有数字的一面是(正面)，有菊花的一面是(反面)。

师：好，老师先来抛一枚硬币，你们猜猜看，是哪一面朝上呢？

师：选择正面的请举手；选择反面的请举手。

---

① 授课教师：黑龙江省哈尔滨市花园小学　杜良胤。

2. 尝试解疑

师：到底哪一面朝上能不能进行确定的判断呢？看来这是一种随机现象，今天我们就进一步来研究随机事件发生的可能性。(板书：可能性)

师：既然抛硬币有两种可能性，那你们猜一猜正面朝上和反面朝上的可能性各是多少？能用一个分数表示可能性是多少吗？(板书：正面朝上、反面朝上的可能性各是1/2)

二、探究形成

1. 交流讨论

师：刚才大家都认为硬币正面朝上和反面朝上的可能性都是1/2，这只是我们的猜想。(板书猜想)要想验证我们的猜想，该怎么办呢？

生：我们可以实验。

师：的确，实践是检验真理的唯一标准。下面我们就一起做一次抛硬币的实验。

师：(点击课件)老师为大家准备了实验器材都在组长那里，实验前，我们先来看大屏幕的实验要求(点击课件，见表3-2)。

(1) 抛硬币限时 2 分钟，抛硬币时用力摇晃 3 次，让硬币自然落下。

(2) 小组成员分工协作，一位同学做记录，其他同学轮流抛硬币。

表3-2　"可能性"1

我们组一共实验(　)次	出现的情况	正面朝上	反面朝上
	画正字		
	出现次数		

(3) 用画"正"字的方法分别统计相关数据，数出次数后，填入实验报告单中，如表3-3所示。

师：要求听清楚了吗？现在开始实验吧！

师：时间到了，请大家坐好。现在请每个小组选派一位代表汇报实验结果。

(课件出示电子统计表，根据学生的汇报教师填入数据)

表3-3　"可能性"2

小　组	总　次　数	正面朝上的次数	反面朝上的次数
1			
2			
3			
4			
5			
……			
合计			

师：现在我们来观察每个小组的实验数据。你们发现什么了？

生1：我发现第一小组实验正面朝上比反面朝上的次数多。

生2：我发现第三小组实验正面朝上比反面朝上的次数少。

生3：我发现第四小组正面朝上和反面朝上的次数差不多。

师：看来同学们观察得很仔细。同学们请看黑板，刚才我们猜想硬币正面朝上、反面朝上的可能性都是1/2。按我们的猜想推测：正面、反面出现的次数应该是一样的呀！难道我们的猜想错了吗？

生：次数少，偶然性就大。

师：是呀，由于我们实验的次数少，偶然性就比较大。不能证明我们的猜测是错的，那么我们看一看全班实验结果的总和。

师：正面朝上××次，反面朝上××次，我们根据总数据现场做一个统计图来观察观察。蓝色区域代表正面朝上的次数，紫色区域代表反面朝上的次数。你有什么发现？

生：从图上看正面朝上和反面朝上这两种可能性的大小差不多，它们都非常接近1/2。

师：如果我们再实验一千次、一万次，结果会怎么样呢？

生：会越来越接近1/2。

师：可惜，在课堂上我们的时间太少了，不能继续实验下去了，请有兴趣的同学回家后继续验证。

2．总结提升

师：在历史上有很多数学家也做过抛硬币的实验。这些科学家为了这个问题，实验了几千次几万次。你们想看吗？那我们一起来看一看他们实验的结果。(点击课件)

(课件出示几位数学家的实验结果，见表3-4)

表3-4　"可能性"3

单位：次

数学家	总次数	正面朝上	反面朝上
蒲丰	4040	2048	1992
德·摩根	4092	2048	2044
费勒	10000	4979	5021
皮尔逊	24000	12012	11988
罗曼诺夫斯基	80640	39699	40941

师：看了这些数据，你有什么感受？

生：这些数学家做了这么多次实验来验证，追求真理的精神真令人佩服。

师：是呀，希望同学们也有这样执着追求真理的精神。老师根据这些数据制成了统计图。你们从图中又有什么发现？

生：从这些科学家的实验结果可以看出，实验的次数越来越多，正面朝上和反面朝上的可能性越来越接近1/2。

师：可见，当的实验次数增大时，正面朝上的频率和反面朝上的频率就越来越接近理论值1/2。看来这和我们原来的猜测是一致的。

师：现在，你们认为用抛硬币来决定哪支球队先开球，公平吗？

生：公平。

师：同学们你们用自己的聪明才智验证了猜想(板书：验证)，真了不起，快为自己鼓鼓掌吧。(板书：公平)

三、联想应用

师：谢谢同学们。精彩的比赛总是给我们带来欢乐。你们看！有三名同学正想进行一次跳棋比赛。咱们还是采用抛硬币的方式决定谁先走吧。好吗？

生：不好，不公平……

师：你说得有道理。那老师有一个转盘，用三种颜色来代表三位同学，这次你们总该满意了吧。

生：不行。

师：为什么不行呢？

生：不公平。

生：转盘平均分成了四份，红色区域占了两份，黄色区域和蓝色区域只各占了一份，指针停在红色区域的可能性最大，是 1/2，而指针停在绿色和蓝色区域的可能性只有 1/4，所以转盘这样设计不公平。

师：大家都同意吗？那这个转盘应该怎么设计呢？谁有好办法？

生：如果转盘平均分成三部分，红色区域的可能性是 1/3，黄色区域的可能性是 1/3，蓝色区域的可能性是 1/3，三种颜色区域的可能性相同，那么指针停在每种颜色区域的可能性都相等，都是 1/3。

师：说得真好！是这样吗？

我们再来看一看这个转盘。指针停在这三种颜色区域的可能性各是多少呢？如果转动指针 100 次，估计大约会有多少次指针是停在红色区域呢？

师：你说得真不错。同学们你们玩过飞行棋吗？能说说怎么玩吗？

生：……

师：这两个同学也在玩，我们一起看一看。他们准备了两个骰子，要想游戏公平，你们选择哪一个？

生：正方体的。

师：为什么你们选正方体的骰子呢？

生：它六个面的形状大小完全相同，可能性一样，很公平。

师：为什么你们不选长方体的骰子呢？

生：长方体骰子有的面的面积大，朝上的可能性大，有的面的面积小，朝上的可能性小，不公平。

师：前面我们知道了，无论是抛硬币、转转盘、掷骰子，要想游戏公平，我们必须让每种可能性发生的概率是均等的，我们把这种情况叫等可能性。(板书：等可能性)

师：其实公平的游戏规则就体现了等可能性，这种等可能性体现在各项体育活动中，我们看概率史：概率主要研究随机现象，它起源于博弈问题。从古至今，人们对随机现象做了大量的研究，最终促成了今天的概率论与数理统计这门学科。它的产生与人们的实际生活有着密切联系，并且解决了许多科技发展中的问题，这门学科有着很强的生命力和广阔的发展前景……

【案例3-6】五年级上册第七单元 "可能性"

同样都是五年级的 "可能性" 课程，案例3-5以课本 "抛硬币" 为基础，重点在 "可能性的大小"；案例3-6则结合当时的社会大事，自创了一个 "谁来观看奥运会男子篮球决赛" 的情境，重点落在如何判断 "游戏公平" 上。两个案例同课异构，侧重点不同，但各有风采。到底有怎样的不同？下面让我们一起来看 "游戏公平"。

游戏公平[①]

游戏公平.mp4

一、创设情境

教师出示鸟巢图片。

师：请看大屏幕，这是哪儿？

生：(齐)鸟巢。

师：举世瞩目的北京奥运会圆满地结束了。去过北京，现场看过奥运会的请举手。没有人，的确，就是北京当地人也买不到奥运会的门票。我有一位朋友，知道我当年是学校篮球队的队长，就专门帮我找了一张男子篮球决赛的门票(出示篮球票)。只有一张。我儿子也是个篮球迷。孔子说："己所不欲，勿施于人。"怎么办呢？饭桌上，我和儿子商量。我儿子看到桌子上有一个啤酒瓶盖，就说："爸爸，我们抛啤酒瓶盖吧。如果正面朝上就我去，如果反面朝上就您去。"我说："儿子，什么是正面朝上？什么是反面朝上？"(出示瓶盖正、反面图片，并标注"正——儿子、反——爸爸")你们想一想，(板书：问题)这个办法好不好？认为好的举手。

(学生纷纷举手表示认可)

师：为什么好？谁能说一下，你是怎么想的？

生1：我觉得是靠命运决定的，所以公平。

生2：我认为是公平的，因为儿子的机会是1/2，爸爸的机会也是1/2。

师：1/2，就是这个瓶盖抛起来的时候，可能是正面朝上，也可能是反面朝上，只有两种可能，(板书：可能性)并且抛一次的话，一定会有一面朝上。所以说这是公平的。有没有不同的想法？

生3：我认为在现实生活中会有所争议，因为啤酒瓶盖打开过，会有一定的折痕，会影响最终的公平性。

师：你想得很好，不过我们选的啤酒瓶盖如果就是平的，好像就没问题了。用抛啤酒瓶盖的办法，刚才大家都说好。现在在他的启发下，有没有人认为不好？

生4：我认为瓶子盖的反面那一圈是折起来的，这一面的重量会比正面的重量大，所以爸爸胜的可能性比较大。

师：能用 "可能性" 这个词很好。同意这个观点的同学请举手。

(部分同学同意)

师：看来现在有两种意见了。

(生3一直坚持举手，最终获得了发言机会)

[①] 授课教师：北京市第二实验小学 华应龙。

生：我认为，瓶盖上的锯齿也会影响比赛的结果。

师：经过刚才的讨论，我们发现问题(指板书：问题)，用抛啤酒瓶盖的办法来决定谁去看比赛，究竟公平不公平呢？答案不一致。怎么办呢？

生4：做个试验呗。看一下到底有没有问题。

师：非常好！做个试验来看一看到底公平不公平(板书：试验)。有这样的想法非常好。实践是检验真理的唯一标准，试验一下。

同学们，我还真给大家准备了啤酒瓶盖，在组长那儿，请大组长将装有瓶盖的水杯分给每个小组。(学生按要求分瓶盖)想一想，就试验一次行吗？(不行)需要试验很多次。假设我们试验10次的话，你觉得我们试验以后是怎样的数据才能支持我们刚才的判断？(板书：数据)不要说，只要想。然后根据数据，可以得出一个结论，推断用啤酒瓶盖究竟公平不公平？(板书：推断)

我建议：做的时候(拿起装有瓶盖的水杯)，可以上下使劲晃动三次(教师边说，边动手演示)，然后看一下，是正面朝上还是反面朝上。怎么记呢？在表1里，"正面"记着"1"，"反面"记着"0"，并数出合计数填在括号里(见表3-5)。

表3-5　"游戏公平"1

1	2	3	4	5	6	7	8	9	10		
										正面	反面
										( )次	( )次

二、组织研讨

(学生分工合作，动手操作，小组汇总后汇报)

生1：我试验之后发现，正面有3次，反面有7次。我推断反面的次数比较多。

师：反面次数比较多是你们小组统计出的结果，能作出什么推断呢？

生2：可以说爸爸赢的概率比较大。

师：你们同意吗？(同意)对，我们做试验的目的是要解决问题的。刚才的问题是用抛啤酒瓶盖的办法到底好还是不好。现在我们能得出一个推断——不好，爸爸赢的可能性要大一些，不公平。还有不同的结果吗？

生3：我们组试验的数据是正面5次，反面5次，我们觉得这个办法是公平的。

师：根据她的试验结果，你同意她的推断吗？(同学们纷纷点头)

生4：我们试验的结果，正面没有一次朝上，全是反面。

师：你只说了试验的现象，没有说你的推断。

生4：所以我推断是爸爸赢定了。

师：现在我们有三种意见了，第一种是认为反面朝上的可能性大，第二种是反面朝上、正面朝上的可能性相等，第三种是反面一定朝上。还有不同的吗？

生5：我们试验的结果是反面8次，正面2次，所以我们得出的推断是爸爸赢的次数多，所以这个游戏不太公平。

师：还有正面朝上的次数多，进而推断出正面赢的可能性大的吗？

生6：我们做的试验数据是，正面7次，反面3次。所以我们推断出儿子赢的可能性比较大。

师：我们的结论太丰富多彩了。现在回过头来看，我们碰到一个问题，通过试验可以得到一些数据，根据不同的试验数据可以得出不同的推断(板书：问题—试验—数据—推断)。因此，准确地说，我们小组的推断只能说是"可能这样"。(同学们点头同意，教师在"推断"后板书"？")

师：通过各小组试验10次，全班没有形成统一意见，我们又该怎么做呢？

生1：可以用举手表决的方法，就是根据试验，同意一个观点的举手，哪一个的可能性大，哪一个举手的人就多。(有几个同学附和，举手同意)

师：请大家想一想，这个问题能用举手表决的办法吗？是你认为怎样就怎样的吗？

生：(纷纷摇头)不是。

生2：全班合计，反面的次数合计一共多少，正面的次数合计一共多少，合计起来看哪个总数比较多，就能作出推断。

师：试试看，六个大组分别先合计四个小组的，填在表2(见表3-6)里。

表3-6 "游戏公平"2

	正 面	反 面
1号		
2号		
3号		
4号		
合计		

各组合计后，按组汇报，教师输入汇总表(见表3-7)。

表3-7 "游戏公平"3

	正 面	反 面
1	10	30
2	13	27
3	12	28
4	6	34
5	7	33
6	12	28
合计		

师：我们看看各大组得出的数据，能看出什么？

生1：反面赢的可能性一定大于正面。

众生：同意。

师：当试验的次数比较少的时候，偶然性就比较大。当试验的次数多一些的时候，本来的面目就表现出来了，隐藏的秘密我们就看到了，我们就看到一个规律(板书：规律)：啤酒瓶盖反面朝上的可能性大。为什么反面朝上的可能性比较大呢？请同学们观察思考。

生：(沉默)

师：(出示踢毽子图)

生1：毽子的羽毛下面有皮圈，会增加重量，和瓶盖的道理是一样的。

生2：正面重，所以反面朝上的可能性就大。

师：(频频点头)我在备课的时候，问过一位博士，他觉得反面朝上的可能性会大，但是大得不会太多。但是我们试验的结果？

生：大很多。

师：(满意地微笑着)通过试验我们知道用抛啤酒瓶盖作出这样一个决定是不公平的，因为啤酒瓶盖不均匀(板书：均匀)。那我们抛什么才公平？(板书：游戏公平)

生：抛硬币。

师：那请说明一下，为什么抛硬币就公平？

生1：硬币是均匀的，两面都有花纹。

生2：抛骰子。

师：骰子有六个面，抛一次的话，怎么决定谁赢？

生2：谁大，就决定谁赢。

师：怎么决定谁大呢？

生2：点数大。

师：抛两次当然能决定谁大。就抛一次，怎么定规则？

生3：抛到双数就是儿子赢，抛到单数就是爸爸赢。

师：行吗？

生4：有1/2的可能。

师：抛到单数的情况有——

生：1、3、5。

师：双数有——

生：2、4、6。

师：所以说，各有1/2的可能。

生5：骰子是由红色和蓝色组成的。如果根据颜色不同，是红色就是儿子赢，是蓝色就是爸爸赢。(大部分学生附和"行，行！")

生6：红色只占骰子的2/6，蓝色占骰子的4/6。

(教师不作声，出示大骰子，让学生观察，生5发觉自己的想法不好)

师：如果这样确定，大于3，儿子去；小于3，爸爸去，行不行？

生：3算不算？　师：3不算。

生：不行！　师：怎么不行呢？

生 1：因为小于 3 的只有 2 个。

生 2：大于 3 的有 3 个，4、5、6，小于 3 的有 2 个，所以不公平。

师：就抛一次的话，还可以制定出很多公平的规则。但必须有个前提条件，那就是骰子必须是均匀的。如果说让你来判断一个骰子是否均匀，你有什么办法？

生：抛一下。

师：我还真给大家准备了两种骰子，一种骰子是均匀的，另一种骰子是不均匀的，但不知道哪种是均匀的，哪种是不均匀的。1、2、3 组是一种骰子，4、5、6 组是另外一种骰子。每个小组抛 15 次，记录下来分别是几点，然后我们简单统计一下，只统计"1"点几次，"6"点几次，因为这两个点正好在相对的两个面上，记在表 3(见表 3-8、表 3-9)里。

刚才我们已经有经验了，次数少了不能说明问题，所以小组做完后，大组要将四个小组的数据合计起来。记入表 4(见表 3-10)。

请组长将骰子分给四个小组，把瓶盖换成骰子。注意：要上下使劲晃动 3 次。

(学生操作，并汇报。教师根据学生汇报填表)

师：请看着我们试验的数据，你能不能得出什么推断？

生 1：我们组每次抛的都是"6"。

师：就像开始抛啤酒瓶盖，有的小组 10 次都反面朝上，但是我们能不能得出结论？

生 1：不能。

生 2：1、2、3 组的骰子是均匀的，4、5、6 组的骰子是不均匀的。

表 3-8 "游戏公平" 4

1		2		3		4		5		合计(次)	
6		7		8		9		10		"1"	"6"
11		12		13		14		15			

表 3-9 "游戏公平" 5

点数 对象	"1"	"6"
1 号		
2 号		
3 号		
4 号		
合计		

表 3-10 "游戏公平" 6

点数 小组	"1"	"6"
1 组	8	10
2 组	6	14
3 组	14	9
合计	28	33

续表

点数 小组	"1"	"6"
4组	13	7
5组	15	11
6组	12	9
合计	40	27

师：他的结论你们同意吗？28和33也不一样呀？

生：差距比较小。

师：第二组呢？

生：差距大。

师：我们就作出推断，4、5、6组的骰子，可能是不均匀的。想知道谜底吗？（学生们迫切地、兴奋地期待："想！"）

师：1、2、3组的骰子和4、5、6组的骰子是一样的，都是我从商场买回来的同一种规格的骰子。（大部分脸上表现出困惑的神情）不过，4、5、6组的骰子，我在"6"点上加重了，哪一面朝上的可能性大？

生："1"点朝上的可能性大。

师：这说明我们的试验成功了！掌声祝贺！

三、课堂总结

师：刚才有同学问我，最后究竟谁去看篮球比赛呢？你们想知道吗？

生：（齐）想！

师：（出示课件："正——儿子，反——爸爸"的图片）我儿子已经是复旦大学二年级的学生了，他是知道啤酒瓶盖反面朝上的可能性大的。想到这一点，我心里特别幸福：有这样的儿子真好！我把啤酒瓶盖给我爱人，请她抛了一次（学生们好奇地等待）。

师：正面朝上！

师：不是反面朝上的可能性大吗？为什么呢？

生1：儿子的妈妈做手脚了，把反面加重了。

生2：虽然反面朝上的可能性大，但是正面朝上的可能性也不是没有。所以说这只是一次偶然。

生3：随机性。

（教师不做评价，无声出示李宁商标——"一切皆有可能"）师：正因为"一切皆有可能"，一个啤酒瓶盖让我们玩得那么起劲，充满了兴趣；正因为"一切皆有可能"，我们的生活才丰富多彩，充满了希望，充满了情趣。

抛啤酒瓶盖来决定是不公平的，抛硬币是公平的。不过你想想，就是用硬币来抛的话，它的结果一定是一个赢，一个输，结果是不公平的。那抛硬币来决定，公平的是什么呢？

生1：因为硬币的两面是均匀的，所以我觉得抛硬币是公平的。

生2：公平的是获胜的概率。

师：佩服！可能性相等就是公平的（在"可能性"后接着板书：相等）。也就是说，机会均等就公平。正因为这样，盛大的奥运会上，很多比赛项目都是通过抛硬币来作出一些决定，请看画面——

(播放北京奥运会上乒乓球、羽毛球、足球、网球等比赛开始时，裁判抛硬币的录像，背景音乐是北京奥运会主题曲《我和你》。"下课了！"孩子们依依不舍，不愿意离开课堂)

二、教学建议

1. 要从客观的角度理解"可能""一定""不可能"等词语

本节课在学生举例上，容易把自己的主观感受带入对事件的判断中，如"我妈妈做的饭一定好吃""我妈妈明天一定给我买个新书包"之类，这对于心智尚未成熟的儿童来说是正常的。这时可以让大家交流讨论，看看是否所有的学生都能正确理解"一定"的概率学含义：一定发生的是客观事件，不以人的意志为转移。教师要在充分讨论的基础上点破那层窗户纸，使学生对"一定"的概率学含义有深刻的理解。

2. 要让学生带着思考做实验

"可能性"课堂，要不吝时间让学生在较长的时间里进行实验，但是要注意在这些实验中，学生不是被动操作，而是主动地思考：做这个实验能得到什么结论？实际上，学生已有一些生活经验，这些经验是学生学习的基础，但其中往往有一些是错误的。逐步消除错误的经验，建立正确直觉是教学的一个重要目标。要消除学生错误的经验，自然而然需要实验帮忙，于是做实验"水到渠成"。因此可以通过做实验，运用频率去估计概率的大小，从而对实验结果进行比较，这不但使实验变得很有必要，并且能够帮助学生澄清一些误解。

3. 要学会通过数据进行推断

为了呈现"随机"的特征，需要在课堂上做实验。让学生做实验，但不要让学生带着先入为主的"结论"，即不能仅仅依靠理性分析使学生体会等可能性。课程标准修订组组长史宁中教授在《"数据分析观念"的内涵及教学建议》一文中指出："我们赞成做实验，赞成运用统计的思想来做实验。统计是通过数据来获取一些信息，来帮助人们作出一些判断。同样是掷硬币的问题，在统计上就会这样设计实验：先让学生多次掷硬币，计算出现正面的比例(频率)，然后用频率来估计一下出现正面的可能性是多大。如果这个可能性接近的话，就推断这个硬币大概是均匀的，这是统计的思想。"

因此，要让学生体会到做实验不是为了验证结果，而是"经历实验—得出数据—数据分析—猜测结论"的过程，体会到数据所带来的火热思考，当我们对所研究的问题所知不多时，可以收集数据来帮助我们推断，这正是实验的价值所在。这样的活动多经历几次，学生会逐渐认识到数据的价值，就会越来越"亲近"数据。实际上，运用数据帮助人们进行推断，在现代社会中有着广泛的应用。从小让学生通过实验体会到数据的作用，对于学生树立数据分析观念是非常有益处的。

三、教学评价

1. 浅显的游戏，不浅显的感知

摸球、抛硬币都是概率课堂上常规的游戏活动，简单易于操作是它们的共同特征，每次安排这样的活动，教师都要赋予它们确定的要求。四年级"可能性"中的反复摸球，让学生们对"一定""可能""不可能"有了深刻的感知，不仅是从表面上得到结果，而且是深层次思考为什么会出现"一定""可能""不可能"三种不同的结果，在追问的过程中思考数学的原因，同时历练了数学语言的精准性，体现了表达的严谨和思维的缜密。五年级"可能性"利用抛硬币游戏完成了对可能性大小的感知，体验了事件发生的可能性以及游戏规则的公平性，目的不同，实验的要求也就不同，对实验数据的分析加深，对猜想—验证的体验更充分。能把简单的内容讲得不简单，是教师过硬的教学基本功的表现。两位年轻教师敏捷的思维、简练的语言、恰到好处的启发、对教材准确的把握，值得师范生学习。

2. 精巧的设计，精彩的教学

用"精于哲思，悟透课堂"来描述华应龙的教学是再恰当不过的。首先是研究的问题自然发生：一张球票，父子两人谁去观看？其次是研究的方法自然选择：饭桌上商量，自然用啤酒瓶盖来选择。但是接下来就不简单了，"公平"是最基本的前提，为了让学生深刻理解"游戏公平"的丰富内涵，不仅需要实验活动，更需要教师引导学生去思考，而"一切皆有可能"成为"游戏公平"内涵最经典的解读。本节课以问题指向核心问题为主线索，先是由啤酒瓶盖的"不均匀"追求"均匀"，后是由现实的"不公平"追求理想的"公平"，这样的课堂教学线索很好地促使了学生逐渐认识什么是"游戏公平"；另外，在板书"问题—实验—数据—推断"中引导学生不断深入主线索。在问题的提出方面，如"反面次数多是你们小组统计出的结果，能作出什么推断呢？""根据他的实验结果，你同意他的推断吗？""由正面朝上的次数多，进而推断出正面赢的可能性大吗？"这些问题不仅瞄准了学生"数据分析观念"核心素养的领悟，也引出了学生思考的延续和精彩表现。

此外，本节课不仅数学探究韵味十足，自始至终对"公平"进行理性思考，而且全课浸透浓郁的爱，父亲爱儿子欲转赠球票；儿子爱父亲故意选择小概率结果；结果揭晓时可能会神秘地藏着母亲对儿子的爱。这些设计富含人文色彩，使课堂散发出迷人的魅力。

本章小结

本章主要介绍了统计与概率的教学内容结构及常见的关键词，重点阐述了统计与概率教学策略，提供了一系列统计与概率的教学建议及教学视频资源，希望能帮助同学们尽快适应这部分内容的教学。

思考题

考点链接

在教师资格证及教师编制的考试中，通常会出现填空、选择、辨析、简述与论述题目。请看真题(见图 3-4)。

材料分析题：教师资格证考试题(2017年上半年)。

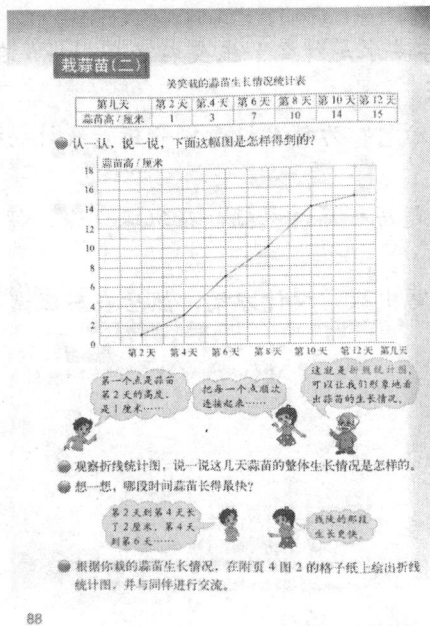

图 3-4　教材——栽蒜苗(二)

如图 3-4 所示，根据上述材料完成以下任务。

1. 请列出在"统计与概率"学习时涉及的三种统计图，并分析三种统计图的特点。

2. 拟定教学目标。

3. 依据拟定的教学目标，设计课堂教学环节。

知识巩固

一、填空题

1. 小学数学中的概率内容安排在第二学段，包括_____和可能性两部分。

2. _____是小学统计课程内容的第一条主线，掌握必要的_____、_____、_____和分析数据的方法是统计课程内容的第二条主线。

二、选择题

1. (　　)是从统计的角度来理解平均数的意义。

　　A. 移多补少　　　　　　　　B. 总数÷份数

　　C. 虚拟的数字　　　　　　　D. 反映数据的集中程度和中间水平

2. 义务教育阶段学生学习"统计与概率"的核心目标是培养学生的(　　)。

　　A. 数据分析观念　　　　　　B. 统计观念

　　C. 随机观念　　　　　　　　D. 数感

3. 条形统计图有利于了解统计量的(　　)。

　　A. 变化趋势　　　　　　　　B. 比例大小

　　C. 数量多少　　　　　　　　D. 数据特征

4. "平均数"这个概念是属于(　　)。

　　A. 数的概念　　　　　　　　B. 数的运算的概念

C. 数的关系的概念　　　　　　　　D. 统计学概念

三、论述题

1. "统计与概率"的教学要求是什么？主要内容有哪些？在第一、第二学段学习的"统计与概率"内容有什么不同？

2. 什么是"数据分析观念"？为什么说数据分析是统计的核心？

实践活动

1. 以视频说课内容为课题写一篇说课稿，在班级说课、评课，然后收看视频说课，再评课。

2. 选择统计与概率内容写出教学设计方案，然后在班级试讲、评课。

第四章　综合与实践活动教学

学习目标

➢ 明确综合与实践活动教学的内容。
➢ 了解综合与实践活动教学的关键词。
➢ 掌握综合与实践活动的教学策略。
➢ 能够设计综合与实践活动教学案例，开展有效的教学活动。

重点与难点

➢ 理解综合与实践活动教学要点及策略。
➢ 领会综合与实践活动教学案例设计意图。

导入案例

在一堂题为"解决问题策略"的实践活动课上，老师板书后提问：我们这节课应该收获什么？

生 1：解决问题的方法。

生 2：解决问题的思路。

师：策略就是一种方法，但高于方法，是一种谋划，是一种思路。要想找到策略，还要发现问题，在解决问题的过程中寻找到策略。所以今天我们要完成两个任务：经历一个过程，找到一个策略。

师：经历过程，就要发现问题。

老师拿出一张纸"变魔术"，自称为懂数学的魔术师。与现场找到的学生助手一起表演撕纸。

"刺啦、刺啦"两声后，一张纸变成几片？

然后老师明确告知学生："刺啦"是信息，几片是答案，过程就是思维。那是几片呢？

学生纷纷猜测：

生 1：四片，第一次撕开后，重叠两片纸，再撕就是四片。

生 2：三片，一次从纸上撕下一片，两声"刺啦"后一共有三片。

师：同样的信息，因为方法不同，得到了不同的答案。有谁错吗？没有，有的问题不再是一个答案了，在不同的情况下产生不同的答案。这让我们的思维更丰富。

师：如果我们四片四片地撕，我们能撕出 2020 片吗？2019 片呢？2018 片呢？

师：老师介绍一位高人给你们，他就是华罗庚先生。华先生说，要知难而"退"，退、退、退到事物的起点，最简单的地方，在渐进的过程中去寻找事物的规律。退不是简单的退，是解决问题的策略。

一位优秀的教师永远懂得怎样去调动学生的学习兴趣，教会学生运用自己的思维去破解问题，感受到知识给予人的价值，并时时刻刻发挥着学生作为学习活动策划者、组织者和共同成长者的作用。综合与实践活动教学的每一节课都在考验着我们是不是这样的教师，是否能成为这样的教师。下面让我们一同领悟综合与实践活动中具有实操性的教学观点和教学实践吧！

第一节　综合与实践活动教学概述

综合与实践活动出现在课标和教材中只有20年的时间，是数学教学内容中"最年轻"的一员，在每册教材中只有两到三节的内容设置。综合与实践活动的课程任务与其他单元的任务不同，不仔细研究的教师容易教偏。那么，这样的内容为什么要进入数学教学中来呢？它的课程价值有多大，需要我们关注哪些问题呢？究竟应该如何进行教学？本章将带领大家共同走进综合与实践活动模块，一起寻找答案。

一、综合与实践活动教学内容结构

当你分析综合与实践活动部分的教材、拟订课时授课计划时，一定想知道本课学生已有的知识基础是什么？其训练要点是什么？这些知识与活动训练之间存在怎样的联系？需要锤炼哪些活动经验？下面将以北师大版小学数学综合与实践活动模块的教材为蓝本，以表格的形式，用最短的篇幅，带领你快速通览全套十二册教材，如表4-1所示。

表4-1　北师大版小学数学综合与实践活动内容结构

册数	课题	训练要点
一上	淘气的校园	运用20以内的数和加减法解决简单的实际问题，进一步感受各种形体的特征(初步的空间观念和反思意识)
	一起做游戏	能从游戏中获取数学信息，体会学过的立体图形的特点，能用20以内的数的加减法来解决游戏中的问题，尝试寻找取胜策略
一下	分扣子	了解分类需要的标准，不同标准下结果不同(提高把握图形特征、抽象出多个图形共性的能力以及整理数据的能力)
	填数游戏	根据数独游戏改编的填数游戏(分析推理能力)
二上	班级旧物市场	利用学过的加减混合与乘除法知识解决旧物买卖和等价交换的问题，能正确付钱、找钱，解决实际问题

册数	课题	训练要点
二上	寻找身体上的数学"秘密"	让学生找到"身体上的尺子",加深对米和厘米这两个度量单位的认识。获得自己一拃、一步、一庹的长度后,能估测一些物体的长度(应用意识和估算意识)
二下	上学时间	为统计内容的学习,如数据分析的意识和体会数据的随机性积累活动经验。提升"时、分、秒"的学习内容
	"重复"的奥秘	通过观察思考,体会简单的"重复"规律。第一次设置独立课节引导学生探索规律。感受规律存在的广泛性
三上	校园中的测量	选择合适的测量工具和方法在校园中开展测量活动
	搭配中的学问	在两类不同对象之间进行搭配,属于排列组合问题中比较简单的组合类型的问题(按一定顺序思考解决问题)
	时间与数学	探索并解决与日历有关的实际问题,发现规律,初步感受集合思想,体会时间与数学的密切联系
三下	小小设计师	设计徽标,体会对称与不对称的区别,进一步理解轴对称图形的特点(空间想象能力、创新意识、审美意识)
	我们一起去游园	综合应用"乘除法"等知识解决实际问题,感受列表策略在解决问题中的作用(分析能力、综合运用知识解决问题的能力)
	有趣的推理	运用表格、尝试、操作等解决问题的策略进行推理,发展推理能力
四上	滴水实验	提出解决问题的思路,制定简单方案(应用意识、实践能力、节水意识)
	编码	探索数字在编码中的具体含义,体验编码中的一些规则和方法,会运用数字描述某些事物的特征,进一步理解数的意义,建立数感(数表示编码,没有大小和运算的情况)
	数图形的学问	生活中将现实问题抽象成数图形的数学问题,利用多样化的画图策略解决问题,是简单的排列组合问题(几何直观、有序思考、发现规律)
四下	密铺	经历探索平面图形密铺的活动,复习学过的图形知识,能进行简单的密铺设计,初步了解平面图形可以密铺的道理(初步的空间观念)
	奥运中的数学	通过"奥运"信息,解决体育赛事中的实际问题(综合运用小数加减和估算、观察物体、解题策略的多样化)
	优化	从优化的角度解决"沏茶""烙饼"等简单的实际问题,初步体会运筹思想(应用意识和合理安排时间的意识)

册数	课 题	训练要点
五上	设计秋游方案	根据所学知识，设计秋游方案，积累活动经验(收集数据与处理数据)
	图形中的规律	探索"摆三角形"和"点阵"中的规律
	尝试与猜测	借助"鸡兔同笼"这个载体，体会解决问题的一般策略——列表
五下	"象征性"长跑	设计"跑向北京"的象征性长跑的活动方案，提高收集数据和处理数据的能力
	有趣的测量	体会立体图形和它平面展开图之间的关系，能正确判断平面展开图所对应的简单立体图形(空间观念)
	包装的学问	利用表面积等有关知识，探索多个相同长方体叠放后使其表面积最小的最优策略(优化思想)
六上	反弹高度	观察球从高处落地后反弹的现象，从中探索实践问题，经历收集数据解决问题的过程
	看图找关系	从纵轴和横轴所表示的意义来认识图表，从中获取信息，分析、表达某些量之间的关系，体会函数思想
	比赛场次	通过列表、画图发现规律，体会解决问题的策略("从简单的情形开始寻找规律"的策略、列表、画图的策略)
六下	绘制校园平面图	理解并综合运用图形位置、测量、比例、数据收集等知识，积累"从头到尾"思考问题的经验
	神奇的莫比乌斯带	认识莫比乌斯带，会将长方形纸条制作成莫比乌斯带，初步体会莫比乌斯带的特征
	可爱的小猫	在方格纸上(直角坐标系背景下)体会用"数对"的变化进行图形的放大和缩小的方法

　　表格中的内容是北师大版小学数学十二册综合与实践活动模块的训练要点的分布情况。其内容遵循了从易到难、从生活到实践的编排规律。虽然它没有像知识领域那样，明显展示出螺旋式上升的知识递进状态，但却在学生解决问题过程中强化了使用的方法和策略，并且不断重复出现、不断丰富深化，提高了学生应用知识与经验解决问题的效率，培养了学生的应用意识和实践能力。

二、综合与实践活动教学的关键词

　　综合与实践活动模块在教材中占比最小，教学难度最大，为什么要在传统的小学数学教学内容中添加这一部分？它有什么作用？教学中应突出什么？了解到以下关键词，便会得到答案。

1. 应用

应用：使用；直接用于生活或生产的，[1]也指技能、知识、概念及理解在实际情境中的运用。应用能给予学生自觉调动储备的空间。

数学实践活动课不是以学知识为主要任务的课程内容，"实践是检验真理的唯一标准"是实践活动课的课程本质。在学生应用数学知识的过程中，可以考查数学知识积累的程度，查看数学知识理解的水平，以及为了解决问题灵活应用数学知识的能力。因而，在问题情境的破解过程中，学生应该具备以问题解决为导向、在自己的知识体系中自觉检索以供解惑所需知识、构建问题破解的思考逻辑、有效组合相关信息、最终形成对问题的翔实阐述和理性说明的能力。

2. 经验

经验：亲自实践而得的知识或技能。经验可以增强学生的实战能力。

在教学过程中，教师要充分利用学生已有的生活经验及学习经验，逐步完成各个学段的课程内容。

第一学段：通过实践活动，感受数学在日常生活中的作用，体验运用所学的知识和方法解决简单问题的过程，获得初步的数学实践活动经验。

第二学段：通过应用和反思，进一步理解所学的知识和方法，了解所学知识之间的联系，获得数学活动经验。[2]

3. 体验

体验：参与特定的数学活动，主动认识或验证对象的特征，获得一些经验。[3]通过实践来认识周围的事物；亲身经历。[4]体验往往指第一次的接触或体会，是积累经验的必经过程。体验是展示学生独特心理历程的平台。

作为教师也应该常常扪心自问：学生们经历了什么，我们知道吗？如果能回答这个问题，说明教师已经成功地打通了走进学生内心的通道，更看重经验获取的过程，更在意每个生命的表现，更凸显原始内心的动向，那么直达灵魂的教育才能就此开启。

通过综合与实践活动，帮助学生创生出"学数学、用数学、亲近数学"的情感，培养学生科学研究的素养和理性精神。教师必须掌握"应用""经验""体验"这3个关键词。

你还要拓展对关键词的理解吗？

---

[1] 中国社会科学院语言研究所词典编辑室. 现代汉语词典修订本[M]. 北京：商务印书馆，1997：1514.

[2] 中华人民共和国教育部制定. 义务教育数学课程标准(2011年版)[M]. 北京：北京师范大学出版社，2012：20，26.

[3] 中华人民共和国教育部制定. 义务教育数学课程标准(2011年版)[M]. 北京：北京师范大学出版社，2012：72.

[4] 中国社会科学院语言研究所词典编辑室. 现代汉语词典修订本[M]. 北京：商务印书馆，1997：1241.

反思当下的实践活动课，学生在经历活动后，不仅检阅了自己知识的储备和灵活运用的能力，也考验了解决问题的方法和策略的掌握情况。但在问题的产生—分析—尝试—破解的流程中，教师们容易忽视的是学生的内心经历和感受。而这种心理变化对问题真正破解起到的决定性作用，是课程的最大价值所在。在教师的明着放手暗中支持里，给予学生独立完整体验问题求索的全过程，学生的主体力量"复活"了，他们会不计成本地投入更多的精力和实践，会在经历挫折后，更有效地积累自我管理的经验，在与同伴的研讨交流中，懂得听取意见，懂得取舍退让，懂得百折不挠，懂得自我对话……获得满满的精神财富。

三、综合与实践活动的教学策略

从理论的角度理解和认识综合与实践活动的教学很容易，但课堂是一场"实战"，检验所有的理解和领悟。课堂设计中需要关注什么？用怎样的方式去践行？请你仔细品读，并自觉与前几章的教学策略加以对照，感悟差异，定位综合与实践活动的教学之策。

(一)创设情境，利于激发兴趣

创设情境是新一轮课改后，数学教材的一项重大改革。情境的铺垫在数学和现实世界之间搭建了桥梁，既能让学生体会到学数学的价值，也能激发学生学数学的兴趣。实践活动课的创设情境的宗旨与其相同，并放大了这个功能。

只有正确领悟教材给予教师的方便，才能创造性地二度开发教材，使之成为为教学目的服务的有用之材。那么教材的实践课情境设计的目的是什么呢？

1. 查找儿童世界的接口

能触动儿童的就是能让他们感兴趣的人和事构成的世界。这里有他们熟悉的真实世界生活，也有能调动他们兴致的虚拟世界中的故事和人物。熟识感和亲切感拉近了学生与学习之间的距离，学生会为学习投入更大热情，带来更大的学习收益。

比如，北师大版一年级上学期教材的实践课"淘气的校园"，在学生们对学校生活最新奇的阶段，可以通过数学活动促使学生们进一步了解校园，对学校产生感情。

北师大版二年级上学期实践课教材"寻找身体上的数学'秘密'"则是引导学生在自己最熟悉的身体上体验长度单位的存在，并能借助身体记忆基本长度单位的常识，积累认识单位、应用单位的经验。

由于教材提供的实践活动课的内容有限，许多区域的教研部门会引导教师自行开发相关内容，充实到实际教学中去，以弥补教材的不足。教师们习惯采用童话故事的人物或情节、学生喜欢的游戏、扑克牌一类的器具等，也就是从学生亲近、熟知的事物入手，在课程伊始就让学生自觉自愿地投入进去。

2. 走进成人世界的桥梁

学生的校园生活的一个很重要的任务是用他们的眼光和立场了解周遭世界，这里也包括看似遥远的成人世界。在学习、辨识、批判和融通后，逐渐形成和发展他们的人生观、价值观、世界观。实践活动课在一定意义上而言，就是学生对接成人世界，走进成人世界，认知成人世界。

北师大版四年级实践课"编码"，就是从学生们并不熟悉的身份证入手，了解数字不仅可以表示数量和位置，还被赋予了一定的意义，成为具有特定含义的符号。"奥运会中的数学"一课的研究背景直接触及世界级瞩目的体育赛事，也是让学生敞开心胸，走入一个新领域的过程。五年级下学期"包装的学问"、六年级上学期"比赛场次"，都是从学生身边生活中截取事例，把学生带入他们熟悉的生活中去，一起重新审视自己的经验，发展自己的认知能力。

教材提供的素材给予教学的设计者极大的便利，只要好好领会，就能在"活化"教材时，激发学生更多的热情，留下难忘的课堂印迹。

3. 敞开科学研究的窗口

数学作为理科的基础，培养学生的理性思维是学科教学的共同目标。除却在知识学习的过程中培养学生学会有理有据有序地思考，也应在实践活动中，为学生提供完整锤炼思维的时机。教师在查看学生的思维现状后，可以给予适时的指导。

北师大版四年级上学期"滴水实验"、六年级上学期"反弹高度"等实践课都是通过学生自主实验，动手操作、观察、记录、分析，体验到数学研究的缜密与严谨，数学求证的理性和深刻，对于学生来说是一种全新的学习体验。四年级下学期"优化""密铺"等实践课则是在已有的数学研究成果中，让学生再次经历"浓缩"的研究历程，体会到重要的数学方法、策略，感受到数学研究的神奇。

4. 截取文化传承的片段

每个学科都有其独特的发展历程，也在发展中形成了比较稳定的思想方法，构建成学科的文化世界。学科教学中所涉及的文化的传递和熏染，都是对学生高质量、高水平学习的一种指导。

(二)自主经历，培养责任意识

数学的实践活动课是为了检阅学生的学习效果。那么课堂的教学形式和效果测评就不再与知识传授的新授课相同。教师更大程度地放手，学生更多地依靠自我努力和小组合作是实践课学习方式的重要表现。教师的作用只在于分享独到见解，分享优秀团队，在全体学生无法破解问题时，适时地点清问题，推动活动进程。

1. 完整经历思考问题的全流程

北师大版教材三年级上学期"校园中的测量"、五年级上学期"设计秋游方案"、六年级下学期"绘制校园平面图"等实践课内容都应该由学生独立思考，进行设计，合作完成。

学生独立面对要解决的问题，需要从头开始组建起问题的解决流程：发现问题—提出问题—分析问题—解决问题。如果学生能自主构架起完整的流程，就说明他对解决问题的思路是完整而清晰的，这已经是成功的一半了。如果在每个环节都能解释清楚"是什么""怎么想到的""还能怎样改进"，那几乎就是教师培养出的最佳典范了。小学生的思维还处于具象思维的阶段，对于抽象的、理性的思维不擅长，需要通过长期的训练获得。实践活动课给了学生知行合一的机会，教师需要更加珍视让学生锻炼自己全盘思考的重要契机，即使学生思想不全面，也能在同伴分享和老师强化时进行再度学习与弥补，达到实践课培训的目标之一。

2. 完整经历活动体验的全过程

教师不应只顾及上课时间，忽视学生能力锤炼的最佳时机，一味地提示有可能出现的问题，将学生思维限定在只能是正确的道路上，没有给予学生"犯错误"的机会，学生就永远不可能在挫折和失败中学会成长。

3. 完整经历复盘反思的激增期

数学课标中指出：不同的人在数学上得到不同的发展。这是对学生个性化的学习赋予了极大的尊重。实践活动课就是以展示学生个性化的思维表现为亮点。教师要安排一个重要环节——活动反思。学生在经历实践活动过程的基础上，自然会形成对解决问题或活动过程的独特认识和体验，因而要十分重视为学生提供交流和展示的平台，分享学生群体的智慧。通过老师搭建的平台，一方面可以引导学生评价多样态成果，分享其精华；另一方面也可以引导学生回顾整个行动过程，找出自己的优缺点，总结活动感悟。经过教师的重点点拨，让学生意识到个体的横向差别，体会到不同的思考视角，增强解决问题的能力，感受遭遇问题的不同态度，见识更多的方法，学会静下心来去读懂别人，学到超越活动之外的更多东西。

(三)探究过程，凸显数学味道打磨

各个学科的实践活动课都有着学科烙印，负载着学科教育的任务。若是在学习活动中丧失了学科的味道，就丢失了学科教育中最重要的一个板块。数学学科的实践活动课程，应该突出什么味道呢？

1. 体现数学标志的客观观察

数学的标志，不仅有解决问题时遵从发现问题—提出问题—分析问题—解决问题的整个思路框架，还渗透于各个细节中，比如从信息的判断、收集和整理开始，就应该体现出数学思维、数学方式和方法的应用。在探究过程中，分析方法上的观察、比较、分类、类比、推理、抽象、归纳等；呈现方式上的列表、画图、数形结合、小论文、思维导图等；思考策略上的枚举、转化、符号化、化繁为简、极端情况切入等。每种方法在解决问题的环节中使用，都是为了更好地追寻问题的破解，更有理有据地阐释问题的来龙去脉，用更客观、更清晰的方法呈现问题的解决流程。这就是具有数学标志的客观理性的做法。

2. 体现数学标志的智力挑战

如何让学生们在课堂上超越日常生活中简单的快乐，变成享受一场深层次的思维挑战的盛宴，已成为教师们面临的巨大挑战。

好的课堂让我们看到了学生在教师引导下，放弃了原始粗放的思维方式，变得冷静和理性十足，思维严密，层层递进，智慧的火花在彼此的激发和碰撞下光芒四射。学生们不断挑战着自己的思维极限，尤其是在教师点石成金的评价中，意识到自己的思维价值，一次次地刷新着认知纪录，得到进一步成长，对今后的研究思考产生了深刻影响。

(四)组织素材，体现统整跨界意识

"跨界"从字面意义上看，指的是"跨越一定的边界"。信息时代，在互联网的迅猛冲击下，传统的社会架构正在分崩离析，传统的专业"边界"正日渐模糊，"跨界"思维激发和席卷着众多新技术新产品，渗透进一个又一个传统产业，改变着人们身边的社会。

美国首先提倡的 Steam 课程也有异曲同工之妙，它融合数学、科学、技术、工程、艺术等多学科知识技能，是重实践超学科的教育概念。这种教育观念是基于坚信：任何事情的成功都不仅仅依靠某一种能力的实现，而是需要多种能力融合。这些类型的课程被称为跨界学习。

2016 年《中国学生学习发展核心素养》文件出台，核心素养中必备品格和关键能力的落实也离不开大综合式的跨界学习，在较为真实与开放的问题情境下，引导学生跨越原有学科，跨越校园生活的边界，甚至超出已有的知识能力储备，为了破解问题向外界学习，用混合式(线上与线下组合)的学习方式，促进深度学习的实现，这也成为教育发展的必然趋势。教师具备跨界意识和跨界教学的能力，才能胜任发展学生核心素养的时代重任。

跨界学习向教师发起挑战，教师只有从教学观念到知识能力储备全盘更新换代，打破原有的"舒适地带"，走上敢于自我革新的艰辛而漫长的路途，从学科实践活动课教材入手，在课堂上尝试适度地整合，逐渐开放尺度，才会在师生双方探索的适应中，接近真正的学科跨越乃至飞跃。

面对急剧变化的世界，数学学科在实践活动课上作出了应对，学习素材不论是教材提供的内容，还是教师自行创编的内容，均努力拓宽着学生认知世界的视野，提升着学生应用价值的认识，锻炼着学生解决问题的思维能力，使其积累起更丰富、更灵活的活动经验。作为课程的组织者就需要让素材尽可能多地包容更多的领域、更真切的现实，用综合性素材负载这些功能。

鉴于教师的精力有限，素材的创编应从小处着眼，向教材动刀。

1. 加宽

加宽是指在教材的基础上补充更宽阔领域的内容，拓宽学生对世界的认知渠道。比如"看图找关系"一课，利用统计图表读懂数据之间的关联，作出更好的判断和预测。如果止步于此，学生对统计图表的认知和使用是冰冷的，与自己无关的。有人说"一幅图胜过千言万语"，图表没有生命，但使用图表的人是有动机、有立场、有意图的，也就是说，知识最终是为人服务的。统计图悄然间改变了什么？商家的智慧在哪里？一系列深入图表背后的研讨，将学生拉进了火热的思考当中，切实体味到数学为聪明人服务的巨大优势，养成冷静看待问题的好习惯。

2. 加长

加长是指拉长学习时限，让一节课的短暂热度持续燃烧，带给学生更持久的活动体验。学生一旦把单一的知识置于社会大背景下，知识的意义将以几何倍速递增。"小小设计师"是学生对于对称图形应用性的实践探索。一节课即使教师设计得再精彩，准备得再充分，也不如将对称图形的收集与鉴赏作为一个长时段研究的主题抛给学生。通过指导学生多领域收集，并对典型图案进行文化性分析，让学生领悟到科学性与人文性合二为一时，美的

高品位就出现了。

3. 加厚

加厚是指借助教材提供的素材做基础，融入相关学科的内容，让学生遭遇的问题越复杂，越具有挑战性，就越能激发起学生的参与愿望。"绘制学校平面图"一课学习比例尺后的实践课，如果单纯绘制平面图，只需要考虑到实际校园中教学楼、操场、花坛的位置关系，以及占地图形的实际长度与绘制图纸上图形的大小关系，还是一个纯粹的数学范畴里的活动。如何把它改造成"制作校园沙盘模型"就不仅需要上述知识，还需要考虑工程和美术方面的知识。在分组完成过程中，对学生分工合作、沟通交流等方面的能力也是一种锻炼。

跨界学习淡化了学习边界，通过整合、开放、灵动、生活化的教学行为，培养学生实践能力和创新思维，同时也丰富了学生网状知识结构，顺应时代的趋势和社会的需要。

第二节　综合与实践活动教学案例与分析

当你理解了综合与实践活动模块教学的相关理论和观点之后，就一定能凭借这样的理论和观点正确评价实践活动课，设计出合格的教案，撰写出讲课稿了吗？理念和实践是怎样对接起来的？怎样将静止的教材活化成动态的课堂教学流程呢？请你仔细品读下面的案例，体会结合具体的课程内容，看一看怎样开展实践活动课的学习活动，促进学生综合素养的发展。

一、教学案例

【案例4-1】北师大版二年级(上册)"寻找身体上的数学'秘密'"

在学生认识了厘米和米，建立了厘米和米的表象，能够以厘米和米为单位测量和估测物体长度的基础上，教材提供了丰富的实践操作活动，引导学生认识"身体尺"，量出"身体尺"的长度，学会选择合适的"身体尺"测量周围物体的长度，感受数学与生活密切相关，培养学生初步的估测意识和估测能力。

寻找身体上的数学"秘密"①

一、激发兴趣，引入新知

1. 回顾旧知识

师：同学们，我们已经认识了哪些长度单位呢？测量一个物体的长度要用到哪些测量工具呢？

2. 激趣揭题

师：老师有一项特殊的本领，不用测量工具就可以测量出物体的长度，你们相信吗？(当

寻找身体上的数学"秘密".mp4

---

① 授课教师：辽宁省沈阳市沈河区朝阳一校　孟宁宁。

场试验)你们知道老师是用什么方式测量的吗?

师:我们身体上都携带着很多把"小尺子",用这些"小尺子"来测量物体的长度非常方便,你们想知道是哪几把"小尺子"吗?今天,我们就一起来研究一下我们身上的"小尺子"(板书课题)。

【评析】:新课伊始,设计悬念,引发学生强烈的好奇心和求知欲,让学生初步感知"身体尺"在生活中的应用,激发他们的学习兴趣。

二、实践操作,探究新知

1. 猜一猜

师:猜一猜,课题中老师为什么要在"小尺子"这几个字上加引号?

(预设:这些"小尺子"不是真正的尺子,却能像尺子一样帮助我们测量物体)

师:你们身上还有这样的尺子吗?找找看。

(预设:双臂长、脚长、步长、身高、掌宽、指宽、单臂长……)

(教师相机板书:一拃、一脚、一步、一庹、身高、一拳)

师:今天我们就来重点研究这六种"尺子",你知道一拃、一脚、一步、一庹、身高、一拳是如何规定的吗?

2. 认一认

(1) 出示图片,结合图片,让孩子们认识"身体尺"。

师:请大家认真观察图片,从哪儿到哪儿是一拃长呢?

(预设:手指用力伸开,大拇指指尖到中指指尖之间的长度)

(2) 比出你的一拃长感受一下。

(3) 用同样的方法认识其他的"身体尺"。

一庹(读作 tuǒ):两臂平伸,两个中指指尖的距离。

一步:步行时,两个脚尖之间的距离。提示:要像平时走路的样子迈开步子,步幅不能故意加大或减小。

一脚:脚尖到脚跟之间的长度。

一拳:从大拇指的第二关节沿着其他手指的第三关节绕一周的长度。

身高:垂直站到地面时,从头顶点到地面的距离。

【评析】:学生在前面的学习中,已经接触到了一些"身体尺",但那只是一种初步的了解,有的学生并不知道"身体尺"是如何规定的。通过课件让学生看直观图的演示说明,再让他们亲自比画一下,有利于他们形成正确、深刻的记忆。

3. 量一量

(1) 交流测量方法。

师:你们想知道自己的"身体尺"有多长吗?请大家先静静地想一想,怎样才能把这些"身体尺"量准呢?先以"一庹长"为例,一起来想想。谁想好了,可以到前面来演示一下。

(预设:测量"一庹长"至少需要三名同学配合。测量时,还要注意:米尺要拉直,手臂要伸直,0 刻度要对准手指尖)

师:我们找到了测量一庹长的方法,那你们会测量其他"身体尺"了吗?虽然"身体尺"不同,但是测量方法一样。

(2) 测量"身体尺"长度。

师：接下来，我们就 4 个人一组，量一量自己的"身体尺"的长度，量完之后记录在自己的任务单上。组长负责分工，比一比哪些小组速度快、效率高。

【评析】：在合作测量之前，先引导学生讨论测量方法，在学生不断解决测量困难的过程中，让学生掌握测量的方法，并体会到合作的重要性。

4. 比一比

(1) 小组汇报测量结果。

(2) 观察测量结果谈发现：大家的测量结果一样吗？我们来猜一猜这些数据分别是谁的？你是怎么猜出来的？还有什么发现？

(预设：每个人的"身体尺"都不一样。随着同学们身体的长高，我们的"身体尺"还会发生变化。我们的身高和一庹长比较接近。我们拳头一周的长度和脚长很接近……)

小结：我们身上的"小尺子"还有许多秘密，感兴趣的同学可以课下交流。

【评析】：通过组织"比一比"的活动，让学生通过观察比较的方法初步感知"身体尺"各部分之间的关系，并顺势引导感兴趣的学生课下继续研究，激发学生的学习兴趣。

三、实践应用，内化新知

(1) 揭秘老师的"本领"，学习用"身体尺"测量的方法。

师：现在，你们能揭秘老师身上的本领了吗？

(预设：以一个人测量为主，保证数据的准确性，多出来的部分可以换成一种"身体尺"继续量，然后用数据估一估)

师：你们想不想挑战一下，用自己身上的"小尺子"来进行测量？

(2) 布置合作要求。4 人一组，先选择身边的物体，然后分工合作测量，共同完成第二张任务单。

(3) 进行实地测量。

(4) 展示测量结果。

(5) 估一估：怎么知道多长的？(估算：取整)

(6) 议一议。

师：刚才测量的时候，你们有时用一庹，有时用一拃，怎么选择用哪种身体尺来测量呢？

(预设：得看物体的长度。选择合适的"尺子"很重要)

小结：同一物体可以用多种"身体尺"去测量，通常比较长的物体，我们会用"庹"去量，比较短的物体可以用"拃"来量，比较长的地面长度可以用步测，比较短的地面长度可以用脚测。弯曲物体的长度适合绕在拳头上测量。总之，要选择既方便又合适的"身体尺"去测量。

【评析】：在实践操作中，让学生感受使用"身体尺"的好处，以及选择合适的"身体尺"的重要性，并培养了学生的估测意识。

四、课堂总结

师：这节课我们学习了哪些知识？你有哪些收获或者体会要和大家分享呢？

师：其实，在我们身上还有许多"身体尺"。例如，我的"食指宽"是一把 1 厘米的"身体尺"，我的手掌宽是一把 8 厘米的"身体尺"。身体尺还能帮助我们解决什么问题呢？向大家推荐一本数学绘本《我家漂亮的尺子》，在这本书中你会认识更多的"小尺子"，感受到数学的神奇，欢迎大家课后继续去研究、探索！

【评析】：通过启发学生回顾、思考，给予学生继续学习和研究的空间，激发学生继续探索数学的兴趣。

板书如图4-1所示。

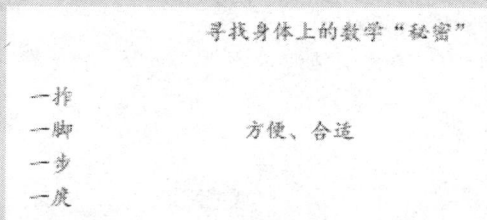

图4-1 "寻找身体上的数学'秘密'"

【案例4-2】北师大版四年级(下册)"密铺"

学生的生活背景不同，需求也就天然地存在着差异。学校的教学怎样做到既能面向全体，又能关注个性呢？结合"密铺"一课的教学案例，一起去体会吧！

密铺①

密铺.mp4

一、情境激趣，体会密铺

师：有人说蜜蜂是天才数学家兼设计师，你们知道是为什么吗？我们来看看这张蜜蜂巢穴图片吧。

巢房是由一个个正六角形的柱状房室对称排列组成的。这些蜂巢组成底盘的菱形的所有钝角都是 109° 28′，所有的锐角都是 70° 32′。后来经过数学家们的计算，这是消耗最少的材料，制成最大的菱形容器的形体。因此著名的生物学家达尔文赞叹蜜蜂的巢房是自然界最令人惊讶的神奇建筑。

人类是最善于学习的动物，在城市建设中人们也借用了蜜蜂的智慧，选择用正六边形地砖平铺在地面上，生活中还有许多类似的情况，墙砖和地砖花式种类有很多很多(课件图片)，你思考过为什么要这样将图形拼在一起呢？

生1：铺墙砖和地砖就是为了不让原来的墙壁和地面露出来，就用很多同样的长方形、正方形瓷砖拼接在一起。

生2：这些长方形或正方形瓷砖需要一个挨一个拼在一起，才能没有空隙。

师：上面这几幅图，每幅图都由多个相同的图形没有空隙也不重叠地拼接在一起，在数学里有个专门的名词，就叫密铺。

(板书课题：密铺 无缝隙 不重叠)

【评析】：创设与生活密切相关的情境，蜂巢的话题吸引了学生的注意力，针对生活中利用密铺行为的反思，激发了学生的学习兴趣。教师采用引导学生观察、比较和交流的方式，挖掘学生的生活经验作出初步推断，揭示出概念的内涵，达到理解密铺的含义的目的。

---

① 授课教师：辽宁省沈阳市沈河区朝阳一校 王霞。

二、动手实践，探究规律

1. 置疑定向，开启探究

师：这节课我们研究在简单图形的密铺中深藏的秘密。我们的数学课上不去考虑因生产和运输不便被放弃的情况，单纯从图形的角度看，那首先需要确定下来的是哪些基本图形可以密铺？

生1：长方形、正方形、正六边形可以密铺。

生2：我们已学的三角形、平行四边形、梯形、圆形都能密铺吗？

生3：圆形不能密铺。

生4：到底哪些图形能密铺呢？

生5：为什么有的图形能密铺？有的图形不能密铺？

……

师：从刚才的发言可以看出，有两个问题同学们非常关注，一个是哪些图形可以密铺？另一个是图形密铺的原因是什么？接下来我们就重点研究这两个问题。

【评析】：教师没有替代学生思考，把研究对象的选择权交给学生，学生从过往的生活经验和学习经验中去寻找，使得后续对密铺特点的探究是沿着学生思维路径拾级而上。这样顺势而为，既凸显了找准学生的认知起点，也关注到了学生个体差异，丰富了学生思考的完整性、缜密性和深度。

2. 分工合作，尝试验证

师：除了长方形、正方形和正六边形能密铺外，我们以前认识的这些平面图形能密铺吗？（课件出示：三角形、平行四边形、梯形、正五边形、圆形、椭圆形）

(1) 探索用一种大小相同多边形密铺。

师：请大家分组合作，先设计好验证步骤，用自制的学具进行验证(要求小组选一两种图形验证)。

小组自由拼摆。

学生汇报。

生1：圆形和椭圆形这样的曲边图形不能密铺。

生2：三角形、平行四边形能密铺。

生3：梯形和正五边形不能密铺。

生4：我发现为了无缝隙和不重叠，梯形和一般四边形需要一颠一倒地拼在一起才能密铺。

生5：我发现正五边形拼接点处，三个角拼少了，四个角拼又多了，虽然缝隙小，但是还是做不到密铺，原来我以为它能密铺。

【评析】：教师放手让学生经历了提出问题—尝试验证—解决问题的数学化过程，通过操作直观地得出三角形和四边形都能密铺的结论。直观释疑也为下文探究能密铺的原因埋下了伏笔。

(2) 推想用两种多边形图形密铺。

师：那我们怎样才能让正五边形也能拼接密铺呢？

生：那就再增加一种平面图形，只要能满足最后拼接处没有缝隙、不重叠的要求就行。

师：这位同学的回答给了我们一个新的启示，是什么？

生：密铺的图形不一定是用同一种平面图形，可以是一个，也可以是多个，只要满足密铺的条件就可以了。

3. 顺势深究，找寻根源

师：通过动手我们发现有的图形可以密铺，有的图形不能密铺，那图形能密铺的原因到底是什么？与图形的什么要素有关呢？

生1：可能和图形的边有关，图形的边必须是直的。

生2：不同意！那为什么正五边形就不能单独密铺？

生3：应该和图形的角有关。

师：看来从图形边这个要素研究不好确定，那我们就从角这个要素来认真研究吧。打开书，观察"交流反思"第一题，想一想，看看有什么发现？(教师适时地引导学生观察拼接点处有几个角)

生1：我们小组密铺的基本图形是锐角三角形，我们发现拼接点处有六个角，相当于是两个三角形的所有角，一个三角形的内角和是180°，两个三角形的内角和就是360°(一般四边形、梯形学生汇报略)。

……

生×：看密铺图形拼接处的所有角之和是不是 360°。

【评析】：教师给学生提供了充分的数学思考的空间，从经验判断到实操验证，从直觉判定到合情推理，这种真实的思考、理性的思维，才是数学学习最需要经历的，也体现了核心素养背景下的课堂从"以对话为中心的课堂"到"以问题为中心的课堂"的理念。

三、联系生活，赏析评价

师：密铺知识不仅应用在地砖、瓷砖的建筑行业当中，利用密铺的平面设计和艺术创作随处可见，它们给我们的生活带来了享受和惊喜，让我们一起感受一下吧！(课件)

【评析】：综合与实践活动提倡拓展，主张延伸，强调数学知识与现实生活的联系。教师以赏析的方式让学生由一种图形单独密铺到由几种图形组合密铺，再到不规则图形也能密铺的拓展，是向"数学好玩"的教学目标"激发兴趣，渗透思想，启迪思维、积累经验"迈出的坚实一步。最后通过密铺数学史的展示，让数学文化彰显魅力，提升学生的数学意识，陶冶数学情操。

【案例4-3】北师大版五年级(上册) "尝试与猜测"

在数学学习中对于研究方法的学习是重要的学习内容。用列表的方法呈现出研究问题过程中最常见的枚举法是"鸡兔同笼"教学的目标之一。枚举法的名词说着陌生，实则学生们也会在理解问题时常常应用，让学生体会如何使问题的解决从最基础开始，一点点逼近结论？如何将这个过程清晰地一步步显示出来？如何能更加灵活快捷？让我们一同从下面的案例中寻找答案吧！

尝试与猜测——鸡兔同笼[①]

一、创设情境，引入新课

师：我们先看大屏幕，默读这些信息，看过这些信息，能谈谈你的感受吗？

生1：我们中国人很了不起！

尝试与猜测——
鸡兔同笼.mp4

---

① 授课教师：辽宁省沈阳市沈河区文化路小学　王凡。

师：是一种由衷的赞叹。

生 2：我们古代在数学方面就很先进，领先国外数学的发展有很多年。

师：说出了自己的心声。

师：在古代，我国的数学就已取得了极高的成就，我们在自豪与钦佩之余，更要留意历代数学家们走过的路，那是一条不断求索的路，这节课我们来共同研究一道古代数学问题，看看我们会有怎样的发现与收获？鸡兔同笼(板书课题)。

【评析】：依靠数学自身的魅力创设了一种情境。唤起主体的学习欲望，收集了很多数学史料，在收集数学史料、再现这些数学史料的过程当中，学生们感受到了我们中国古人研究的那种成就感。在激起他们民族自豪感的同时，实际上也是在彰显数学自身的魅力。通过数学自身的魅力和收集的数学史料来激发学生学习数学的兴趣。

二、自主探究，发现策略

师：如果只看题目，你能理解它是什么意思吗？

生：鸡和兔在同一个笼子里。

师：我们来看一段关于它的资料介绍：鸡兔同笼问题最早记载于距今大约 1500 年前《孙子算经》一书中，原书的记载是这样的："今有雉兔同笼，上有三十五头，下有九十四足，问雉兔各几何？"(大屏幕)

师：书中原载的是文言文，能用自己的理解来说说它的意思吗？

生：鸡和兔关在同一个笼子里，从上面数有 35 个头，从下面数有 94 条腿，问：鸡和兔各有多少只？

师：我们的理解准确吗？

生读：有若干只鸡和兔在同一个笼子里，从上面数，有 35 个头；从下面数，有 94 只脚。求笼中各有几只鸡和兔？(大屏幕)

师：面对这样复杂的数据问题，老师用一些简单的数据来替换，这是研究复杂问题的一种方法。我们再看。

生读：笼子里有若干只鸡和兔。从上面数，有 8 个头；从下面数，有 26 只脚。求笼中各有几只鸡和兔？(大屏幕)

师：从题中你获得了哪些有价值的信息？

生 1：鸡和兔共有 8 只，鸡的脚和兔的脚共有 26 只。

师：还能知道些什么？

生 2：一只鸡 2 只脚，一只兔 4 只脚。

师：同样是读同一道题，读懂的深度是略有不同的。

同学们，这道古代数学题，你能先自己尝试着解决吗？(给自己的做法起个名字写到黑板上)汇报交流自己的解题思路。

(1) 列表法。

师：借助列表的形式，逐一举例试数的方法，在数学研究中我们把它叫作枚举(板书)。

师：为什么想到中间取？同样是列表法，有什么不同？这样找有什么好处？

生：逐一列举，麻烦。而从中间取的时候，可以缩小列举范围，减少列举次数。

【评析】：在自主探究的过程中，老师把问题交给学生，让学生们自主来解决。老师和学生共同探究出枚举法。

(2) 方程法。

学生汇报:

解: 设鸡 X 只, 兔为 8-X 只

2X+4(8-X)=26

X=3——鸡　　8-3=5(只)——兔

师: 所列的等量关系是什么?

生: 鸡的腿数+兔的腿数=26 条腿(板书)。

【评析】: 除了枚举法学生还探究出了方程法。用固有的知识来有效地解决问题。

(3) 假设法。

学生汇报 A: 8×2=16(个)　　26-16=10(个)　　10÷(4-2)=5(只)—兔　　8-5=3(只)—鸡 (板书)。

师: 这种方法听懂了吗? 没想到这种方法的同学请举手, 谈谈你对这种方法的理解? (略)

师: 有什么问题要问的吗?

生 1: 为什么在假设全是鸡的情况下, 得到的却是兔子的只数?

生 2: 为什么数差相除就是兔的只数。

师: 假设笼中全是鸡, 则腿的总数是 8×2=16 个, 这与题中所给的 26 条腿相比少了 10 条腿, 用一只兔子来替换成一只鸡, 就会少两条腿。看少的 10 条腿包含几个 2 条腿, 就是说有多少只兔子被替换成了鸡。

现场采访: 刚才那位汇报的同学, 你是怎么想到这种方法的?

生: 我是在补课班学到的这种假设方法。

师: 按照这样的思路, 我们还可以怎样做?

学生汇报 B: 8×4=32(个)　　32-26=6(个)　　6÷(4-2)=3(只)—鸡　　8-3=5(只)—兔(板书)(假设笼中的全是兔, 则总脚数是 8×4=32 个, 这与题中所给的 26 条腿相比多了 6 条腿, 用一只兔子来替换一只鸡就会多两条腿, 多的 6 条腿中包含几个 2 条腿, 就是说有多少只鸡被替换成了兔子)

【评析】: 学生探究出了假设法, 那么假设全都是鸡的时候, 总共头的差数除以腿的差数求出来的到底是什么对学生来说是个难点, 也是个关键。最后到底老师该在什么地方点拨, 什么地方追问, 涉及老师的教学策略。老师需要在重点处、难点处、需要在生成提炼概括处加以指导。

(4) 画图法。

师: 课前, 老师在低年级小同学那还学到了一种新方法, 想知道吗?

(大屏幕: 先画头和脚, 再按鸡生脚, 补足脚差数, 鸡兔见分晓)

这种方法能理解了吗? 说说你的理解和感受。

生 1: 低年级的同学这种方法很生动, 可以很清楚地找到问题的答案。我觉得很有趣。

生 2: 这种方法的确可以解决问题, 但是我们在遇到较大的数据时, 用这种方法会很麻烦。

师: 借助这种方法你能更好地理解假设法了吗? 给这种方法起个名字?

生: 画图法。(板书)

师：利用数字和图形的巧妙结合来解决问题，这就是数学中的数形结合的思想。

师：在前面列表的方法中能看到假设法的身影吗？

生：在逐一列举的时候，我们列举了可能出现的各种情况，其中假设法就出现在极端数据的情况中。

【评析】老师还提供了低年级用的画图法。实际上，数形结合的方法是一种非常好的解决方法，也是一种很重要的方法。老师如果再深化研究会更好。

师：同学们能用不同的方法来解决同一个问题，老师感受到大家思维的活跃，我们来比较一下这些方法，你更喜欢哪一种方法呢？说说喜欢的理由。

生1：我喜欢假设法，因为假设法可以很快地算出问题的答案。

生2：我喜欢方程的方法，因为方程的方法在思考时只需要找到等量关系式就可以了，比较容易想出列式。

生3：我喜欢画图的方法，我就是用这种方法做的，虽然画图很麻烦，但是我觉得很直观，看起来容易懂。

……

师：将听懂的新方法先在小组内进行交流，再用新方法来试着解决这道鸡兔同笼的原题，能做了吗？（自由做并汇报，大屏幕显示）我们能在自己原有的方法上，再多了解一种新方法，增添一分新的学习体验，让它成为一种经验，我们就多了一分学习的力量。

师：不单是我们，早在1500年前，聪明的古人就给出这样一种有趣的解法，想知道吗？（大屏幕显示）默读信息。

师：古人是怎样想的？把我们的理解在组内先交流一下。古人的这种解法特别在哪里？你有怎样的感受？

生1：在鸡和兔的只数各减少一半的情况下，每只兔比每只鸡多两条腿，多的腿数差对应的就是兔的只数。

生2：古人很聪明，他们想到的方法我们现代人都没有想到。

生3：我给古人的方法起个名字，叫抬腿法（板书）。

师：看来，我们在解决问题时少不了数学家的一种本领——奇思妙想（板书）。

师：鸡兔同笼仅指鸡和兔吗？鸡兔同笼问题在古代流传到了日本演变成了"龟鹤问题"。（大屏幕）

三、拓展延伸，解决实际

鸡兔同笼问题的解决方法为我们提供了一种解决生活中类似问题的参照。

租船问题：刘老师带37人一起去公园划船，共租8条船，大船乘6人，小船乘4人，大船、小船各租了几条？

师：这和鸡兔同笼问题有联系吗？说说有什么联系？

四、课堂总结

师：现实生活中，我们经常把鸡兔关在同一个笼子里吗？这节课我们是在研究什么问题呢？

生：我们是借助鸡兔同笼问题的学习研究一种解决问题的方法。

师：给同学们带来一种启示，在数学研究中，我们应该学会掌握多一些解决问题的策略，积累解决问题的经验，为我们今后的数学研究服务。

最后，老师想将这样一句话送给在座的每一位热爱数学的同学们。(大屏幕：在不断的反思、追问中形成一种新的智慧)

板书如图 4-2 所示。

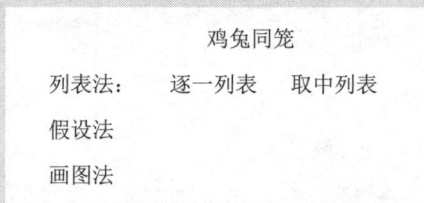

> 鸡兔同笼
>
> 列表法：　逐一列表　取中列表
>
> 假设法
>
> 画图法

图 4-2　"尝试与猜测——鸡兔同笼"

【案例 4-4】北师大版五年级(下册)"有趣的测量"

俗话说，操作是思维的体操。做中学是儿童学习方式中更加有效的一种方式。长方体体积的公式推导过程就是通过实验操作、直观观察、思考分析得到结论的。如何加深学生在操作过程中的经验和见识，让学生的思维从固有模式中走出来，思考更复杂、更宽泛的问题呢？一起来看看"有趣的测量"一课是如何解决这个问题的吧！

有趣的测量①

一、创设情境，提出问题

师：同学们，本学期我们已经学习了关于体积和容积的知识，并且已经掌握了长方体和正方体的体积公式，现在，老师手里有一块橡皮泥，它的体积怎样求？

有趣的测量.mp4

生 1：可以捏成规则的物体，再测量它的长、宽、高，算出体积。

生 2：也可以把它浸没在水里，用水的体积变化表示它的体积。

提出问题：(出示钢笔水瓶)它的体积也能用刚才的方法求出来吗？

生：不能了，而且墨水瓶本身是个形状不规则的物体，只能放入水中来解决了。

师：今天这节课，我们就一起研究像墨水瓶这样不规则物体体积的测量(板书课题)。这个墨水瓶的体积我们又该怎样才能知道？你能想到什么方法？请同学们先独立思考，再在小组内交流一下(学生思考、交流)。

学生汇报。动脑思考是好习惯，认真倾听同样也是好习惯。在同学汇报时，请你思考，他们的方案对于你有什么提示？你还有什么要补充的？能不能用一个等式把你们组的方案表示出来？

生 1：水溢出的方法(V 物体=V 水溢出)。

生 2：水上升的方法(V 物体=V 水上升)。

生 3：水下降的方法(V 物体=V 水下降)。

【评析】：一上课就拿出橡皮泥，它既不是长方体也不是正方体，怎样来计算？根据学生的学习经验，孩子有的说可以捏成各种学过图形的形状，计算完成。也可以根据体积

---

① 授课教师：辽宁省沈阳市沈河区文化路小学　袁春鹏。

的意义，通过测量上升水面的体积得到。墨水瓶体积的问题，就迫使学生抛弃原有的直接计算的策略，拓宽思路去寻求其他解决问题的办法。用数学自身的思考力度来唤起学生学习的欲望。

二、动手实践，探索方案

师：下面我们就根据大家想到的这几种方案，设计测量一下这个墨水瓶的体积究竟是多少。测量时需要注意什么？

生1：物体要完全浸没。

生2：注意读数时视线要与水面最低处平行。

生3：测量时要注入整数体积的水，既方便读数，又能减少误差。

师：同学们想得真周到，老师也有几点提示与大家分享，请看屏幕。

(1) 实验前：制定测量方案，明确分工。

(2) 实验中：轻声交流，注意安全，保持卫生。

(3) 实验后：整理结论，回顾反思。

学生小组合作：请小组内同学首先讨论制定测量方案，并填写报告单，然后开始测量。(教师发现不同的情况要及时引导学生解决活动中出现的问题)

小组汇报(一个同学汇报，组内同伴演示实验过程)。

测得墨水瓶的体积是多少？板书三种方案测得的数据。

师：同样的墨水瓶测得的结果不相同，你有什么想法？三种方案比较中择优，水上升的方法在理论上误差最小。想更精确，我们可以多测量几次取平均值。老师在课前运用水上升的方法多次测量后得到墨水瓶的体积大约为115立方厘米。

(教师评价时关注：引导学生分析误差产生的原因：①不同的方法误差产生的原因；②同一种方法产生误差的原因。通过分析使学生思维逐渐趋于严密、精准，从而初步树立起科学研究的严谨和周密的精神)

【评析】：在自主探究的过程中，老师引领学生明晰了探究的思路，和学生共同制定了方案，有了方案之后再共同探究来解决问题，避免了学生盲目地操作和实验。动手操作是促进学生思维趋于严密的重要手段。学生从开始空想求体积的办法，到实施前的步骤策划，都是思维不断深入的过程。只有真正地动手去实施，才是检验思维是否合理、策略是否可行的"检测仪"。

师：请大家注意观察，这几种方案有什么相同之处？

生1：都用到了水来测量。

生2：都是将不规则物体的体积转化成可测量的水的体积。

师：在数学中我们把这叫"等积变形"，这也是数学中转化思想的应用。我们还有哪些知识运用到了这种转化的数学思想呢？

三、拓展延伸

1. 均为悬浮或上浮物体

请选择桌面上1~2个喜欢的物体，就运用这种转化的思想进行测量。遇到什么困难了吗？你是如何解决的？

生1：将上浮物体系上一个重物来测量。

生2：将上浮物体埋入沙子中，运用沙测法。(板书)

2. 微小物品

老师这里有一粒黄豆，怎样知道它的体积？你有什么好的方法？

生1：可以放在量筒里测量。

生2：用整百粒放入量筒中，看液面上升的刻度，然后除以整百数，就是一颗黄豆的平均体积。

【评析】：形体的变化，目的在于逐步加大思维难度，让学生们不断挑战原有思维，并在这个过程中不断丰富解决问题的经验，丰富了解决问题的方式方法，达到了思维跃进的目的。

四、课堂总结

我们今天运用转化的思想解决了不规则物体体积的测量问题。但今天课上测量的都是相对较小的物体，更大的物体的体积该如何测量呢？这个问题就留给同学们课后继续思考解决吧！

板书(如图4-3所示)。

有趣的测量——不规则物体的测量

水测法　水溢出的方法。(V 物体=V 水溢出)

水上升的方法。(V 物体=V 水上升)

水下降的方法。(V 物体=V 水下降)

沙测法

图4-3　有趣的测量

【案例4-5】人教版六年级(上册)数学广角"数与形"

数形结合是一种非常重要的数学思想，在小学数学教材与教学中随处可见。在临近小学毕业阶段，把数形结合作为培养学生解决问题策略单独进行教学，有利于学生对数形结合思想形成一种系统的认识和理解，能够帮助学生自觉应用数形结合思想解决实际问题。如何体现数与形在呈现问题破解时的密切联系，以及数与形的相互作用呢？让我们一起关注下面的课程，看看你能否找到关键所在。

解决问题的策略——数与形[①]

一、谈话导入，揭示课题

谈话导入

师：提到"数学"你会想到什么？(各种数字、图形、运算符号……)

解决问题的策略
——数与形.mp4

如果把同学们说的内容进行分类，一类可称为"数"，一类可称为"形"。"数"和"形"是数学中两类最主要的研究对象。那么数是数，形是形吗？还是数形之间有关系呢？这节课我们就一起研究"数与形"(板书课题：数与形)。

【评析】：从理性的角度帮助学生感受数与形之间的关系。

---

① 授课教师：辽宁省沈阳市沈河区泉园二校 梁倩。

二、以形助数，探索规律

(一)引出素材：求连续奇数的和

(1) 教师出口算，求连续奇数之和，由简单到复杂。1+3+5+7+9+11+13=?
引导学生遇到复杂问题时从简单情形开始研究。

(2) 借助图形摆出 1+3 的结果。自己摆一摆。选择有代表性的两种到黑板上摆。

(3) 研究 1+3+5，独立借助小正方形摆出 1+3+5 的结果。指名汇报。

(4) 对比优化：对比两种摆法，哪一种摆法能很快看出小正方形的总个数?

(5) 研究 1+3+5+7，在头脑中想象这个算式对应的应该是一个什么样的正方形? 结果是多少? 说说你的摆法(出示课件，验证学生的说法)。

(6) 1+3+5+7+9呢? 怎么摆? 结果呢?

(7) 再往下研究，像这样的算式写不完，用……表示。然后回头看 $1=1^2$。

【评析】：以口算的方式引出研究素材连续奇数的和，引导学生遇到复杂问题退回到简单情形开始研究，并借助小正方形来研究连续奇数的和的问题。

(二)探索规律

(1) 课件呈现算式和图形。请同学们仔细观察，看看你有什么发现? 把你的发现在小组内说一说。

(2) 小组交流，全班汇报。

预设：

① 连续奇数相加(的和)。

② 连续奇数的和等于奇数个数的平方。

③ 强调"从 1 开始"连续奇数的和等于奇数个数的平方。

出示 $3+5+9=3^2=9$，对吗? 应该等于几? 为什么不对? (从 1 开始)

借助图形说一说为什么是"从 1 开始"。

师生一起读完整的规律。

练习：用这个规律解决课初的问题 $1+3+5+7+9+11+13=9^2$

$1+3+5+7+\cdots+53=($ $)^2$

④ 借助最外围小正方形数确定加数的个数。

再次借助图形研究边长与外围小正方形数之间的关系，小组进行讨论。

学生汇报时运用两个边长重叠进行助学：(外围小正方形数+1)÷2=边长。

练习：$1+3+5+7+\cdots+99=($ $)^2$

(3) 教师小结：同学们真了不起! 借助图形解决了连续奇数的和的复杂问题!

【评析】：在计算时，即使不借助图形，也可以通过算式发现连续奇数的和等于奇数个数的平方这个规律。但把图形与算式对应起来，更具有直观性，更能让学生体会到数学之美。图中的规律有的显而易见：加数的个数就是正方形的边长，所以小正方形的个数就是加数个数的平方。而有的规律比较隐蔽：加数的个数等于(最外围小正方形个数+1)÷2。从图形的角度直观理解"正方形数"的特点。借助图形得到数的规律。

三、以数解形，发现特点

(1) 介绍正方形数。像黑板上 1、4、9、25 这样的数，在古希腊，毕达哥拉斯学派称它们为正方形数，也叫平方数。其实正方形数还蕴含着其他的奥秘，接下来咱们就以 16 为例进行研究。

(2) 研究形中蕴含的其他数的规律。出示点阵图。出示学习提示：用其他算式表示正方形数 16，在图上圈画思考过程，说说你的发现。

预设：4×4=16

4+4+4+4=16

1+2+3+4+3+2+1=16

发现：同一个形，从不同角度观察就会出现不同的数。

这 3 个算式本质上都是 4×4。

(3) 教师小结：形不但能帮助数解决问题，而且形里还蕴含着数的奥秘。此外，这些数之间也是有联系的。

【评析】：启发学生领悟到形不但能帮助数解决问题，而且形里还蕴含着数的奥秘。这些数之间也是有联系的。

四、拓展延伸，总结收获

(1) 介绍三角形数、五边形数、六边形数和勾股定理。

(2) 回顾过去所学的数形结合知识，帮助学生建立数形结合的概念。

课件视频小学阶段数形结合的例子。

学生谈感受。

出示华罗庚名言。

(3) 教师总结：希望同学们在今后的学习中用好数形结合，在数学之旅上，越走越远。

【评析】：其一，让学生感受数学文化，其二通过回顾过去所学的数形结合知识，帮助学生建立数形结合的概念。

板书如图 4-4 所示。

解决问题的策略——数与形

从1开始，连续奇数的和等于奇数个数的平方。

$1=1^2=1$

$1+3=2^2=4$

$1+3+5=3^2=9$

$1+3+5+7=4^2=16$

$1+3+5+7+9=5^2=25$

$1+3+5+7+9+11+13=7^2=49$

$1+3+5+\cdots$

图 4-4　解决问题到策略——"数与形"

【案例 4-6】人教版六年级(下册)综合与实践 4 "有趣的平衡"

寻找规律一直是数学学习的核心任务。只有把感受上升为理性，即从大量的具体变化中辨析出不变的规律，才完成了一次数学的增长和进步。关注下面课程，一起去体会教师如何利用天平帮助学生经历从感性到理性的全过程吧！

有趣的平衡[1]

有趣的平衡.mp4

一、感悟影响平衡的因素

1. 初始经验调动

师：请同学们看大屏幕，这几幅图共同反映了一种什么样的现象？你是怎么知道的？

课件：跷跷板、天平等图片。

生：平衡(教师板书课题)。

师：同学们所说的重量的含义，用质量这个词来表达更准确。

师：听了几位同学的发言，你觉得平衡与什么有关？(板书质量)

【评析】：从生活中的平衡现象入手，调动出学生头脑中已有的生活经验，就会很自然地导出一个直接浅表性答案，这就是本节课中老师要找到的学生的学习生长点。

2. 加深经验感悟

师：那么质量是不是平衡的唯一标准呢？我们来看一个跷跷板游戏(出示动画课件)，怎样做才能使跷跷板平衡？

生：轻的一端加重量；轻的一端小朋友往后坐，重的一端小朋友往前坐。

师：往前坐或往后坐实际上改变了什么？(与中点的距离)由此可见平衡还与什么有关呀？

生：平衡还与距离有关。

【评析】：多媒体课件设计很巧妙，有利于配合学生的表达再现生活的场景。不仅能引起学生的兴趣，更能使学生直观地感受到了平衡的另一因素——距离，从而激发学生探究平衡规律的兴趣。

师：那么，在平衡中到底蕴含着怎样的数学规律呢？同学们应该在操作与实验中去寻找"平衡的规律"。

【评析】：华裔诺贝尔物理学奖获得者崔琦先生说过，喜欢和好奇比什么都重要。教师在课程伊始就创设了一个平衡到底蕴含着怎样的数学规律的奇妙问题使学生充满好奇，强烈的求知欲、表现欲一下子让每个学生都进入了组内实验的角色。

二、实验探索规律

1. 实验探索规律的过程

师：老师给同学们准备了一些学具：每组有一根标有刻度的铁棒，25 个质量相等的钩码，5 根线圈，同学们可以通过悬挂钩码并调整刻度数和增减钩码数来寻找平衡的规律。在实验之前，首先让我们关注一下实验要求(出示课件)。

(1) 带着目的去思考、去操作。谁来说说我们应该带着怎样的目的去思考？(看看平衡到底与质量和距离有怎样的关系)好。一会实验的时候我们可以用刻度数表示距离，钩码数表示质量(在距离和质量的下面分别板书刻度数和钩码数)。

(2) 组长一定要明确分工，让每个组员都参与进来。

(3) 边操作边记录，完成手中的实验记录单。

---

[1] 授课教师：辽宁省沈阳市沈河区朝阳一校　佟亮亮。

师：同学们明确要求了吗？下面就请同学们4人一组开始实验。

【评析】：实验前教师语言精练，准确地讲清了实验用具及操作方法，使学生知道该如何操作。而且利用媒体将实验要求呈现给学生，特别是通过提问的方式使全体学生明确了实验目的，使学生的操作更具有目的性，避免了盲目和随意操作。

小组合作实验。教师参与到学生的实验中去。了解学生的实验情况，摘记学生的实验数据和实验发现，梳理摘记数据，确定学生汇报人选及汇报顺序。

【评析】："纸上得来终觉浅"。正如《数学课程标准(2011年版)》中指出的，"动手实践，自主探索与合作交流是学生学习数学的重要方式"。再者，教师有目的地参与到学生的实验中，了解学生的实验情况，做到了心中有数，统筹安排，为下面学生汇报做好充分的准备，使其汇报更加有序、有层次，提高了课堂的教学效率。

学生汇报。

第1组：总结出左右两边刻度数相同，钩码数相同，铁棒平衡。教师借助这组同学的实验引导学生总结出另一条规律：左右两边刻度数相反，钩码数也相反，铁棒平衡。

第2组：实验结果是左右两边刻度数、钩码数都不同，铁棒平衡，但学生并没有发现其存在的规律。

第3组：学生发现铁棒平衡时有乘积等式：6×2=4×3，2×2=4×1。

第4组：利用图示法总结出了平衡规律。

师：老师非常欣赏这一组同学的实验。因为他们不仅能用全新的角度去思考问题——使铁棒的一端不变，另一端改变来寻找规律，而且还采用了图示法，真是太了不起了！那么，对比前面同学用的文字记录法和这组同学用的图示法，你更喜欢哪种呢？(学生谈感受)其实每一种方法都有它的优势和劣势。我们应该根据实际情况选择最科学的那种就可以了。

【评析】：教师的有备而战是充分巡视，感悟学生的差异，促使学生有层次地展示研究。教师能够顺势而导，使汇报内容环环相扣。教师不仅引导学生在知识上进行深层次的挖掘，而且还十分注意在学法上的差异比较，让其他学生领悟到更多的方法。

2. 规律逆用验证

师：同学们，你们总结出的这条平衡的规律，是否科学、准确呢？还需要我们做进一步的验证。

课件：左边的刻度数和钩码数的乘积是18，猜想一下，右边该怎样挂？

(学生猜想4组整数后出现小数)刻度数是小数可不可以？

生：(齐)可以。

师：这位同学真聪明，想到了小数，把我们刻度数的取值范围扩大了，这不仅仅是数据的变化，更是一个研究领域的拓展呀！

【评析】：验证是一种很重要的科学研究思想。教师没有急于在学生汇报后直接总结平衡规律，而是有心地安排了验证这一环节，就是体现一种让学生逐渐养成科学地对待事物的态度。学生想到小数，从而扩大刻度数的取值范围，拓展了研究领域，着实令人欣喜。教师以一种大视野关注了学生们了不起的领域突破，这会在孩子们的头脑中留下一个深刻的烙印，他们在研究的时候，就会考虑得更全面周到。

3. 抽象概括联系

师：铁棒都平衡了吗？说明你们的猜想是正确的。好！那么现在你能准确地总结出平衡的规律吗？

生：左边的刻度数×钩码数=右边的刻度数×钩码数。

师：我们具体来分析一下，当我们把铁棒一端拿掉一些钩码，使钩码数变小，要想保证铁棒平衡就要把钩码向(外)移，使刻度数变大；反之钩码数变大，刻度数变小。这会让我们联想到以前学习过的哪种知识？

生：反比例的知识。

师：在刚才的实验中同学们有了那么多的发现，你们真是太了不起了！下面咱们增加些难度，怎么样？

生：没问题！

师：好！刚才我们在铁棒左右两边一个刻度上挂钩码总结出了这条平衡规律，如果在铁棒左右两边多个刻度上挂钩码，还符合这条规律吗？这一次我们还是通过实验来寻找结论。

学生实验。

师：哪组同学愿意把你们组的发现和大家交流一下？

2组学生汇报。

师：单凭你们两组的结论是一样的就能说这条规律是真理吗？还需要再次验证。其他小组的结论和他们的一样吗？

生：(齐)一样！

师：实验的数据一样吗？

生：不一样。

师：不同的实验数据得到了相同的结论，这样才更有说服力。

同学们，实际上这是一条已经被科学验证的规律。希望同学们能够结合自己的操作理解它。

出示课件：左边钩码数与刻度数乘积之和，等于右边钩码数与刻度数乘积之和。

【评析】：这一环节的设计堪称精彩。设疑、质疑，不断激发学生的求知欲，使学生的思维始终处于积极探求的状态之中，知识上有提升，能力上有发展，思维上有训练。

三、课堂总结

这堂课就要结束了。通过这堂课的学习，我想同学们应该得到这样一个启示：很多生活中的现象，如果用数学的眼光去看，就会带给我们更多有趣的思考。

【评析】：结束语简明扼要，培养学生积极的学习态度，言简意深，恰到好处。

板书如图4-5所示。

有趣的平衡

左边的刻度数×钩码数=右边的刻度数×钩码数

图4-5　有趣的平衡

二、教学建议

给静止的教材融入教育教学的要素，重新组织和设计成教学实施方案，显现出培养学生的学习和成长的过程，教师不仅需要掌握每节课知识与技能的教学重点，也要顾及更丰富的教育目标，厘清教学主线，让教学更适合学生的成长和发展。

【案例 4-1】建议

课前要求学生准备好米尺、格尺、细绳等物品，并绘制好简单的记录单。

1. 精准把握意图

教师通过学生动手测量发现人体上许多有趣的数据，以及挖掘它们之间的关系，不仅加深了学生对米和厘米这两个度量单位的认识，也把数学课堂上的知识与个体联系起来，让知识有了温度，增强了学生对数学学习的好感。还能在实践操作中，增强伙伴间的合作交流意识，引导学生自觉地将所学数学知识与实际生活相结合，增强了学生应用数学知识解决实际问题的能力。

2. 模糊常识经验化

"一拃、一脚、一步、一庹、身高、一拳"是低年级学生熟悉但不熟知的事物。这些事物在生活中也许常常能看到，也许与家人、伙伴之间玩乐的时候用过，但没有将它们与尺子建立起联系。日常生活中，在许多不需要精确数据的情况下，借用身体上固有的长度，给出估算的结果也是一种解决问题的办法，所以课堂上教师应该把重点放在这六种常见"身体尺"的研究和探索上，通过估算和测量，应用已学到的米和厘米长度单位，将这些身体尺的大小牢固地印刻在学生的大脑中，成为学生们以后可以随时调取的经验类的常识。

【案例 4-2】建议

本节课是典型的数学生活化的体现，是生活数学化的课程内容，也是换一个角度重新审视几何图形关系的研究题材。为了让学生得到充分的体验，需要课前准备好大量的多边形图形纸片，包括任意三角形、任意四边形、圆形等图形。

1. 沟通生活，引发兴趣

兴趣是最好的老师，引发学生对研究对象感兴趣是教师的重要任务。教材提供的是瓷砖的图片，暗示了教学中需要教师联系生活实际，让学生对研究对象不陌生。但这不足以引发学生的探索热情，如果能从教材后面拓展图片中埃舍尔和他神奇的骑马图入手，让学生看到平面设计中的图案美，分析它的构成是由若干个基础图形的无缝连接而成的，人们将这种图形的排列形式称之为"密铺"，从而进一步研究密铺的规律和特征，体现了数学思维由表及里的深刻性。也可以选用蜂巢图片，从大自然的奇妙的角度切入，研究小蜜蜂的"神奇之处在哪里？"，也能调动学生研究的热情和动力。

2. 挖掘内涵，培养思维

密铺教学的重点在于引导学生揭示密铺的条件是什么。学生经历怎样的过程获得结论，成长的程度就有多大。

1) 完整经历"再创造"的过程

教师要重视"设计方案"的教材安排，关注学生经历"明确研究方向，清楚研究程序，发现研究结论"的思考过程，就像一个小科学家那样，去完整地经历研究的每一个环节，给学生们积累独立研究问题的活动经验。

2) 提供丰富素材

为了挖掘密铺的条件,充足的素材提供是非常必要的。在学生课前准备中,教师不能简单地要求学生只裁剪正方形、长方形、等边三角形这样的图形,应该不仅有正多边形,还要包括任意三角形、任意四边形和圆形等。这样学生在课堂上的操作就是有些图形能拼接成密铺图形,有些图形却怎么也不可能拼接成密铺图形。在正例和反例的对照中,便于学生进行对比、分析,最终得到结论。

3) 感性升华到理性

直观地判定哪些图形能密铺和从理性的角度判断一种或多种图形能否拼接成密铺图形,应该是学生上课前和下课后的表现,也是学生通过课堂成长的标志。教师的责任就是将学生在原有自身能力的基础上,引向更深刻的成长和发展。教师需要先将学生从粗放地关注密铺有没有缝隙,引导到"到底是什么原因"的理性思考上来。到底是边还是角?圆的曲线没有办法让两边重合,无法拼接成密铺。那么都是由线段围成的平面图形就一定能拼接成密铺图形吗?刨除了边,就剩下关注拼接图形内角的关系,通过分别观察能和不能拼接成密铺图形,找到符合条件的规律,最终概括出密铺的条件。

【案例 4-3】建议

本节课的训练内容较多,为节省课上时间,教师可在课前引导学生制作几张空白表格。教师也需要提前掌握画图法和假设法的含义,以及解决鸡兔同笼问题的具体操作方式。

1. 尊重差异,呈现多样解题策略

课堂引入阶段,可以借助我国古代趣题"鸡兔同笼"问题,引发学生展开讨论,从多角度思考,运用多种方法解题。由于学生原有认知背景的不同,他们对解决问题的方法势必存在一些差异,教师既要认识到差异本身是学生的学习基础,也要意识到差异也是一种课堂上的教育资源。教学过程中,教师不能用强硬的指令要求学生用哪种方法解决问题,应允许不同的学生采用不同的解题方法。

教学中,教师为了激发学生的思考活力,需要鼓励学生选择自己喜欢的方法进行解答,指名学生汇报后,进一步提问"还有不同的解法吗?"以促进学生去思考更多的解法,并尽可能让学生说出多种解法,最后比较哪种方法比较好。从列表法、画图法到假设的算术法,不仅从思维上可以层层递进,而且还可以更好地体现解决问题策略的多样化与优化。本节课师生应共同经历三种不同的方法:列表法、画图法、假设法。

2. 尊重传统,关注传承数学文化

"鸡兔同笼"是在我国数学史上广为流传的数学趣题,也是典型的构建数学模型的素材。教学伊始,教师从该趣题引入,到解决该趣题,再到感悟古人解决该类问题的方法,应让学生们去感受鸡兔同笼问题生动有趣的一面。通过学习,不仅使学生感受到祖先的聪明才智,继承了一种古代数学文化,更重要的是体会其中蕴含的丰富数学思想方法,培养学生的学习兴趣和能力。在学生的解决方法呈现后,教师可以把"孙子算经"的原题和特殊解法搬到课堂中来,尤其是"吹口哨抬足法",这种诙谐有趣的方法,会让学生在会心一笑的同时感悟学数学不是枯燥乏味的,而是风趣幽默、有情有趣的一门学科,更加钦佩古人智慧,这也是一种数学文化在现代课堂当中的一种深刻体现。

3. 遵循价值，适机渗透数学思想

"鸡兔同笼"一课，蕴含着多种数学思想和方法，如化繁为简，用较小数据替代"孙子算经"原题中的庞大数据的"替换法"就蕴含着转化的思想和方法；用"算术法"解决问题，包含着假设的思想和方法等。甚至整节课学生们始终沉浸在如何用数学的方式解释看似不可能存在的理性世界的遐想之中。

教学过程中教师应结合学生的认知基础和解决问题的思维能力，以枚举法为底线，在最原始、最"笨拙"的普适方法上，选取更灵活的画图法和假设法来拓展学生数学思想和方法，体味数学研究的兴味和价值。

【案例 4-4】建议

本节课因将操作的主体交还给学生，时间上不可控的可能性很大，操作过程中问题会有很多，教师需要提前做好各个方面的准备，如果同组教师能相互协作效果会更好。

1. 课前充分准备

一堂操作型的实践活动课能否成功，学生动手是否充分，感受是否真切，与课前充分准备有很大的关系。因此，教师需要做足课前准备，按照学生人数准备充足的实验用具，包括测量用具量杯、长方体塑料容器、格尺等；测量物体橡皮泥、土豆、墨水瓶等。建议教师指定学生选定墨水瓶作为实验操作研究的物体，所有的学生都对同一个对象进行研究，以便于最终数据的比较。

每两人一组准备相应的实验用品，力争所有的学生都能参与到操作中去，确保课堂上没有看客。

2. 给予学生充足的操作时间和空间

动手学习是学习数学、理解数学的好方法，因为其多种感官参与活动是最符合这个年龄段学生的学习方式。同时，学生在独立完成操作的过程中，能够发觉自身存在的许多问题，比如盲目动手，耗时多，无结果；比如程序混乱，造成低效或无效操作；比如思维不缜密，造成实验失败；等等。只有做，才能有自我发现的机会，进而更正错误，实现个人成长。

许多教师过于纠结教学任务的达成，不肯给予学生充足的时间，经常性地以几个学生完成作为整体衡量标准，让学生兴致盎然开始，草草收场结束，最后造成作为教育者最不愿意看到的结果，败坏了学习的兴致。

类似的操作型课堂，教师应做好学生课堂时间超过 40 分钟的心理准备，甚至可以连上两节课。学生从操作的体验到经验的长进等一系列收益会远远大于通常意义的课堂效果。

3. 提供扩展学生思维的素材

土豆或石块作为不规则物体被引入课堂，可以促使学生抛弃习惯性的计算体积的办法，开始思考如何解决问题。有的可以联系体积概念学习化虚为实的水测法；有的设想把土豆煮熟捏成长方体的方法；有的可以类比体积近似的规则物体体积计算的方法。没有统一标准答案的"想办法"，最大限度地扩展了学生的思维。

一个墨水瓶体积是多少？在学生面对同一个物体思考时，有些学生根据墨水瓶是容器的特性，用墨水瓶的容积就是墨水的体积，也就近似于墨水瓶的体积来推论结果。虽然有出入，但也将一个容器的体积大于它的容积的知识点自然地运用于解决问题当中，思维的灵活性可见一斑。

黄豆粒和泡沫板的素材引入，是比照可以浸没的物体素材，物体微小或不能浸没的物体体积怎么计算？再一次"逼迫"学生的思维往深处延伸。学生会在相互启发和补充中找到用 100 粒甚至 1000 粒黄豆一起测量，然后算出 1 粒黄豆的体积是多少；用笔尖压迫泡沫板，或用悬挂重物的办法让泡沫板沉浸到水里，再测量体积。

只有好的素材才能促进学生的思维找到脚手架，在不断思考、交流借鉴中得到更快的发展。

【案例 4-5】建议

建议教师加强对小学数学解决问题策略的总体认知，对数形结合的方式方法站在回顾以往、立足当下、展望未来的视角去梳理，在课堂上尽可能地提供给学生整体性、开放性的认识。

1. 感受数形结合策略的好处

数形结合是一种非常重要的数学思想，把数和形结合起来解决问题，可以使复杂的问题变得更简单，使抽象的问题变得更直观。数与形相结合的例子在小学数学教材与教学中随处可见，在初高中的数学学习中，函数知识更是数形结合的典型模型。因此，作为小学学习的终结阶段，从解决问题策略的高度来研究数与形的关系，对学生的后续学习的价值不言而喻。

教学中应突出借助数来研究形的简洁的规律，也能借助形直观地理解数的深奥和抽象。随着例题的呈现，真正体会精于"数"而简于"形"的精髓。

1) 初始阶段开门见山

面对即将毕业的学生，对于数学课很熟悉，但有没有很慎重地思考过什么是数学呢？开课伊始，教师可以通过"谁能说说什么是数学？" 做一个了解，也为引出课题做准备，也在小学的终结阶段给孩子们一个对数学精准认识的机会。

数学是研究数量关系和空间形式的科学。简言之，数量关系就是数，空间形式就是形，数学学习离不开数与形，数与形之间对推进数学发展、精深科学研究又有着怎样的作用就是本节课主要研究和关注的内容。

2) 探索阶段相互印证

通过不断增加小正方形块数拼成大正方形，并推演后面如果再拼一个更大的正方形需要多少块小正方形，完成从拼摆图形到用数据表示，进行观察后寻找规律的流程。从初步的以形表数求简洁，发展到见数思形求直观，最终获取规律求深刻。

3) 总结阶段适当扩展

通过引导学生回顾以往学习中的场景，再现数与形对于数学学习的推进作用：100 以内数的认识，我们是借助小棒及算盘来认识的；在学习分数乘法时，我们是通过画图来理解分数乘法的意义的；在学习植树问题时，我们是通过画图来理解棵数与间隔数的关系的；在解决问题时，我们是通过画线段图来表示数量关系的。未来在初高中学习中会接触到几何及微积分中的曲线与方程、方程组及函数与图像互为工具、互为解释、有机融合。这些都是数形结合的具体体现。

华罗庚先生对于数与形的评价，几乎是每位授课教师的点睛之笔：

数缺形时少直觉，形缺数时难入微。

数形结合百般好，隔离分家万事休。

2. 从不同角度探索数与形模型

在拼摆正方形发现规律的过程中，可从学生最习惯的角度出发，通过看形表数：$1+3+5+7+\cdots=?$ 进而挖掘算式不断变化间的规律，由学生对照图形中小正方形的块数，写下数据，通过数据的不断积累，发现规律。

多种视角的观察开阔了学生的视野，对培养学生思维的灵活性和深刻性，甚至独创性方面，都是极有裨益的。

【案例 4-6】建议

为了确保课堂上的操作效果，建议教师带领学生一起提前制作简易杠杆秤，并绘制记录单。

1. 课前布置学生制作简易杠杆

根据学生的具体状况和地域特点，选取一根长木棒，在中间点打洞穿绳，且试着拉起绳子，看木棒左右是否平衡。

木棒标注单位长度，同时刻痕。准备一些棋子和塑料袋。

2. 准备平衡现象图片，激发研究兴趣

不论是生活中的跷跷板，还是测量微小物体中常用的天平，距离学生的生活都很近，用这些图片开启学生的数学研究之旅，会使学生学习更投入。而这不是终点，由此引发学生思考：是什么影响了平衡呢？阿基米德曾有过一句名言：给我一个支点，我可以撬动整个地球。这与平衡又有什么关联呢？随后的实验和研究就会逐步揭示杠杆的支点和距离之间的关系。在支点固定的情况下，如何保持平衡，需要考虑的是左右刻度和增减棋子之间的关联。

3. 探究发现，挖掘规律

探索规律时，教师要注意在适当的时候引导学生从具体上升到抽象。在发现木棒平衡的规律后，教师可以向学生说明这就是物理上的"杠杆原理"。发现反比例关系时，教师可以让学生观察记录表，并根据以前所学的知识来描述表格中右边刻度数和所放棋子数之间的关系，从而引导学生发现刻度数和所放棋子数之间的反比例关系。

刚刚走上教师岗位的青年教师常常会有这样的感受：平时一课时教材任务 20 分钟就能完成。一旦这节课变成准备上公开课或参评优秀课，40 分钟的时间都紧巴巴的。原因何在？是教师对教材的理解发生了变化，从简单追求浮于表面的单一知识点，到关注知识掌握时方法、思想、经验的获取，任务量变大了，内容含量也就充足了。致力于成为优秀教师的人，要站在高处来认识这种变化，教书还是育人？站位不同，决定了教育教学的含金量就不同，这就直接影响到学生获得成长的"养料"有多少。

三、教学评价

一节课是否成功，每个上课和听课的教师可以自己判断。教师的教学评价要避免千篇一律，做到有理有据地阐述，需要掌握评价的一般角度：总体目标是否达成；教材处理是否合适；教学的手段和方法是否恰当；教师的基本功和学生的表现是否具有亮点。

【案例 4-1】评价

"寻找身体上的数学'秘密'"是基于学生已经学习了简单的长度单位之后，通过寻找身体上的"尺子"的过程，建立起单位概念，活化长度单位的应用。

1. 评价目标的落实

整节课的教学应该能够让听课者感受到学生的成长和变化：认识"身体尺"，了解"身体尺"的含义；通过测量知道自己"身体尺"的长度；在解决问题的过程中能够选择合适的测量单位表示生活中的物体的长度，积累实际测量和解决问题的经验，培养学生的估测意识；在实践操作活动中激发学生学习数学的好奇心，体验实践活动带来的乐趣，培养认真测量的态度。

2. 评价教材处理

1）体验经验，形成过程

本节课是在学生学习长度单位的基础上将知识上升为经验的过程。通过引导学生思考：你想怎么知道身体上的数学秘密呢？学生们就在定向"做什么"的活动目的后，马上进入"怎么做"的长线思考中。这是对于低年级的学生完整地经历一件事从想到做的全过程的可贵机会，对学生来说是"有目的做事"的训练时机，即便可能会出现因学生年龄小、考虑不周全等各种问题，教师需要不高估学生能力，不去期望学生一步到位，耐心等待学生思考，引导学生相互补充，慢慢度过"混乱时期"，学生所能获得的思维长进非同一般。

整个活动流程确定后，教师应密切关注学生们是如何完成小组内的彼此测量活动的。不仅有他们如何分配工作，协同合作，从操作到结论得出的全过程，也要重视测量的细节，如方法是否合适、测得结果是否尽量精确。

除了设计操作流程的思考训练外，教师还需要关注学生将测得结果当作已有知识，应用于实际测量中。只有在不断应用测量结果的过程中，学生才能逐渐将知识演变成经验的一部分。

2）适机实施素养培育

本节课上学生们采用小组合作完成身体测量的学习任务，既是为了提高学习效率，加快任务完成进度，也是教会学生在学习过程中学会借力他人，共同协作实现学习目标的一种学习形式。在这个新形式中，学生出现在群体里，与他人相处，与他人协作，学会交流和合作，这就不是简单地完成学习任务，而是完成学生个体社会化的角色转变。

因此，本节课的小组合作的要求中需要增添"比一比哪些小组声音小……"的新要求，作为数学教师，首先是教师，其次才是学科，也就是说，首先是教育，其次才是教学。教师对学生的素养教育和培养散落在课堂的每分每秒。作为社会一员，每个公民在公众场合里"不打扰到别人"是做人的基准,然而在成人的世界里,它被遗忘在角落里了。作为教育工作者,教师只有抓住教育时机,将这一准则贯彻到学生的日常生活当中去,才能形成习惯,变成现实。

3) 适度渗透辩证思想

高品位的教学是教师将教育的视野投放于远方,关注于未来。本节课虽然内容很简单,但在简单的内容背后还蕴含着丰富的思想元素。

"每个人的身体尺都不一样。随着同学们身体的长高,你们的身体尺还会发生变化。"教师可以在终结阶段对学生说出这段话语,看似简单好理解,但这段话蕴含的教育意图却很深远,就是向学生们传递出事物是不断变化和发展着的信息,要用发展的眼光看问题,才不会有偏颇。虽然对低年级学生不能言明这就是辩证唯物主义观点,但长此以往的影响会带给学生不僵化的思维。

3. 评价方法和手段

教学活动主要以动手测量为主,通过学生亲历测量身体部位的过程,将身体的特殊部位与单位长度之间构架起联系。教师在安排活动时是否步骤清晰,分工明确,学生测量过程中的问题能否得到及时有效的指导,都是评价教师教学能力的重要指标。直观演示法的使用,是本节课另一个重要手段。不论是开课阶段用小侦探的智谋引出脚长与身高的关系图片,还是课堂收尾处用图片演示 1 岁、3 岁、6 岁、成人时头与身体之间的倍数关系,教师可以用自己当模特,让学生来验证成人的身高是否大约是头长的 7 倍,并介绍模特的身高大约是头长的 8 倍,都能起到激发学生的学习热情,开阔学生的视野。

4. 评价基本功

本节课对教师延迟评价是个考验。以学生独自思考如何寻找身体上的数学秘密,想清楚测什么,怎么测,教师组织学生从纷杂的回答中,淘出有价值的活动思路,教师需要用极大的耐心等待答案逐渐完整,才能换取学生真正开启思考,才能看到学生真正的成长。

【案例 4-2】评价

1. 评价目标落实

"密铺"是数学知识在生活中的应用的一种具体体现,它极好地诠释了数学的实用价值。通过本节课的探究活动,可使学生理解图形密铺的实际含义;通过摆一摆、铺一铺、想一想等系列活动,感受到密铺的特点;发展学生空间想象能力,感受到数学与生活的密切联系,得到美的熏陶。

在探究实践活动过程中,相对独立地思考解决问题的主要步骤,设计活动方案是对学生解决问题经验的考察,也是对学生实际能力的一种培养。

2. 评价教材处理

1) 环节逻辑清晰

有经验的教师都会关注教材内容的排布关系,捋顺前后关系,给学生提供一个思路清晰、结构完整的学习框架,便于学生发展他们的认知体系,促进思维的发展。

"密铺"一课完美地诠释了知识学习的重要框架。开篇的密铺含义就是知识"是什么";

研究密铺的特点就是在研究"为什么"无缝隙和不重复的原因；采用归纳的特点判断是不是密铺则是"怎么用"。这三个方面是知识学习的一个逻辑，如果教师能在自己弄清楚知识学习的角度之后，借助"密铺"一课的学习也引导学生们一起"明白"它，那是打破学生自我学习的盲点，提供给学生独立学习的一个思路，其价值远大于只获取几个知识点。

在研究密铺的特点时，高明的教师也会很注重层次的搭建：正例和反例的对比；用大小相同的同一种图形拼接和用两种以上不同的图形拼接。教师教材领会深入，教学设计就会很清晰，在课堂教学中，学生的感受也会是清楚明白的，这样才有利于对学生的培养。

2) 凸显数学味道

不论是提炼密铺含义，还是研究密铺的特点，都能体现出数学学习从特殊到一般的抽象逻辑思维培养。相信课堂上教师们都会用问题铺设出思考的阶梯，学生们在不断登临阶梯的同时，思维得到一定的促进和发展。

好的教师不会止步于简单的一问一答当中，他们更关注学生思维的完整，以及表达的流畅。他们在课堂上关注学生能否用较清晰的语言表达自己的思维，纵使不能一步到位，也会在对比学生的答复中，帮助学生用逐渐靠拢较准确的数学语言来表达自己的思维成果，并让学生看到语言表达逐渐完善的过程。

3) 感受数学的美

美是人精神层面的享受，对于小学生而言，美的教育需要适机进行，在自然浸染中，让学生受到美的教育，得到美的成长。四年级的学生已经初步具有感受美、发现美的能力，对美有了一定的渴望与追求。因此，在一向视为枯燥抽象的数学课上引入生活中美的事物，把数学与发现、感受生活中的美，创造美进行有机结合，真正实现了"教学即教育"的思想。"密铺"中引入的各种生活实例、平面设计中美丽的密铺图案、大自然中形成的巧夺天工的密铺事物等，就是引导学生用数学的眼睛再度发现生活的美，用感受美熏陶自己的心灵，懂得人是能用自己的智慧去创造美，从而进一步激发学生爱生活、爱学习的美好情感。

3. 评价方法手段

本节课主要的方法是操作法和小组交流合作。这两种方法在课堂上能运用得当离不开对学生的培养和信任。这两者的关系需要处理好，才能实现课前预想。如果没有培养而只信任学生，给学生提供的操作时间越充分，课堂越混乱。如果只有培养而没有信任，学生的鲜活的学习愿望不能得到充分释放，过于套路化的循规蹈矩，并不能产生真正的学习。因而，对于小组合作需要培训，从小组配置到任务分配，从任务分解到逐级完成，从分享成果到汇总意见，不论是组长还是组员都需要训练。

"密铺"一个设计方案环节就是对小组培训的考核点，有没有训练，成效如何，存在哪些问题，都可以在这个环节中通过观察可见。而问题则应该成为下一个培训的方向。

教材并未强迫学生必须小组合作，给习惯于"独思独行"的学生一种自由。这是对不同个性学生的尊重。无论是否进行小组合作，独立思考必须作为所有学生在解决问题时的第一步。如果要求所有学生必须参与小组合作，教师则应该将小组合作的必要性进行明确，比如指定完成时间，但任务很重怎么办？学生自然会找到"分工合作"的好方法，只有他们主动寻找伙伴帮助，讨论合理地分配任务，各自认真地完成任务，在交流中分享与互补，那时的小组合作才是成功的。

4. 评价基本功

本节课突出的特点在于学生的观察、操作、比较、归纳。既有共同观察，也有分工合作，大量的动手操作最考验教师的组织和课堂调控能力。为了让学生在发现过程中进行得更顺利，教师对发现共性问题及时引导思考的评价能力也必然得到考验。

【案例4-3】评价

1. 评价目标落实

"尝试与猜测——鸡兔同笼"是典型的数学模型素材学习的课程。通过探讨和研究，可以对学生进行解题策略的训练，使学生学会用列表法展示思考和解答问题的过程，了解画图法、假设法等更多解决问题的策略，发展学生的数学思维能力。

在解决问题的活动中，学会与他人合作，培养学生团结协作的意识。向学生提供充分的从事数学活动的机会，使其获得广泛的体验与感受，尤其是对探索知识历程的体验。了解中国古代的数学成就，培养学生热爱数学文化的情感，激发民族自豪感。

2. 评价教材处理

1) 方法主次分明

总体而言，教材主张的解决鸡兔同笼问题的策略是采用尝试与猜测，更细致的方法是采用枚举法，表现形式是采用列表法。列表法也被细化为三种形式，即一一列举的逐一列表，从中间数据开始的取中列表，还有间隔数据的跳跃列表。之所以如此耐心地让学生了解每一种方法的特点和优势，就是充分顾及学生思维特点的不同、接受能力的差异，从学生最容易接受的方法入手，逐渐"加码"，从而获取更多收益。

视学生情况而定是否需要推出更多的方法，确保所有学生都能获得不同的发展。画图法、假设法都是为了拓展学生思维的方法，丰富课堂解决问题的策略，但要分清主次，应该注意的是这两种方法只能作为补充介绍，需要考虑推出的时机、占用的时间，不能为了课堂花团锦簇，方法众多而一味地贪多。

2) 模型意图明晰

崔永元将对数学的观感归结于小学阶段解决"注水"的应用题，他一直纠结于为什么要解决一边进水，一边放水，什么时候灌满水池的问题。作为数学教师，我们知道这是一种数学模型，引导学生在解决问题的过程中训练学生的思维能力，也能懂得那也是描述复杂世界的一种简洁精悍的方式。

鸡兔同笼问题同样也是一种数学模型，解出最终有几只鸡和几只兔并不是最终目的，而是让学生明了这些都是研究问题的素材，通过具体问题的破解，了解到解决问题有哪些策略和方法，为今后独自攻关拓展见识，积累经验。

3. 评价方法手段

启发式教学是本节课主要的教学方法。教师在学生进入课堂后，应以"孙子算经"的典型题切入，千年前古人研究的趣题可以极大地调动学生的学习兴趣，为后续学习提供情感支持。在尝试解决问题的过程中，教师在学生反馈中应按从低到高的思维难度排序汇报，引导学生厘清每种方法背后的价值。教师引入古人研究中的画图法，以介绍的角度分享古人灵活的思维、刁钻的视角，拓宽了学生研究问题的眼界。教师的启发存在于课堂的各个环节当中，应用得宜，对于学生思维能力的培养能起到至关重要的作用。

4. 评价基本功

以学习解决问题策略为主的实践活动课，对教师基本功的考验主要是激发研究欲望和策略要点分析、讲解功力的考核。语言表达是教师最基本的教学能力，课堂上的语言应用应该始终以学生的已有基础为参照，为了调动学生的学习积极性，为了引导学生的清晰思路，为了在问题中发现不足，学会弥补……时时处处的教学语言的运用，既有感染力，又有亲和力，在带领学生成长的道路上，起到了保驾护航的作用。

【案例4-4】评价

1. 评价目标落实

通过听课中感悟教师所制定的教学目标能否落地，考察教师的教学理念与教学行为是否能统一起来。本节课应达成的四基评价：结合具体活动情境，经历测量石块体积的实验过程，探索不规则物体体积的测量方法。感受学生学习必须经历的过程：在实践与探究过程中，尝试用多种方法解决实际问题。指出了应发展的思维和能力"发展空间观念，提高分析、综合、抽象、概括的能力"，以及"体会数学与生活之间、数学知识之间的紧密联系"。同时，强调了情感态度价值观的培养，"感受数学知识的价值和探究的乐趣，养成独立思考、合作交流、认真倾听、大胆发言的习惯"。

2. 评价教材处理

学生是在学习了规则物体——长、正方体体积公式的基础上，安排了不规则物体体积测量的内容，旨在丰富学生解决问题的经验，提高学生解决问题的能力。为此教材提供了重要素材。对教材的处理遵循教材编写的总体框架思路，体现了教材编写意图，只对局部进行了更有新意的加工。

1) 为凸显思想丰满素材

由于学生的年龄特点，他们善于对具体问题作出解释和判断，很少能在感受具体问题时上升到规律性的高度。

在体积的概念学习和体积公式的学习中，大多数学生关注的是结论和结果，很少能从实验观察中学会策略和思想。"不规则物体体积的测量"给予学生一个学习时机，通过开放性的思考怎么才能知道土豆的体积是多少的问题，学生们的思维活跃了起来。有的想到切成体积单位后用数的方法得到结果；有的与其他已知体积的图形类比得到近似的结果；有的想到用橡皮泥捏个形体相似的，再变成长方体求积；还有的想到用学习体积概念时的方法，用量杯测量水的体积得到结果。作为教师不能仅仅沾沾自喜于方法的多样性，而是要通过引导学生作比较，无论方法多么离奇多样，都是"转化"数学思想的体现。

课堂中的水测法是重点，在水上升、水下降、水溢出的三种方法中依旧要突出问题的解决都是靠"转化"的思想，把不规则物体的体积转化为水的体积，再倒入量杯或长方体容器后可以得到体积的大小。

后续补充测量一粒黄豆粒(较小物体)的体积，测量泡沫板(漂浮物体)的体积，同样没有偏离转化思想的学习。

2) 为凸显方法丰富素材

在本节课教学中，猜想、发现、验证并运用水测法是本节课教学的重点。其目的在于通过本节课使学生明白任何一个想法都应当通过亲身实践去验证才能够得到结论，再加以应用，这是一种很严密的思维过程，用上述多种方法将这些不规则物体转化为规则物体的过程本身，就是一个探究性学习的过程。

课堂上学生在动手实践中自主地去经历探索过程，不仅验证了多种解决问题的方法，还在操作的过程中感悟到了停留在理论层面的猜测，一旦落实在具体的实验上，需要顾及和考虑的问题就很多。"如何降低误差"作为实验中的基本要求，就带给学生对于整个操作流程细节的全面反思。但如果没有给予学生充分动手操作的机会，学生没有真切感受，许多体验就会是一片空白，学生的学习就无法深刻起来。

测量黄豆粒的体积、测量泡沫板的体积等要求的提出，让学生的思考从不规则的物体中又开辟出来一个新的类别，促进了学生的深度思考。

操作、观察、分析、归纳，多种研究方法在学生的实践中呈现，反思、思辨、交流、合作，多种学习方式在学生的学习中体现，多种感官参与到自主探究性活动中来。"转化"的数学思想在学生的头脑中建立了起来，他们对知识的认识和理解也就更加理性和深入，而不仅仅是停留在表面上。

3) 为合作学习挖掘素材

教师应努力营造和谐共处、主动参与、团结合作、共同发展的学习氛围，并根据教学内容需要，按照学生的学习水平、智能情况、性格特点、操作能力混合编组，每组选一个组长，并由组长对组员进行再分工。具有差异的学生个体，也是学习过程中不可预测的一种教学资源。

为了让实验更顺利，在动手操作之前，教师应给予小组共同商讨方案的时间，讨论并制定测量方案是训练学生有序思维的过程。经过一段时间的动手实践和交流，通过引导学生组内对实验方法和过程的反思，对实验方案不断地进行完善。

教师应充分利用学生在测量过程中出现的问题和遇到的困惑，从学生的动手实践中找到本节课的教学素材，使学生进一步了解过小或上浮不规则物体的测量方法。在学生提出困惑时教师应适时地加以引导，使学生了解过小或上浮不规则物体的测量方法并在小组内互相交流，相互启发。

3. 评价教学方法和手段

启发式和实验操作法是本节课的主要教学方法，是否运用合理，获得预计效果，需要在课程中充分感受。前者是教师应用的教学方法，用于激发学生的思维，扩展学生的见识，培养学生的全局性思维意识。后者是学生们在教师的引导下，通过多种感官的合作，加深对已有知识的认识，增长实践经验。

4. 评价教学基本功

操作类型的课程最能考验教师的掌控能力，好的教师教态积极阳光，对待各种突发问题具有极大的包容性，对于学生无法及时高效地完成操作，应该不急不躁，针对学生的问题，及时作出调整，体现出师生情感交融。

课堂上因需要给学生留有大量的操作时间，教师的语言必须清晰准确，重点突出，并且极具启发性。

【案例 4-5】评价

1. 评价目标落实

结合教参要求，学生的实际状况，教师所制定的教学目标是否准确可行，是教学评价的重要指标。本节课应该首先明确四基评价：让学生经历观察、操作、归纳等活动，直观地感受"数"与"形"之间的关系，体会有时"数"与"形"能互相解释，并能借助"形"解决一些与"数"有关的问题。

同时要关注对学生学习经历的考察：培养学生通过数与形结合来分析思考问题的意识，从而感悟数形结合思想，提高解决问题的能力。体会教师对于学生情感态度价值观的培养，感受数学在解决实际问题中的作用，培养学生热爱数学、乐学数学的感情，体现数学知识的应用价值。

教师需要对总体目标理解全面、准确，对教材熟练把握、理解透彻。

2. 评价教材处理

教师对教材的理解、对学生的了解，决定了教师在备课时对教材的取舍和"再创作"，教师在本节课的设计上，应该针对教材做如下处理。

1) 数学活动中经历数形结合

本节课的教学不能只定位于让学生掌握等差数列 1，3，5…之和与正方形数之间的关系等具体的知识和技能，而应引导学生在经历以形助数、以数解形中多角度多层次的教学活动和数学思考中，促进学生对数形结合思想的进一步体验和自觉应用，体验数形结合思想的价值，培养学生的数学素养，激发学生的学习兴趣。

2) 动手操作中发展空间观念

给予学生最充分的探究时间和空间，让学生充分地体验和经历。在教学从 1 开始，连续奇数和的问题时，教师应通过让学生根据算式摆图形、对比优化摆图形的方法，在头脑中想象图形，建立数与形的对关系，理解 1+3+5+…的等数都是正方形数，通过图形来理解正方形数的含义，也是借助图形解决连续奇数和的复杂问题。数形结合的过程中，不仅给予学生大量的活动操作时间，也给予学生充分的质疑、猜想、验证的活动空间，使学生感受到用形来解决数的问题的直观性和间接性，同时发展了学生的空间观念。

3) 关注过程中升华学习经验

本节课的教学内容就是数与形，所以数形结合思想的渗透必然贯穿于本节课的始终。另外，在收集连续奇数和的素材过程中，引导学生举例这样的算式写也写不完，可以用省略号来表示，这也在无形中渗透了极限数学思想。对于活动经验的积累方面，一是在探究之前引导学生回顾六年级上册"比赛场次"这一课所积累的活动经验：遇到复杂问题时，可以退回到简单情形借助图形来研究。二是本课再次积累借助图形解决数学问题，体会到数形的完美结合。这些数学思想和数学活动经验的积累无疑会提升学生解决问题的能力。

4) 关注学习中文化拓展渗透

数学文化是重要的教学资源之一。本节课中，教师应适时地在课堂教学中引入数学史知识，比如介绍正方形数、三角形数，拓展五边形数、六边形数，数学家华罗庚的关于数形结合的名人名言，这些数学文化资源有利于揭示数学知识的来龙去脉和数学思想方法的形成，学生在思想上与数学家产生共鸣。可以说，学生在学习过程中，能够真正受到数学文化的熏陶，领略数学文化的精彩，从而感受到数学之美。

3. 评价教学方法和手段

本节课的教学方法应该关注教师如何启发学生挖掘数与形之间的关联，并能对学生的数学表达给予充分的关注，对有困难的学生，能及时地通过谈话法、操作法、示范等方式进行适时的帮助和支持。

教学媒体的应用能起到提高效率、突破难以理解的问题、拓展学生思维的作用。

4. 评价教学基本功

结合本节课教学，教师的基本功主要集中在教师对学生数学表达能力的培养上，即对"如何想""如何说"进行重点点拨。教师能否预计到学生的表达困难，在学生面临困难时用何种方法破解，都是教师教学功力的体现。

教师的发展性评价也能起到持续推进学习的作用，这也是教师最重要的教学基本功之一。

【案例 4-6】评价

1. 评价目标落实

教师应充分研究教材，精准定位实践活动课中操作探究类教学的目标：学生通过生活中的平衡现象的实验，发现左边的钩码数×刻度数=右边的钩码数×刻度数这一规律，初步感受杠杆原理。进一步发现当"左边的钩码数×刻度数"不变时，"右边的钩码数"与"刻度数"成反比例关系，加深了对反比例关系的理解。同时明确学生学习必须经历的过程：通过生活经验的回顾与挖掘，感悟平衡与质量和距离有关，培养思维的周密性、全面性。通过实验寻求规律，培养抽象概括能力，积累动手实验活动的经验，丰富活动体验。强调了情感态度价值观的培养，通过数学化的过程，培养学生养成用数学眼光看待身边的生活现象的习惯，这是深刻认识事物的有效办法。

2. 评价教材处理

实践活动课是集知识性、趣味性和娱乐性于一体的课程，它重在学生参与、实践，旨在巩固知识、运用知识。因此，在"有趣的平衡"活动课的教材处理上，还具备以下几个特点。

1）还数学素材以生活本色

小学生更多地关注"有趣、好玩、新奇"的事物，因此，教师在进行教材的选取与呈现以及学习活动的安排时都应当充分考虑到学生的实际生活背景和趣味性，使他们感觉到学习数学是一件有意思的事情，从而愿意接近数学。教师重组后的教学素材应由学生身边平衡的生活现象到挖掘平衡的本质，由空想平衡的道理到为了发现本质的操作思考，步步深入，引导学生完成感性认识到理性认识的转化过程。

《数学课程标准(2011 年版)》指出：学生的学习内容应当是现实的、有意义的、富有挑战性的，要有利于学生主动去观察、实验、猜测、验证、推理与交流。本节课正是需要体现这样的思想。

2）玩中学习，玩中领悟

《数学课程标准(2011年版)》认为：数学学习活动应当是一个生动活泼的、主动的和富有个性的过程。教师在本节课的引导过程中应该始终注意运用这一理念，重视学生在小组中，通过自主探索、亲身实践、合作交流去体验、感悟蕴藏在平衡中的数学知识。实验操作是本课运用得最多的一种形式，在实验操作中学习是游戏的最高级形式，它不仅能激发学生的学习兴趣，而且有助于学生更好地理解和运用知识。学生从中不仅获得了知识，更重要的是获得了学习的快乐。

3）以学生为主体，人人参与

实践活动课，应让全体学生"动"起来，做到人人参与，这节课就是一个好时机。三次实验操作，全班学生都能参与进来，在热烈的气氛中让学生的兴奋情绪受到激发。实验中有分工，有合作，有交流，较好地体现着学生学会适应群体生存的能力培养。特别是第三次在铁棒左右两边多个刻度上挂钩码的实验，当铁棒平衡时，学生们所能获得的成功喜悦一定是真实的，是发自内心的，这是对学生学习效果的一种暗示性的评价，易于激发学生对数学学习的好感。这样，这节课的学生参与率就能达到百分之百，做到了参与内容广、参与时间长。

4）以媒体为主向，项项直观

实践活动课是一种实践，实践需要直观，这节课的设计需要充分地体现媒体直观性和操作直观性。为此教师首先应营造活动课的氛围，精心布置场景，使学生如身临其境；其次，打破教室组织结构，合并桌子，四人围坐，给学生一种新鲜感，也便于观察与操作；再次，准备大量的学具，让学生实际操作，调动学生的积极性；最后，教师应精心设计制作计算机课件，其形式新颖、生动，使学生在现代媒体中接受教育。

本课的设计应较好地体现出数学新课标的理念，以学生的发展为主旨，实现教学目标的多元化，既有知识技能目标，又有能力培养目标，同时还需要非常重要的情感目标，注重学生的全面发展。

3. 评价教学方法和手段

对于操作的组织和评价是本节课最突出的教学方法。学生操作用时长、难调控是此类课的最大问题。教师需要提前做好充分准备，不仅仅是器具上，还有人员配置是否合理，操作前期学生是否能做到目标明确、程序清晰、观察有序、结论可视等都取决于教师的前期工作是否有效，这些都是课堂观察评价的要点。

4. 评价教学基本功

在操作类型的实践活动课中小组合作是课堂焦点，那么对小组合作的组织、管理、评价就是教师最突出的基本功的展示。教师针对小组进行指导时，是否能在巡视中发现学生的共性问题，及时进行指导和点拨，对于学生个性亮点进行分享和推广，在各组交流中能否提炼出差别和优势，都是对教师教学功力的考量。

常言道，没有完美的课堂。作为课堂教学的观课议课者，首先要学会欣赏他人的付出，诚心学习他人有价值的思考；仔细观察学生的种种表现，通过比照反省自己的课堂教学的得失；秉持关注学生在课堂上是否得到真正成长的判定原则，认真思量，诚恳地提出疑惑或问题，并尝试给出解决问题的办法。

本章小结

"综合与实践活动"的教师是引导学生"从有到优"在活动中锤炼的过程，而不是引导学生"从无到有"地获取新知识的学习过程。它是建立在学生已有数学知识和学习经验的基础上，在解决与生活密切联系的问题中，考验着学生是否具有自觉调用数学知识的能力，检阅其已有的数学思维习惯和锤炼掌握的数学策略的训练。只有清楚领域之间教学的差异，掌握训练要点，才能精准施教，有效地完成综合与实践活动模块的教学任务。

思考题

知识巩固

1. 在综合与实践活动教学中对学生活动经验的培养有哪些方法？
2. 实践活动后应该引导学生针对哪些问题进行反思？

实践活动

1. 以视频优秀课堂教学内容为素材，在班级中进行观课、议课，最终形成个人教学分析及改进建议。
2. 选择一课时教材，进行教材分析和教学设计，然后与相应的优秀案例比较，取长补短。
3. 以教材中的一节实践活动内容为课题写一篇讲课稿。
4. 寻找引发学生兴趣的课外资源为素材，设计一节或一个系列的实践活动课。

第五章　小学数学课堂教学技能

学习目标

➤ 理解教学技能的概念及分类。
➤ 理解各类教学技能的概念和作用。
➤ 掌握与各类教学技能对应的方式和模式。
➤ 了解各类教学技能的评价标准。
➤ 了解各类教学技能训练应注意的问题。

重点与难点

➤ 训练各类教学技能。
➤ 评价各类教学技能。

导入案例

师：今天老师先给大家讲一个故事。

从前有一个小偷，偷了一位老实农民的东西，被当场捕获，送到县衙，可县官发现小偷正是自己的儿子，于是，他在一张纸条的正面写上：小偷应当放掉；在纸条的反面写上：农民应当关押，交给捕快，要求他去办理。

第五章导入案例.mp4

师：县官的要求合理吗？
生：(齐声)不合理。
师：是的，捕快想要秉公办事，但又不能更改县太爷的命令，聪明的捕快想到了一个巧妙的办法，救下了农民，关押了小偷。
生：什么办法？
师：(板书：神奇的莫比乌斯带)莫比乌斯的办法。①

这位教师的导入引起你的注意了吗？故事与新知识有怎样的联系？教师是怎么想到这样设计导入的？教师应具备什么技能？本章的学习将回答你的疑问，使你在学习、训练不同教学技能的过程中逐渐成长为一名理想的教师，像课堂的"磁石"一样吸引学生。

---

① 授课教师：辽宁省沈阳大学小学教育系硕士研究生　宋慧莹。

第一节　小学数学课堂教学技能概述

优秀的小学数学教师在课堂教学过程中的每一个环节，甚至每一个活动中都应体现出教学技能。有人说教学技能就是教学基本功。的确，教学基本功中包含教学技能。那么，什么是教学技能呢？

一、小学数学课堂教学技能的概念

小学数学课堂教学技能，是教师在完成教学设计的基础上，在小学数学课堂教学过程中为促进学生的发展，对教学实施中的诸多可操作性因素进行选择、组合、运用和控制的教学行为方式。这种行为方式可以通过学习来掌握，并可以在训练和实践中得到巩固和发展。也就是说，课堂教学技能并不是一个人行为方式中自然形成的动作组合，也并非教师在平时自然而然地表现出来的某些行为举止，而是教师在课堂内进行有效教学活动的一种最基本的行为规范，它是一种可描述、可迁移、可观察、可培训的具体的教学行为方式。

小学数学课堂教学技能明显的特点是可以通过教师自己在课堂内的行为方式表现出来，作用于学生，影响学生的行为。教师将所掌握的课堂教学技能灵活自如地融入教学过程中，就能够激发学生的学习兴趣，引发学生进行数学思考，促进学生理解和掌握基本的数学知识和技能、体会和运用数学思想与方法，具有基本的数学活动经验和初步的创新意识及科学态度，获得预期的教学效果。

小学数学课堂教学技能贯穿于教学全过程，是以综合形式出现的。为了有效地培训教师的教学技能，并获得明显的效果，需要将其分解为不同的类型，在完成各种类型的技能训练之后，还可将它们综合起来，灵活运用于课堂教学之中，使课堂教学效果大为改观。

二、小学数学课堂教学技能的分类

教学过程是复杂的，教师在课堂上的教学行为是多种多样的，并表现出一定的灵活性。但是，基于培训教师和研究教学的需要，世界各国的师范教育工作者均把课堂教学行为方式分解成不同类型的教学技能。那么，我国将哪些教学行为方式确定为教学技能，作为培养训练的项目呢？

通过对大量小学数学课堂教学进行观察，遵循课堂教学的客观规律，用教学理论进行科学的分析，对有经验的小学数学教师进行调查后确定。我国根据教师课堂教学行为动作的目的、表现方式和顺序等，将课堂教学技能确定为 8 类，即导入技能、讲解技能、提问技能、演示技能、变化技能、强化技能、板书技能、结束技能。

第二节 导入技能

一、导入技能的概念

导入是课堂教学的第一个环节，作为一节课的起始环节，导入是课堂教学必不可少的重要组成部分，是课堂教学给人的第一印象。精彩的导入能够收到先声夺人、引人入胜的效果，如果在一节课的开始就能紧紧地吸引学生的注意力，使他们全神贯注、精神振奋、兴趣盎然、积极主动地去学习新知识，那么整个教学过程就一定能取得理想的效果。正所谓：万事贵乎始。而要有一个良好的开始，就必须具备良好的导入技能。

导入技能是引起学生注意、激发学习兴趣、引发学习动机、明确学习目的和建立知识之间联系的教学活动方式。

导入技能是一种综合性较强的技能。它往往不是通过单一的教学技能就可以完成的，常常需要把几种教学技能有机地融合在一起，才能达到导入的目的。例如，案例 5-26、案例 5-27、案例 5-28，就在导入中融入了讲解、演示、提问、板书等教学技能。

课堂教学的导入起着酝酿情绪，吸引注意，明确主题和带入情境的作用，它可以为学习新知识作诱导、鼓动、引子和铺垫，使学生目的明确地、积极主动地投入到探索新知的过程之中。

二、训练导入技能的步骤

当你了解到导入技能的概念和作用之后，你想具有导入技能吗？你知道有哪些导入方式？怎样训练自己的导入技能？如何评价自己具备了怎样的导入技能呢？让我们共同开启导入技能的训练。

1. 确定导入方式

具备导入技能的第一步是收集材料了解导入的方法。无论课内课外，我们都要多听、多看、多积累导入方式。在此过程中，你会发现，导入的方法有很多，不同课型、不同内容、不同教师、不同侧重点，会表现出不同的导入方式，本书将其归纳为下述 7 种。

1) 以旧引新

以旧引新是指教师引导学生在已有知识经验的基础上，运用已知和未知之间的相关性和递进性，在温故的基础上提出新课题而导入新课的方式。在导入新课时进行旧知的铺垫，需要运用迁移原理，发挥旧知对新知的迁移作用，从回忆、复习、提问、做习题等教学活动开始，提供新旧知识联系的支点。这样的导入能够让学生感到新知并不陌生，便于将新知纳入到原有的认知结构，降低学生学习新知的难度，易于引导学生参与学习活动过程，并能使学生体会知识之间的内在联系，将所学知识融会贯通。

案例 5-23 "找质数"可谓以旧引新导入的经典案例。教师在明确新旧知识间的相同因素"因数"的基础上，引导学生运用已有知识(找因数)经验(拼长方形)做习题，在温故的基础上完成学习任务，在比赛的情境中，产生认知冲突，从而导入了新课。

【案例5-1】以旧引新导入"小数乘小数"①②

多媒体自上而下依次出示8×3，80×3。

师：接着写，你觉得可以写什么？

生：800×3，8000×3。

师：真好，如果往上写呢？

生：0.8×3，0.08×3。

师：完全正确！把这些算式分分类，该怎么分？

生：小数乘整数的分为一类，整数乘整数的分为一类。

师：今天，我们就来研究小数乘小数(板书)。

以旧引新导入"小数乘小数".mp4

从心理学中关于迁移的原理看，新旧知识间的相同因素，即共性的东西越多越突出，迁移的发生就会越顺利、越有效。设计导入时，教师要认真钻研教材，分析新旧知识经验间的相互联系，摸清学生原有的知识水平和兴趣点，精心选择复习提问时新旧知识联系的支点和展开教学活动的趣味性因素。教师只有把握这种关联，才能找出铺垫性较强的学生已有知识经验和刺激性较大的活动方式。

2) 开门见山

开门见山是指教师在教学一开始就直接阐明主题、学习目的、主要内容等，引导学生迅速进入新知识探究活动的方式。这种导入方式通常从学生尚未知晓的内容入手，在一个相对独立的教学内容的起始课使用，或在没有更恰当的导入方式时使用。导入时，教师应运用简洁、明快的讲述或设问，提纲挈领地讲清重点难点，以引起学生的注意，迅速将学生引入求知的领域。

【案例5-2】开门见山导入"体积和容积单位"③

教师直接板书课题"体积和容积单位"(先写"体积单位"，再填上"容积单位"，在板书的同时要求同学们和老师一起读题"体积单位和容积单位")，然后指着课题提问：同学们，看到这个课题你想说什么？

生：这个课题是什么意思？体积单位是什么？容积单位是什么？体积和容积单位有什么关系？

师：问得好！那就让我们一起来认识体积和容积单位吧！

开门见山导入"体积和容积单位".mp4

此课的导入，干净利落、直奔主题，将导入技能与板书技能融为一体，以师生互动的方式将学生带入新知识的学习氛围之中。

【案例5-3】开门见山导入"三角形的面积练习课"

师：同学们，今天这节课我们要进行三角形面积的练习，通过这节课的练习可以让大家进一步熟练掌握计算三角形面积的方法，并能运用已掌握的知识解决我们在日常生活中

---

① 王玉东. 回归知识原点 建立知识关联——"小数乘整数"教学实践与思考[M]. 小学数学教师, 2019(6).

② 授课教师：辽宁省沈阳市皇姑区昆山西路第二小学 李丹平。

③ 授课教师：辽宁省沈阳市皇姑区昆山西路第二小学 李丹平。

遇到的实际问题,老师希望大家能轻松愉快地掌握这部分内容。上课时大家要积极动脑,踊跃发言。

这是一节练习课的导入。练习课的导入通常应直奔主题,让学生明确目的要求。因为练习课是新授课的延续,以做练习为主,这样的课如果在导入时不能使学生明确哪些知识是重点、难点,哪些知识点需要提升,要形成哪些技能、掌握哪些方法,有什么要求,而只是让其盲目地做习题,很容易使学生产生枯燥乏味、兴趣索然的感觉。

3) 生活事例

生活事例是指教师运用学生生活中熟悉或关心的事例导入新课的方式。作为导入的事例,必须具有吸引学生的注意力、亲切、新奇、刺激、醒目等特点。这些事例可以是日常生活中的小事,也可以是国家大事,可以借助多媒体以说新闻或讲往事的形式呈现。在小学数学教科书上,以生活事例导入新课的例子比比皆是,我们只需恰当地使用即可。

【案例 5-4】生活事例导入"小数的加减混合运算"[①]

师: 刚刚传来消息,现在全市小学生大合唱比赛的最高总分是 9.43。我校参加全市小学生大合唱比赛的专业得分是 8.65 分;综合素质得分是 0.88 分。

生: 我校是最高分吗?

师: 有同学已经拿起笔算上了! 我们也行动起来吧!

生活事例导入"小数的加减混合运算".mp4

教师只要充分挖掘生活与数学的密切联系,运用学生关心的生活事例导入新课,就可将学生带入积极、主动的新知探究过程之中。

4) 讲故事

讲故事是指通过讲故事的方式导入新课。根据教材内容的特点和需要,选择与课题内容联系紧密的故事或童话,可以收到寓教于趣之功效,如本章的导入案例。

5) 创设情境

创设情境是指教师通过语言描述、提出问题或演示,创设问题情境导入新课的方式。通过情境的创设可以诱发学生的探究心理,引发其学习的欲望和兴趣,促使其积极进行思维活动。

【案例 5-5】创设情境导入"两位数乘两位数(进位)乘法练习课"

多媒体呈现学校会议中心的座位图。

师:学校会议中心有 13 排座位,每排能坐 28 人,大家算一算,会议中心一共能坐多少人? 请一位同学到黑板上来做。其他同学在练习本上做。看谁做得又快又准。(教师巡视,看到有学生举手示意完成,黑板上的同学也完成后,让黑板上的同学给大家讲一讲他的做法)

师:我们在计算两位数乘两位数的进位乘法时应注意哪些问题呢? (学生回答乘的顺序、

---

① 授课教师:辽宁省沈阳市大东区杏坛小学 于嘉文。

位置、进位等)嗯。老师很高兴大家知道这么多，这节课我们就用这些知识解决问题、提升本领(选自学生作业)。

不难看出，案例 5-5 的导入是创设情境、以旧引新等导入方式的综合运用。通过引导学生在具体情境中解决问题导入新课，也反映了在教师的引导下，学生主体作用的发挥、主观能动性的培养。

【案例 5-6】创设情境导入"综合训练课"[①]

师：今天我们一起上一节数学综合训练课。大家看第一张学习任务单，要求在 5 分钟内完成。

学习任务单 1

请认真把试卷读完，然后请在试卷左上角写上自己的姓名。

脱式计算。(略)

解方程。(略)

甲、乙两地相距 300 千米，一辆汽车从甲地开往乙地，平均每小时行驶 60 千米，4 小时后离甲地多少千米？

带着小狗的小明和小兵同时分别从相距 1200 米的两地相向而行。小明每分钟行 55 米，小兵每分钟行 65 米，小狗每分钟跑 240 米，小明的小狗遇到小兵后立即返回向小明这边跑，遇到小明后再返回向小兵这边跑，当小明和小兵相遇时小狗一共跑了多少米？

如果你已经认真读完了第七道题，请只完成第一题。这样的测试有意义吗？

小红的房间长 4 米，宽 3.2 米，她爸爸准备把南内墙刷上彩漆。这面墙上窗户的面积是 28 平方米，算一算小红爸爸至少需要买多少千克彩漆？(每平方米大约用彩漆 0.4 千克)

只见学生为了在规定的时间内完成任务，人人奋笔疾书，5 分钟过去了，学生很不情愿地放下笔。老师："完成这张学习任务单的同学请举手。"学生各个沮丧，只有一个小男生有点愤愤不平，"老师你耍我们。""我耍你们？你看第六题。"是啊，"老师你真的是在耍我们"学生们马上叫嚷起来，"我真的是在耍你们吗？"孩子们从七嘴八舌的争论中渐渐冷静了下来，反省。是啊，要求好像写得挺清楚的，我们就没有耐心好好地把试卷读完。我们习惯把名字写在左上角后就开始做题了。

华应龙老师的这种特殊的导入方式，相信会使学生们在具体情境中充分地感受到认真、耐心地进行审题是多么重要，这远比老师平时对学生不厌其烦的"谆谆教诲"显得深刻有效。

6) 形象直观

形象直观是指教师通过实物、模型等直观教具，以及计算机等多媒体技术对与教学内容的相关信息进行演示，引导学生直接观察思考从而导入新课的方式。采用形象直观的方式可以为学生提供生动直观的感性材料、强烈的视听效果，以及逼真的现场感受，不仅能吸引学生迅速进入学习情境，而且能使抽象的数学知识具体化、形象化，有助于加深学生对知识的理解。

---

① 授课教师：北京市第二实验小学　华应龙。

【案例5-7】形象直观导入"神奇的莫比乌斯带"①

师：看老师手上拿的是什么呀？

生：纸条。

师：这可是一张神奇的纸条，有多神奇呢？我手中有两个曲别针，大家注意啊！我把两个曲别针分别别在纸条两端，大家观察有没有连在一起呢？

生：没有。

形象直观导入"神奇的莫比乌斯带".mp4

师：现在老师就利用这张纸条变一个魔术，让这两个曲别针手牵手连在一起，成为好朋友。如果成功，你们要送给我——

生：掌声。

师：我请一名同学帮我一下，你拿这端，我拿这端。见证奇迹的时刻到了。(拉纸条)惊讶！掌声响起。

师：其实每张纸条都有神奇的地方。今天这节课老师就和大家一起做一个数学游戏，我们一边玩一边研究，看看这张普通的纸条究竟有多神奇。

我们看到，老师在引导学生观察的过程中，及时指出学生观察的方向，促进他们的思维，吸引其注意力，为学习新知识做好铺垫。

7) 巧设悬疑

巧设悬疑是指教师通过具体事例或实践，创设一种具有悬念的情境，激起学生急切期待学习的心理诉求从而导入新课的方式。

【案例5-8】巧设悬疑导入"找质数"②

课前教师把一副只剩下带数字的扑克牌交给第一排讲桌旁边的王林同学，让他洗牌。

师：王林，老师给你的扑克牌洗好了吗？

王林：洗好了。

巧设悬疑导入"找质数".mp4

老师从王林手里接过扑克牌说：我们先玩一个找数的游戏。老师从这副扑克牌中随意取出7张，你可以从中任意抽一张，谁来？张红来。大家看老师闭上眼睛没看哦，你们记住张红抽的牌是什么。现在老师把张红抽的这张牌放回这7张牌中。请张红按着老师的要求洗牌：按你刚才抽到牌的牌面数字，从上面的牌开始依次往下放。比如你抽到的是5，就先从上面拿一张牌放在最下面，然后拿第二张放在最下面，依次再拿第三张放在最下面，再拿第四张放在最下面，把第五张翻过来，放在最上面……依次类推，直到把这7张牌全部翻过来为止。洗好了吗？洗好后把牌交给老师。现在老师可以睁开眼睛了吧？

老师故作冥思状，摊开7张牌，果断地猜中了张红抽到的那张牌。同学们一片叫好和惊讶。

---

① 授课教师：辽宁省沈阳市沈河区朝阳一校 刘洪强。

② 授课教师：辽宁省沈阳市沈河区朝阳一校 刘洪强。

> 师：对呀，老师是怎么猜到的呢？因为老师选的这个 7 是一个质数。什么数是质数？现在我们就来找质数。(板书：找质数)

"学起于思，思源于疑。"教师在课的导入环节以生动具体的事例，甚至让学生身临其境参与活动，提出具有刺激性的悬念，扣住学生的心弦，不失为一种有效的导入方式。

2. 遵循导入模式

导入模式由 4 个阶段构成。无论用什么方法、从哪个角度导入新课，都要按照这 4 个阶段展开，才能达到导入目的，训练导入技能，提升导入能力。

1) 引起注意

导入新课的目的就是为了让学生为完成新的学习任务做好心理上的准备。因此，首要的是千方百计地把学生的心理活动集中在课堂上，与教学活动无关的甚至有碍的言行要迅速得到抑制。学生只有专心于导入活动，才能从教学伊始便鲜明而清晰地明确做什么和怎么做，渴求知识的获得，直至到达目的地。正可谓"凡是真正渴求知识者，每能得之"，这是知识的特性。

对于小学生来说，上课开始就要求其将注意力直接集中在新知识上是不现实的，而导入技能恰是用来解决这一问题的。教师可采用多样化的导入方式，首先引起学生的无意注意。例如，本章导入案例，教师把故事讲得声情并茂，极富感染力，吸引了学生的全部注意力。概括地说，吸引学生的注意力可以通过屏幕呈现精美图片，放映精彩片段，演示实物、模型由远及近、由外至里，在形状、大小、颜色、明暗度、持续时间上的显著差异；教师生动的语言，抑扬顿挫的语调，并配以适当的手势、面部表情和走动；导入内容的新颖、刺激；等等。

2) 建立联系

建立联系就是要建立无意注意和有意注意之间的联系，即背景烘托和数学信息、数学知识的联系。显然，在进行第一个阶段"引起注意"，即把学生的无意注意力调动和组织起来的过程中，教师必须清醒地认识到，其实在背景中应包含本课应知的新数学内容。例如，在精美的图片中包含数学信息；在精彩的片段中蕴含数学问题；在变化的实物、模型中具有几何图形的特征；在教师娓娓道来的言语中蕴含着数学概念……在学生余兴未了之时，教师必须适时地引导学生将注意力集中于课堂教学的主题，使学生的注意力和兴趣与所要学习的新知识、经验、技能建立牢固的联系，完成无意注意向有意注意的转化。像本章导入案例故事中的"正面内容""反面内容""巧妙办法"使学生的注意力与要学习的"神奇的莫比乌斯带"建立联系。

3) 激起矛盾

要真正激发学生的学习动机，仅靠建立起联系产生有意注意还是不够的，接下来，还必须在教学情境中制造新旧知识之间的矛盾，引起学生原有的认知结构与新的教学内容之间的对峙，并且使这一矛盾激化，这样才能使有意注意上升为学生的求知欲望与学习动机。例如，在本章导入案例中，捕快的做法必将使学生产生认知冲突，会默默地思索：他的办法是什么？

4) 期待学习

已经激起学生的求知欲望与学习动机之后，导入并没有结束。接下来，教师还必须适时地引导学生，把求知欲望指向具体的学习目标，以引起学生的学习期待，至此才能完成一个完整的导入过程。例如，本章导入案例的结尾，教师堪称经典的回答激起了学生强烈的求知欲，与新课构成无缝链接。

在训练导入技能时，往往重视前面几个阶段，或者将主要精力集中在如何调动学生的注意力与激发学生的兴趣上，这固然是重要的，但不能忽视或漏掉对学习期待的指引，否则容易使学生的兴趣在无意注意中产生，又在无意注意中消失而形成功亏一篑的局面。因此，在导入技能的训练中应重视对后继学习活动的指引，使导入善始善终。

3. 评价导入技能

评价导入技能是指评价受训者导入教学的具体实施情况。当我们明确了导入方式之后，便可依导入模式设计训练导入技能的教学方案，并根据自己拟定的教案实施教学。

欲知晓教案的形式及表中各栏目的编写内容与要求请扫二维码"扫码内容 5-1"。

扫码内容 5-1.docx

教学的实施与设计是否实现了预期的训练目标和教学目标呢？对导入技能的评价可以回答相应的疑问，及时获得反馈信息。根据导入技能的训练目标和评价标准，通过生生交流、师生探讨，诚恳、及时的评价及教师准确的点评，可以使受训者对训练的目标、努力的方向更加明确；对教学技能的结构认识得更加科学、准确，从而调整、矫正自己的教学行为；也能够使教学技能的训练更趋于合理，符合教学的客观规律。因此，评价导入的设计与实施过程是增强训练效果的重要环节，对技能形成起到强化和完善的作用。为了使技能训练得到深化，我们可以全员完成导入技能评价单(见表 5-1)。

表 5-1　导入技能评价单

课题　　　　　　　　　　　　　　　　　　　　　　　　年　　　月　　　日

受训者		学号		指导教师			
请听课后对以下各项作评价，在恰当等级处打分					总分		
导入技能的训练目标和评价标准	评价等级						权重
	优	良	中	及格	不及格		
1.能自然地引入新课，衔接紧密恰当							0.2
2.引入所用资料与教学新知识联系紧密，目的明确							0.2
3.能面向全体学生，将学生引入学习情境，激发学生的兴趣和学习积极性							0.3
4.讲话感情充沛，语言清晰，有感染力							0.1
5.导入时间掌握得当、紧凑							0.2
其他意见							

评价员：　　　　　　　　　　　　　　　　　学号：

三、训练导入技能应注意的问题

1. 导入内容中必须包含新知成分

我们必须清醒地认识到，导入的功能不仅在于吸引学生的注意力、激发学生的兴趣，而且在于建立新知和旧知之间的联系。因此，在导入的内容中必须包含本课将要学习的新内容的成分，那种不包含新内容成分或新内容成分比较隐晦的导入资料是不合格的资料。但是我们也不能单纯为了寻求联系和趣味而牵强附会地构建联系和乐趣，那些与本课教学重点联系不紧密，不能为新授课起引导和启发作用的内容(情境、复习、提问等)作为导入只是浪费教学时间、分散学生的注意力。

2. 导入时间要恰当

因为导入仅仅是"序幕"，不是主题，所以不可用时过长，最多不能超过 3 分钟。不能滔滔不绝而不着边际，冗长啰唆而离题万里，故意绕圈子走弯路等，造成课堂资源的浪费。

第三节　讲 解 技 能

从 2500 多年前中国孔子的"私学"到"教学活动是师生积极参与、交往互动、共同发展的过程"呼声高涨的今天，讲解一直是教学中应用最普遍的行为方式。讲解之所以在教学中受到偏爱，主要是因为讲解具有传授知识容量大、教学效率高、使用简单方便等突出优点。因此，讲解技能是教师必须掌握的重要教学技能。那么什么是讲解技能？讲解技能的关键要素是什么？如何才能够培养讲解技能？养成讲解技能的标准是什么？本节将带领大家共同了解讲解技能，一览其庐山真面目。

一、讲解技能的概念

讲解技能是教师用语言讲述知识与技能，启发思维、交流思想感情，激发学习兴趣的一种教学活动方式。讲解技能以"教师用语言讲述"为核心，这是讲解技能在行为方式上的特点。讲解技能在教学活动中的作用是"传授知识与技能，启发思维、交流思想感情，激发学习兴趣"。可见，语言是讲解技能的关键要素。

语言的质量直接影响讲解技能的效果。在讲解中对语言的基本要求是语音、语速、语调和音量符合标准；对语言的进一步要求是准确、明白、连贯、有逻辑、有节奏；对语言的更高要求是有感染力和吸引力。

通过教师思路清晰、准确明白、情感丰富的讲解，可以在短时间内使学生由不会到会、由不懂到懂、由不知到知之，从而达到形成知识、掌握方法、启迪思维、陶冶情操和培养严密简洁的语言表达之目的。

讲解技能是教学活动中微观意义上的教学技能，是作为基本教学技能进行训练的，在实际的课堂教学活动中，它将与其他教学技能有机地结合在一起综合应用，构成整课教学的整体。因此,讲解技能并不等于讲授式教学法,并且在微观意义上的讲解技能训练中,我们更提倡启发式讲解,反对灌输式讲解。

【案例 5-9】讲解"分数的产生和意义"[①]

> 同学们好!这节课我们一起来学习分苹果——分数的产生和意义(板书)。
>
> (媒体出示)妹妹和奶奶要分一个苹果,一人正好分得一半,这时妹妹想到一个问题:一个苹果可以用整数 1 来表示,半个苹果可以用几来表示呢?三年级的时候我们就知道,这是一个分数问题。
>
> 讲解"分数的产生和意义".mp4
>
> 那么,什么是分数呢?把单位"1"平均分成若干份,表示这样的一份或几份的数叫作分数(板书)。表示为 $\frac{n}{m}$,注意 $m \neq 0$(媒体出示文字)。例如,把一个苹果看作单位"1",把它平均分成两份,每一份都是 $\frac{1}{2}$(结合多媒体演示)。
>
> 那么什么是单位"1"呢?我们可以把单位"1"看作(媒体出示)一个物体,如一个鸡蛋、一条小狗、一本书;单位"1"也可以是(媒体出示)一些物体,如一些鸡蛋、一些窗户、一些字母;单位"1"还可以是(媒体出示)一个计量单位,如一段时间、一个温度、一些重量。
>
> 看!这是一个分数 $\frac{1}{2}$,中间的横线叫分数线,表示平均分;分数线下面的数 2 是分母(板书),表示把单位"1"平均分成的总份数,如把一个苹果平均分成两份,2 就是分成的总份数,它就是分母;分数线上面的数是分子,表示所取的份数,如把一个苹果平均分成了两份,其中的一份就是 $\frac{1}{2}$。
>
> 了解了分数,我们再来认识分数单位。把单位"1"平均分成若干份,表示这样的一份的数叫分数单位(板书)。如 $\frac{3}{5}$,表示:把单位"1"平均分成 5 份,表示这样的 3 份,就是 $\frac{3}{5}$。而其中的一份 $\frac{1}{5}$,也就是 $\frac{3}{5}$ 的分数单位了。

这是一节网络微型辅导课,在没有学生配合的条件下,教师以符合标准的语音、语速、语调和音量,准确、明白、连贯、有逻辑、有节奏地对各知识点及应用给予说明。

当然这是基于预习的辅导教学,在小学数学常态教学中,我们不允许也不可能以单纯的讲解进行教学。

二、训练讲解技能的步骤

1. 准备讲解资料

收集、准备的讲解资料包括讲解的内容和方法。其中准备的讲解内容至少应该包括基础知识,即概念、公式、法则、规律等的内涵、外延及其正确表述;基本思想,即抽象、

---

① 授课教师:沈阳大学小学教育系硕士研究生 齐小维。

推理、建模……的内涵、外延及其通俗表达；基本活动经验，即动手操作解决问题、转化为旧知识解决问题的过程；例证，即列举的事例，将熟悉的对象与新知识建立联系。收集、准备的讲解方式至少应该包括说明性讲解、描述性讲解、论证性讲解方式。同时，为讲解所准备的资料须丰富翔实，与课题联系紧密，且富有科学性、知识性和趣味性。

2. 确定讲解方式

小学数学教学常用的讲解方式有 3 种。

1) 清晰说明

清晰说明是指教师清楚明白地解释数学概念、介绍数学符号、分析数学问题的讲解方式。清晰说明是经常的、普遍运用的一种讲解方式，适用于初级的、具体的、事实性的知识讲解。

【案例 5-10】清晰说明讲解"分数的意义"

三年级我们曾经学过分数 $\frac{3}{4}$，把一个正方形平均分成四份，表示这样的三份可以用分数 $\frac{3}{4}$ 表示；把四个棋子平均分成四份，(用手势启发学生和教师一起说)表示这样的三份也可以用分数 $\frac{3}{4}$ 表示；把 12 瓶水平均分成四份，表示这样的三份还可以用分数 $\frac{3}{4}$ 表示。为什么呢？因为我们在平均分的时候，无论被分的事物是多少，都可以把它当作一个整体。一个正方形是一个整体；四个棋子是一个整体；12 瓶水也是一个整体，我们还可以把这个整体叫作单位 1。这时我们就可以说：把一个整体平均分成若干份，表示这样的一份或几份的数叫作分数，或把单位 1 平均分成若干份，表示这样的一份或几份的数叫作分数。

教师以标准的普通话，先慢后快、生慢熟快、难慢易快的语速，抑扬顿挫的语调和高低起伏的音量娓娓道出整体和单位 1 的由来，进而清清楚楚地说出什么叫分数。在讲解的过程中，时而教师单独讲，时而师生齐声讲，但教师始终信心满满、从容不迫、用词准确、有逻辑地交代因果关系。除有意重复、停顿或拉长声音吸引学生的注意力、引发学生思考带动学生发声之外，没有任何吞吞吐吐、游移拖沓、意义分散或跳跃现象。

2) 生动描述

生动描述是指教师入情入理地叙述人、事、物发生发展变化的过程和形象、结构、要素，使学生对所描述的事物有一个完整的形象、有一定的认识的讲解方式。生动描述是使用频率较高的一种讲解方式，适用于初级的、具体的、形象的知识或情境，辅以多媒体或实物演示的描述，会收到更好的效果。例如，例证的描述，参见案例 5-27 中对古人分数表达方式的描述及案例 5-9 和 5-11。

例证是讲解技能的资料要素之一。为了使例证有效地发挥其教学功能，应注意以下 5 点。

(1) 举例内容要恰当。所举例证的内容要正确反映教学内容中的数学事实。

(2) 举例适合学生的认知水平。例证应是教学内容所涉及的一类事物中的典型事例，数学事实的本质因素或稳定联系在例证中的表现形式是比较鲜明的，便于学生分析、概括，符合学生的经验和兴趣。

(3) 举例数量符合认识过程的要求。举例数量对于获得新知识是十分必要的，少了不足以说明问题，多了容易使人厌烦。

(4) 注重分析。例子不在于多，而在于把例证与数学事实之间的关系分析透彻，这样才能使学生举一反三。

(5) 正确使用正面例证与反面例证。学生容易从正面例证中获得新概念、新规律，在没有形成正确理解之前对反面例证的否定是比较困难的，所以在引入新知识时正、反面例子交叉使用容易造成混乱，应尽量在学生初步理解新知识之后，再使用反面例证。

【案例 5-11】生动描述讲解"认识小数"[①]

小明是一个数学小学霸，喜欢读书，还喜欢观察生活中的数学现象，用笔、本记录下来思考解决。这不，周末小明和妈妈去超市，看到许多价格标签，就把自己喜欢物品的价格记在了本子上：笔记本 3.15 元；铅笔 0.50 元；尺子 1.06 元；钢笔 6.66 元(多媒体呈现)。写完以后他发现了一个问题。同学们也写一写，看看自己能发现什么问题？好，我们和小明对照一下，小明发现他写的这些数字中都带有一个小点儿。这时他想，带上一个小点儿的数字还叫数吗？妈妈告诉他：你不是喜欢读书吗？回去妈妈找书给你看。小明在书中看到

生动描述讲解
"认识小数".mp4

● 认一认，读一读。

像 3.15、0.50、1.06、6.66 …… 这样的数，都是小数。

3.15　读作：三点一五。
0.50　读作：零点五零。
　↑
小数点

看完，小明高兴地和妈妈交流了起来。

教师巧妙的构思加亲切的描述不仅让学生看到了小数的概念和读写法，而且对学生进行了学习习惯和学习方法的引导。

3) 严密论证

严密论证是指教师从问题引入到对问题进行分析、推理，直至得出结论的讲解方式。由于这种讲解方式必须经历对问题的观察、分析、抽象、概括的过程，所以能够传授学生数学思想方法，启发学生的思维，发展学生的能力。

【案例 5-12】严密论证讲解"分数乘法(一)"[②]

以上同学们通过直观和分数加法运算求出了 3 个 $\frac{1}{5}$ 是 $\frac{3}{5}$，既然是求三个相同加数的和，我们就可以用简便运算——乘法(板书课题)来计算，(边板书边说) $\frac{1}{5} \times 3 = \frac{1}{5} + \frac{1}{5} + \frac{1}{5} = \frac{1+1+1}{5}$。

严密论证讲解"分数乘法(一)".mp4

---

① 授课教师：辽宁省沈阳市大东区杏坛小学　于嘉文。
② 授课教师：辽宁省沈阳市大东区杏坛小学　于嘉文。

发现了吗？分子又出现了三个相同加数的和，同样可以改写为乘法 $\frac{1}{5} \times 3 = \frac{1 \times 3}{5} = \frac{3}{5}$。我们与第二种方法对比，发现，(边板书边说)去掉相同的部分之后，$\frac{1}{5} \times 3 = \frac{1 \times 3}{5} = \frac{3}{5}$。通过这个问题的解决，我们找到了分数乘法的运算方法。回顾一下分数乘法怎样运算？你会算了吗？考考你。

2 个 $\frac{3}{7}$ 的和是多少？你还可以通过画一画、算一算、比一比、说一说的方法来解决哦。

教学中，教师通过对学生解决问题的方法的概括，有根有据、合乎逻辑地引出分数乘法运算，再经过严密的推理得出了分数乘整数的运算方法，从而培养了学生的观察、分析、推理、计算、抽象、概括的能力。

【案例 5-13】严密论证讲解"长方体特征的认识习题"①

我们来看一个有挑战性的问题。

两个相同的小长方体长 12 厘米、宽 8 厘米、高 4 厘米，若将这两个小长方体拼贴在一起放，形成的大长方体的棱长总和比两个小长方体的棱长总和减少多少厘米？

问题来了，同学们可以先画图，标出已知信息，再根据题意进行分析。

严密论证讲解"长方体特征的认识习题".mp4

(教师看到学生需要提示)

很多同学都发现不同的摆法减少的棱长总和可能不一样，那么我们就要分别进行分析了，也就是分别讨论不同的摆法。

(1) (边演示边讲解)上下摆放减少了上面和下面两个面，也就是减少了四个长和四个宽。

(2) 前后摆放也是减少两个面，前面和后面，也就是减少了(学生和老师一起说：四个长和四个高)你会啦！

(3) 左右摆放(学生和老师一起说：也是减少两个面，左面和右面，也就是减少了四个高和四个宽)你懂啦！

那我们算一算吧！

此案例中，教师首先描述问题情境，出示例题；然后引导学生分析理解题意、发现数学信息、明确数学问题；接着分析解决问题的思路和方法；最后通过推理计算解决问题。由此可见，严密论证通常需要 4 个步骤。

(1) 描述问题情境或直接说明问题。

(2) 发现数学信息明确数学问题。

(3) 分析解决问题的思路，选择解决问题的方法。

(4) 逻辑推理、数学计算解决问题，归纳总结得出结论。

3. 遵循讲解模式

讲解模式共分 3 个阶段。只有按照这 3 个阶段展开训练，才能提升讲解能力，起到讲

---

① 授课教师：辽宁省沈阳市大东区杏坛小学　于嘉文。

解作用。

1) 引入阶段

引入是讲解的开始。引入的着手点在哪里？要回答这个问题可以从结论出发进行追溯。

(1) 从分析准备讲解的结论出发。例如，案例 5-12 的"以上同学们通过直观和分数加法运算求出了 3 个 $\frac{1}{5}$ 是 $\frac{3}{5}$"。

(2) 找出构成结论的因素有哪些。例如，案例 5-12 的"三个相同加数""乘法"。

(3) 这些因素之间是以什么联系构成结论的。例如，案例 5-12 的"求三个相同加数的和"。

(4) 这些因素中哪些是已知的、哪些是未知的。例如，案例 5-12 的"已知问题中提供的数学信息、整数乘法和分数加法的意义概念及运算法则。未知：分数乘法的意义和运算法则"。

(5) 进一步分析发现。例如，案例 5-12 的"我们就可以用简便运算——乘法(板书课题)来计算，(边板书边说) $\frac{1}{5} \times 3 = \frac{1}{5} + \frac{1}{5} + \frac{1}{5} = \frac{1+1+1}{5}$"。

2) 展开阶段

展开是指对主题进行说明、描述和推理。由引入的分析，明确了新知识和原有知识经验之间的联系及新知识的结构，从而可以根据已有知识经验、新知识的结构、学生的认知规律，由浅入深、由表及里的认识原则，有逻辑有顺序地展开新知识的系统讲解。例如，案例 5-12 的"发现了吗？分子又出现了三个相同加数的和，同样可以改写为乘法 $\frac{1}{5} \times 3 = \frac{1 \times 3}{5} = \frac{3}{5}$。我们与第二种方法对比，发现(边板书边说)，去掉相同的部分之后，$\frac{1}{5} \times 3 = \frac{1 \times 3}{5} = \frac{3}{5}$。通过这个问题的解决，我们找到了分数乘法的运算方法"。

3) 总结阶段

总结是指得出主题的结论或结果并给予明确和强调。

注：对于小学数学教学来说，此阶段的内容更适合于使用其他教学技能。

4. 评价讲解技能

这与其他技能的评价相同。如表 5-2 所示，讲解技能评价单中给出了讲解技能的训练目标和评价标准。

表 5-2　讲解技能评价单

课题					年　　月　　日	
受训者				指导教师		
请听课后对以下各项作评价，在恰当等级处打分				总分		
讲解技能的训练目标和评价标准	评价等级					权重
	差	中	好	很好		
1.为讲解提供了丰富的材料(如实物和多媒体演示、比喻、例证、准确科学的数学知识结论等)						0.2

续表

讲解技能的训练目标和评价标准	评价等级				权重
	差	中	好	很好	
2.讲解时口齿清楚，声音洪亮，语速恰当，节奏有变化，语言简洁、生动、流畅，富有逻辑性、启发性和趣味性					0.3
3.讲解过程紧凑、完整、系统，衔接、过渡自然，将知识的发生、发展及本质特征、相互联系清晰地讲述给学生，帮助学生纳入自己的认知结构之中					0.35
4.讲解中能恰当地注意反馈与调整					0.15

还有什么意见？请写在下面

评价员：　　　　　　　　　　　　　　　　　　　　学号：

三、训练讲解技能应注意的问题

1. 讲解用在"刀刃上"

随着人才培养模式的变革，满堂灌的讲授式教学方式已被人们摒弃。但是，必要的讲解永远不会退出课堂教学的舞台。比如，用于辅导和系统整理知识的微课；情境的描述；数学符号的说明；学生无法解决问题的解释等。也就是说，讲解要用在必须使用之处，而不是随处可用，通俗地说就是好钢要用在"刀刃上"。我们在进行讲解技能训练时，为了训练学员讲解的系统性和逻辑性，可以针对一个知识点进行训练，但并不等同于真正的课堂教学也如此进行。

2. 讲解要与其他技能有机结合

讲解技能训练也不是单一使用教师的语音进行教学，只有将语言与体态、神态、多媒体等其他技能有机地融合在一起进行教学，才能实现讲解技能的培训目标。

3. 重复结论不等于强调

在讲解的过程中不能平分秋色，要对重点内容重点强调。我们在确定重点时，往往把新知识结论作为课程的重点，那么，反复重复知识结论就是强调重点了吗？不然。知识结论的确是需要强调的，如教师的说明、解释、分析、概括、板书甚至发问等，但这还不足以给学生留下深刻的印象。教师还需要强调结论中的关键要素及其要素之间的关系，强调新知识与原有知识的联系和区别。只有这样的强调才能将新知识稳固地建立在学生的认知结构中。

4. 讲解要与学生思维同步

由于讲解主要是教师讲学生听，所以新教师往往忽视学生的反应，沉浸在自我讲解的情境中，致使教师的讲解进程与学生的思维不能同步，导致教师自认为讲得很清楚，但学生并没有听会、听懂或听进去。为了消除这种弊端，教师在讲解中应该边讲解边注意观察学生的反应，并进行必要的提问以获得反馈，及时调整讲解的方式或进行必要的重复。

有经验的教师会将自己的讲解滞后于学生的思维，在学生渴求之时进行讲解。

第四节　提问技能

提问在教学中的应用历史悠久。古希腊教育家苏格拉底主张通过对话使学生发现真理，并以此作为研究教学法的基础。德国教育家第斯多惠说："运用基本的方法的教师，即使在进行所谓科学的教学时，也反其道而行。他从学生现有的发展水平出发，通过一些影响学生认识能力的问题来引起他们的主动性，而且不断地激发他们，引导他们获得新的认识和产生新的思想。"可见，问题是形成提问技能的核心要素。那么问题是怎样的？如何设计有质量的问题？什么是提问技能？怎样才能够形成提问技能？形成提问技能的标准是什么？本节将带领大家共同了解提问技能，一览其庐山真面目。

一、提问技能的概念

提问技能是教师根据一定的教学目的、任务和内容，在学生已有知识经验的基础上，在教师提出问题、学生回答问题的过程中引导学生获得新知识或巩固所学知识的一种教学活动方式。"在教师提出问题，学生回答问题的过程中，引导学生获得新知识或巩固所学知识"是提问的功能特点。这种功能特点要求，问题应该是与重点内容、关键内容或难以理解、记忆的内容相对应的问题，问题应具有启发性、定向性、概括性和系统性。

1. 启发性

只有问题富有启发性，才能激发学生积极的思维活动，唤起强烈的求知欲。问题的启发性在于下述几点。

(1) 具有一定的思维强度，符合学生的认知水平，使学生有所思、有所感、有所悟、有所获。

(2) 学生疑点集中，处在"愤""悱"状态，能够提供思维线索，引导其继续前行。

(3) 学生思维停滞时，教师巧设疑难，造成悬念，激发学生的思维兴趣。

2. 定向性

每一个提出的问题都要有明确的目的，教师必须清楚问题以及发问时机将把学生的思维引领到什么方向。

3. 概括性

问题要具有一定的容量，尽量提得大一点，太小、太细碎的问题容易淡化主题，也很难突出重点。

4. 系统性

要按着思维的逻辑顺序、知识之间的内在联系设计问题。问题的系统性是教师教学思路的逻辑性反映，它像行路的路标一样，可将学生的思维一步一步引向欲实现的目标。事实上，系统性问题的逻辑顺序和系统讲解时的逻辑顺序是一致的。

总之，好的问题具有激发学生学习动机，激励学生积极参与，揭示和解决矛盾，使学生获得新知及巩固强化的作用。

另外，"在教师提出问题，学生回答问题的过程中，引导学生获得新知识或巩固所学知识"的功能特点还要求，教师在提出问题之后，要留给学生思维的时间和空间；要面向全体学生提问，并且认真倾听学生回答，作出恰当的反应。例如，案例5-26微型课教学大赛"分数除法(二)"。

二、训练提问技能的步骤

1. 确定提问方式

小学数学教学常用的提问方式有两种。

1) 回忆提问

回忆提问是指教师要求学生回答已有知识和经验，为激发学生的学习兴趣，引出主要内容而采取的提问方式。回忆提问是一种简单、直接和低级的提问。这类提问常用于课程的开始，可以分为下面两种情形。

(1) 选择提问。选择提问要求学生在回答问题时无须进行认真的回忆思考，教师设计问题的目的是为了吸引学生的注意力，活跃课堂气氛，为进一步提问形成过渡。学生在回答此类问题时应有一种轻松愉快的感觉。

(2) 复习提问。复习提问包括对概念、公式、法则、性质的提问，也包括对刚刚学习的新知的提问，要求学生对学过的数学事实进行再现和确认。例如，四年级"认识十万"一课的导入。

师：同学们会数万以内的数了吗？

生：会。

师：还记得计数单位吗？

生：记得。

师：那老师考考你，在计数器上拨五万四千三百二十一(54321)，这些珠子都在什么位置上？表示什么？(生答。教师接着说)既然都会，我们就做一个有挑战性的活动：拨珠子数数，从个位到万位分别拨够10个珠子，你发现了什么？

前两个问题是选择性提问，可以活跃课堂气氛，为下面的提问做准备。后两个问题是复习性提问，为引出十万做铺垫。

再如，学生第一次接触加法竖式完成一个竖式计算后，教师提问："想一想，刚才我们是怎样计算的？"

可见，复习性提问既可以出现在课前的复习检查环节，用于督促、检查学生掌握基础知识和基本技能，也可以出现在课中的探索新知识、掌握新技能的过程之中，概括结论之前，用于承上启下。

2) 探索提问

探索提问是指教师要求学生回答运用已有知识经验思考后的结果，为引领学生探求新知，分析、理解问题而采取的提问方式。探索提问是复杂的高级提问。因为这类提问要求学生对已有知识进行内化处理后，运用自己的语言进行表述，也就是对所学知识进行理解和运用，所以随着探索提问的深入，学生所学习的知识将会不断地得到深化。探索提问不仅可以培养学生分析和解决问题的能力、洞察和掌握知识特征的能力，而且还可以激发学生的想象力和创造力，以及训练学生的语言表达能力。这类提问常用于新知识的探究过程中，可以分为下面 3 种情形。

(1) 运用提问。运用提问是创设一个简单的问题情境，让学生运用新获得的知识和回忆过去所学的知识来解决新的问题。例如，学生已经学过简单方程 2+X=10 及 3X=12 的解法，教师就可以提出运用所学知识解方程 4X+5=25 的问题。

(2) 理解提问。简单的理解提问要求学生用自己的话对数学事实进行描述。例如，什么是桌面的面积？深入的理解提问要求学生必须对问题的本质深入理解，以便抓住问题的实质。例如，为什么零做除数没有意义，零做被除数则有意义？20%与$\frac{20}{100}$有什么区别？

(3) 分析提问。分析提问要求学生找出原因与结果之间的关系。也就是说，要求学生能运用自己所学的知识，寻找充分的根据进行解释和鉴别。杜威认为，在教学中应该鼓励学生进行判断和给出判断的理由，这样做会使他们回答问题的理由十分清晰。对分析提问如何回答，教师要不断地给予指导提示和帮助，尤其对低年级的学生，他们的回答往往是简短的、不完整的，不能指望他们在没有帮助的情况下达到要求。教师除鼓励学生回答外，还必须不断地给予提示和探寻。学生回答后教师要针对回答进行分析和总结，以便使学生获得对问题进行清晰表述的能力。

【案例 5-14】提问技能"圆柱体的特征"[①]

师：同学们，我们已经学习过哪些立体图形？(学生回答略)
师：想一想，我们当初是通过什么方法来研究它们的特征的？
学生们集思广益，将以前研究立体图形特征的方法一一列举出来，如观察、操作、实验、比较等。

圆柱体的特征.mp4

师：大家刚才所说的方法都是我们之前在探索新知时经常用到的方法，你会用这些方法去研究圆柱体的特征吗？
生：会！
师：你准备怎样来研究圆柱体的特征？
生：我可以去观察圆柱体有几个面。
生：我们还可以测量出圆柱体上、下两个圆的半径或直径，看看它们之间有什么关系。
生：我们还可以将圆柱体与长方体、正方体进行比较，看看圆柱体有什么属于自己的特征。
生：老师，我可以将我制作的圆柱体模型拆开来研究它的特征吗？
师：如果有需要的话当然可以。
……
师：大家能通过小组合作探究发现圆柱体的特征吗？(学生回答略)
通过小组合作研究，学生们对圆柱体有了进一步的认识。发现圆柱体有三个面，上、下和四周各一个，而且上、下两个相对的圆的面积相等。(教师肯定学生的发现，并讲解圆柱体底面和侧面的意义)

师：你是怎么知道圆柱体上、下两个面的面积相等的？(在教师的鼓励、讲解和启迪下，学生的发言更加踊跃)

生：通过测量我们发现这两个面的周长相等，所以它们的面积相等。

生：我们把圆柱体模型的上、下两个面撕下来，重合后发现了它们的面积相等。

生：我们判断的方法比他们都简单，把圆柱形茶叶桶的盖子拿下来往下底面一放，正好重合，就说明了圆柱体上、下两个面的面积相等。

师：还有其他发现吗？

生：如果将圆柱体和长方体、正方体进行比较，可以发现圆柱体不像长方体和正方体那样有棱有角，它的侧面是一个弯曲的面，可以在桌子上滚动。(教师充分肯定学生的发现，并不失时机地讲解圆柱体的侧面是一个曲面)

生：老师，我们将这个圆柱体的商标纸撕开铺平后，发现它是长方形的。所以我们认为圆柱体的侧面展开后是一个长方形。

案例 5-14 中教师首先以两次回忆提问引入。第一次是复习提问："同学们，我们已经学习过哪些立体图形？"学生可以轻松地做答，起到了集中学生注意力，为第二个提问即重点交流的问题做铺垫的作用。第二次复习提问："想一想，我们当初是通过什么方法来研究它们的特征的？"一石激起千层浪，这第二个问题唤起了学生所有相关的已有知识、经验，启发学生回忆起以往的探究经历，学生们集思广益，争先恐后地将以前研究立体图形特征的方法——列举出来。接着，教师提出一个过渡性的运用提问："大家刚才所说的方法都是我们之前在探索新知时经常用到的方法，今天你能用这些方法去研究圆柱体的特征吗？"通过这个承上启下的问题，让学生有了探究圆柱体特征的方法，使学生在接下来的探究过程中有法可循、有据可依。同时通过这一简单的过渡提问，将学生引到探究圆柱体特征的主题上来。

然后教师以两个综合提问将学生带入新知识的探究过程。第一个是理解提问："你准备怎样来研究圆柱体的特征？"因为学生们的思路已经打开了，探究方法越说越多。做好这样的铺垫之后，教师进一步深入地分析提问："大家能通过小组合作探究发现圆柱体的特征吗？"通过小组合作研究，学生们就会对圆柱体有比较全面的认识。

在此我们再一次看到，在探究新知的过程中，讲解技能是不可或缺的，教师要抓住讲解的恰当时机，适时讲解，引领学生进入更高阶的学习。

为了突出重点，解释、强调疑难，教师再次进行分析提问："你是怎么知道圆柱体上、下两个面的面积相等的？""还有其他发现吗？"至此，教师通过系统的提问，就可以将圆柱体的特征完整、全面地呈现在学生面前。

2. 遵循提问模式

提问同样需要遵循确定的模式，提问模式共有 4 个。训练提问技能需按照该模式展开。

1) 引入阶段

引入是指教师用语言或其他各种不同的方式使学生对其提问做好心理或回答上的准备。因此，提问前有一个明显的界限标志，表示由语言讲解或讨论等转入提问，如案例 5-14，课程开始教师说"同学们"。又如，过渡语"大家刚才所说的方法都是我们之前在探索新知时经常用到的方法"。

2) 发问阶段

发问是指教师清晰准确地把问题表述出来，并做必要的说明，如案例 5-14，"我们已经学习过哪些立体图形？""还有其他发现吗？"对于有些问题，教师要预先提醒学生有关答案的组织依据。其实，如案例 5-14 中的前三个问题就是对后面综合提问的提示。

3）介入阶段

介入是指教师在学生不能作答或回答不完全时，以不同的方式鼓励或启发学生回答问题。但介入不是绝对的，要视学生的需要决定是否介入。通常，在以下 5 种情况下需要教师的介入。

(1) 查核：查问核对学生是否明了问题的意思。

例如，听明白了吗？

(2) 重复：在学生没有听清问题时，原样重复所提问题。

(3) 催促：在需要进一步调动学生学习积极性的情况下，适度地催促学生回答问题。

例如，哪位同学想好了？

(4) 提示：在学生思路不清晰，难以找到着手点的时候，教师可以为学生进一步思考提供线索，补充相关的知识与资料。

例如，在学习减法笔算时，教师提问："加法竖式是怎样写的？""那么，减法竖式呢？"

(5) 重述：在学生对题意不理解时，改变提问方式重问，鼓励或引导学生回答。

例如，原问题："你发现折线统计图有什么特征？"针对学生没有理解原问题，教师降低了问题的难度，重问："观察折线统计图，你不仅可以看出每天的数量，还可以看出什么？"

4）评核阶段

评核是指教师在学生回答后，以不同的方式回应学生的回答，具体表现在以下 5 个方面。

(1) 查核：查问核对其他同学是否听清、听懂了答案。

(2) 重述：以不同的语句对答案进行必要的重复。

(3) 评论：对学生的答案加以分析评价。

(4) 追问：根据学生回答中的不足，追问答案中的要点，或使问题延伸。

(5) 板书：可将正确答案写在黑板上。

3. 评价提问技能

这与其他技能的评价相同。如表 5-3 所示，提问技能评价单中给出了提问技能的训练目标和评价标准。

表 5-3　提问技能评价单

课题				年　　月　　日	
受训者			**指导教师**		
请听课后对以下各项作评价，在恰当等级处打分			总分		
提问技能的训练目标和评价标准	评价等级				权重
	差	中	好	很好	
1.提出的问题紧紧围绕教学重难点					0.2
2.问题设计恰当、中肯，符合学生的认知发展水平，面向全体学生，发问时机恰当，引发学生积极思维					0.3

续表

提问技能的训练目标和评价标准	评价等级				权重
	差	中	好	很好	
3.提问时语言清晰、流畅、有停顿，使学生能准确地理解所提问题，体态好					0.2
4.对学生的回答有反应					0.2
5.适时介入，变化问题的难度，不断地将问题引向深入					0.1

还有什么意见？请写在下面

评价员：   学号：

三、训练提问技能应注意的问题

1. 提问后要停顿

教师发问后，必须给学生留有思考的时间和空间。

2. 提问要面向全体学生

教师不能只提问自己喜欢的、坐在前面的、表达能力强的同学，要提问各类学生。要先面向全体学生提出问题，再指名回答。忌先叫起学生再提问；忌针对一个学生追问不休，不顾其他学生。

3. 提问要有目的性

教师提出的每一个问题都要围绕教学重难点，不要提问远离教学重难点、过于空泛、不着边际的问题。问题不能不分轻重巨细、处处设问、过于频繁。"是不是""对不对""好不好"这类问题尽量少问。

4. 提问要简洁清晰

忌教师每提一个问题，总怕学生听不清重复几遍。忌问题问得含糊不清，不得要领，学生搞不清问题是什么。

5. 忌多问一答

忌学生回答问题时，教师插话指责缺点或提出一个或几个反问、追问，使学生胆战心惊，无暇思考，顾此失彼。

6. 鼓励学生参与作答

在听学生回答问题的过程中，教师应以鼓励的目光、专注的神态、自然温和的表情关注学生，认真倾听学生的回答，对学生的回答给予合情合理的评价和鼓励。忌对答问内容的优劣表情相差甚远，或对超出自己准备范围的答问置之不理。

第五节 演 示 技 能

一、演示技能的概念

演示是小学数学离不开的辅助教学的一种方式。2000多年前，我国战国时期的教育家荀况就提出，教育要以"见闻"为基础。300多年前的捷克教育家夸美纽斯也提出，要"先示实物，后教文字"。伟大的领袖毛泽东主席说："无数客观外界的现象，通过人的眼、耳、鼻、舌、身这五个官能反映到自己头脑中来，开始是感性认识。这种感性认识的材料积累多了，就会产生一个飞跃，变成了理性认识。"事实证明了先人观点的真理性，在教学中，教师只凭语言文字这些抽象的符号所能唤起学习表象的完整性和鲜明性，远不如刺激物直接作用于学生的感官所产生的知觉那样鲜明、具体和深刻。对于小学数学教学来说更是如此，只有通过演示，才能解决小学生形象思维的特点与数学抽象性特点之间的矛盾。当然，演示的效果如何，还取决于演示技能水平的高低。

演示技能是教师运用实物、教具、图表、多媒体进行操作、示范，以及指导学生进行观察、分析和归纳的教学方式。

演示的作用在于使学生的学习直观、形象、生动、具体，增加趣味性，引发好奇心，凝聚注意力；通过教师有目的、有计划、有重点的演示及引导学生观察和思考，使学生获得的概念、公式、法则印象更加鲜明、深刻，提高了学生观察、比较、推理、验证及记忆的能力；通过教师的规范操作，学生还能观察到正确的操作技能和方法。

【案例 5-15】演示技能"圆的周长"[①]

课程开始。老师拿出一个精美的正方形相框，高高地举起。

师：这节课我们来研究圆的周长(板书)，谁表现得好，老师就把这个正方形相框奖励给谁。

接着老师指着它发问(同时多媒体呈现)：正方形的周长是指什么？它与什么有关系？有什么样的关系？

学生争先恐后答完后，教师将相框送给表现最好的一个同学。看到同学们遗憾的表情。

师：别别别，还有机会，你表现得好，老师把这个长方形相框奖励给你。

教师如法炮制，引导学生观察、思考、回答长方形的周长是指什么？它与什么有关系？有什么样的关系？

学生余兴未了，教师指着黑板上的课题继续发问：什么是圆的周长？

基于以上铺垫，有学生思考后回答。为了加深学生对圆周长概念的理解，教师要求学生拿出自己准备好的大小不同的圆形学具。

师：看一看、摸一摸、想一想、说一说。什么是圆的周长？

生：圆的周长就是这个圆一周的长度。

演示技能"圆的周长".mp4

───────────────

[①] 授课教师：辽宁省沈阳市大东区杏坛小学 于嘉文。

生：圆的周长就是圆上这条边线的长度。

生：圆的周长就是这条曲线的长度。

师：对。这条曲线的长度就是圆的周长。因为圆是由这条曲线围成的，所以我们可以说圆的周长——

生：(接着教师的话说)是指围成圆的曲线的长度。

师：准确！(板书概念)

(不难看出，以上圆周长概念的得出体现了教师的演示技能，同时也体现了教师的提问技能)

接下来，教师引导学生观察大屏幕上取 3 个不同的半径画出的圆环(3 个不同大小的圆)的过程和结果。停留一会儿，教师发问。

师：圆的周长和什么有关系？有什么关系？(停顿一会儿)

师：你也可以拿着自己的学具观察、思考、猜测、验证。然后小组交流。

学生们通过观察、猜测、推理、测量、计算、合作、交流等活动，找到了答案。

当然，在学生活动期间，教师应不失时机地启发、点拨、引导("用圆规画一个圆环，你发现了什么？""量一量""算一算""记录在表格里"等)学生归纳、概括。

二、训练演示技能的步骤

当你了解到演示技能的概念和作用之后，你想具有演示技能呢？你知道有哪些演示方式？怎样训练自己的演示技能？如何评价自己具备了怎样的演示技能呢？让我们共同开启演示技能的训练。

1. 确定演示方式

由演示技能的概念不难看出演示的方式。

1) 演示实物或教具

演示实物或教具是指教师引导学生通过观察思考，具体感知教学对象的有关形态和特征，以使学生由直接的感性认识逐步过渡到理性认识的方式。学生对直观材料往往很感兴趣。为了使学生的观察更有效，教师需要正确掌握演示的技能，同时也要用简洁的语言适时地组织、引导和启发，使其更好地掌握所观察的内容。因此，将实物或教具呈现给学生之后，要用语言适时指导学生看什么、怎么看；当实物或教具演示不能很好地呈现内部结构和运动过程时，可以与其他直观手段恰当结合。例如，案例 5-15 相框的演示，不仅为学生回答问题提供了支撑，而且激发了学生的学习兴趣；在引入圆的周长概念时，教师将演示圆的方式灵活地处理为学生自己的活动，收到了理想的教学效果。

2) 演示多媒体课件

演示多媒体课件是指教师引导学生通过观察思考，生动形象地感知教学对象的有关动态情境和特征，使学生由直接的感性认识逐步过渡到理性认识的方式。在全球教学活动多媒体化的趋势下，演示多媒体课件辅助教学受到广大教师的青睐，演示多媒体课件辅助教学的确使课堂教学变得欢快活泼、生动直观，使教学效率得以提高、教学质量得以提升。因此，演示多媒体课件成为教师必备的基本技能。要求演示多媒体课件的时机要与教学内容相吻合，要与讲解、提问有机结合；尽量呈现数学的内部结构、动态关系；呈现用实物和教具难以呈现或无法呈现现象，如案例 5-15，用极短的时间，操作准确、步骤清晰、效果明显地在大屏幕上画出 3 个圆心相同、半径和颜色不同的圆，完美地表现出圆的外部特征和蕴含的内部结构，为学生提供了较大的思考空间。

3）演示实验

演示实验以学生获取新知识为目的，即教师边讲解边实验的方法。在演示时，教师要先详细说明实验的各种条件，当学生看到一个现象或全部现象之后，要启发引导学生对所见到的现象进行解释，并作出正确的结论。例如，在"圆锥的体积"教学中，出示等底、等高、透明的圆柱和圆锥容器，将圆锥盛满水倒入圆柱中，吸引学生观察倒入几次圆柱就能充满水。

综上所述，我们介绍了三种常见的演示方式，在小学数学课堂上，还有像实物投影仪演示、iPad 互动教学平台等很多演示方式，鉴于其他学科的详述，此处不再赘述。

2. 遵循演示模式

演示一般都始于使学生做好观察的心理准备，终于对学生的核查理解 5 个阶段。

1）心理准备阶段

在进行演示前，教师应先向学生说明演示实验的目的，以激发学生的学习兴趣并吸引其注意力，使学生进入期待观察的心理状态，如演示实验前教师讲解的语言。

2）出示媒体阶段

根据教学的需要将媒体呈现出来。要确保位置正确，大小、颜色适宜，现象明显，操作安全、规范，步骤简单，从而获得预期效果。

3）引导观察阶段

教师有目的地引导学生主动积极地观察，语言与动作结合，适时而简要地指导学生观察什么，启发学生思考为什么要观察及现象与本质之间的关系等。

4）分析归纳阶段

在指导学生观察的基础上，教师应引导学生对观察的现象进行分析，由表及里、由现象到本质抽象概括出数学知识结论。

5）核查理解阶段

通过提问等活动检查学生是否理解了所观察到的现象，掌握了现象中所反映出的知识。

3. 评价演示技能

如表 5-4 所示，演示技能评价单不仅可为演示技能评价提供相应的记录，还给出了演示技能的训练目标和评价标准。

表 5-4　演示技能评价单

课题					年	月	日
受训者				指导教师			
请听课后对以下各项作评价，在恰当等级处打分					总分		
演示技能的训练目标和评价标准	评价等级				权重		
	差	中	好	很好			
1.演示目的明确，与课题贴切，解决教学的重难点					0.2		
2.演示设计巧妙，吸引学生、趣味性强。演示位置正确，演示对象大小、颜色适宜，现象明显，操作安全、规范，步骤简单，获得了预期效果					0.3		

续表

演示技能的训练目标和评价标准	评价等级				权重
	差	中	好	很好	
3.演示操作与体态、讲解、提问结合得好，富有启发性，引导学生透过现象看本质					0.3
4.对演示结果能作出实事求是，合乎科学的解释					0.2

还有什么意见？请写在下面

评价员：   学号：

三、训练演示技能应注意的问题

1. 演示时讲解适度

演示时要根据观察的目的，适时、适当地讲解或提问，既不能一味地无声演示、观察，也不能语言过多，干扰学生观察。

2. 重视演示的趣味性

兴趣是观察的心理动力，观察是否深入，关键在于观察者的兴趣。研究表明，刺激强度大、变化性大和新颖新奇有趣的演示能促使学生进行深入观察。

3. 处理好直观与抽象的关系

采取直观的教学手段与方法是小学数学教学的必然要求，往往也是教学取得成功的基础。其目的是透过现象看本质，即通过对直观的抽象和概括获得理性认识，从而达到直观与抽象的统一。

第六节 变化技能

一、变化技能的概念

心理学研究发现：活动的、变化的刺激物，比不活动、无变化的刺激物更容易引起人们的注意，并且易于调节注意的稳定性与紧张度，实现注意的顺利过渡。也就是说，在教学过程中适时的变化更有利于集中学生的注意力，活跃课堂气氛，引发学生的学习兴趣。人们常说教学不仅是一门科学，还是一门艺术，而在形成教学艺术特色的诸多因素中，教师的变化技能是不可或缺的重要因素之一。那么什么是变化技能呢？

变化技能是指在教学过程中，教师通过体态语、教学内容、教学方法、教学媒体等的变化，实现教学目的的教学行为方式。变化技能是一种智力活动，也是教师厚积薄发的表现。在教学过程中，教师必须根据课堂的变化及时作出反应。有人称变化技能就是教师在课堂上的随机应变能力。教师在课堂上的灵活、敏捷和睿智将为学生创造一个良好的心理环境，减少学习疲劳，激发学习动机，提高学习效率。美国心理学家艾伯尔·梅拉列斯的人接受信息的效果公式 "信息的总效果=7%文字+38%音调+55%面部表情"说明，合理使用体态语可以拓宽信息通道，启迪数学思考，优化教学过程，提高教学质量。

【案例 5-16】变化技能"用乘法口诀求商"[①]

在"用乘法口诀求商"的巩固应用环节，老师让学生用"9 的乘法口诀"编除法算式。学生们热情极高地编起算式来。

生 1：9÷1。

生 2：18÷2。

生 3：45÷9。

生 4：3÷9。

生 4 话音未落，其他学生就喊了起来："老师，他编错了！"

同学们都责怪他，甚至还有人嘲笑他给小组丢脸了，这位同学难过地低下了头，羞得快要哭了。

师：认为他编错了的同学请举手。

全班学生都举起了手，连那位同学自己也举起了手。

这时老师轻轻走到生 4 身边，抚摸着他的头说："同学们，其实他很了不起，这道题他没编错，只是要等到我们上五年级的时候才会做呢！"

学生们都很诧异，过了一会儿教室里响起热烈的掌声，生 4 也慢慢抬起了头。

这时教师引导学生利用课堂新生成的资源进行改编："谁能把 3÷9 这个算式中的 3 重新换一个数，使它成为一道现在会做的除法算式？"

生 1：把 3 换成 27。

生 2：把 3 换成 72。

学生热情再次高涨，课堂气氛异常活跃。

师：如果 3 不动，怎样填上一个数，使它成为一道我们能做的除法算式呢？

生 1：在 3 的前面填 6，就是 63÷9=7。

生 2：在 3 的后面填 6，就是 36÷9=4。

……

在此案例中，根据学生的实际情况，教师及时变化教学内容及体态语，充分表现了教师富有艺术性的变化技能，具体表现在下述几个方面。

(1) 在"用乘法口诀求商"的巩固应用环节，老师一反常态，让学生用"乘法口诀"编"除法算式"。这种"逆行"设计，让学生感到新鲜，加之问题的挑战性不大，学生们必将"热情极高地编起算式来"。这种"逆行"设计，加深了学生对口诀的理解，训练了学

---

① 授课教师：辽宁省沈阳市昆山西路第二小学 李丹平。

生思维的灵活性，进一步认识了乘除法的关系。

（2）听到3÷9，面对同学们对生4的指责及生4的惭愧，教师非常不解地说"认为他编错了的同学请举手"，又是一个巧妙的变化。教师没有顺着学生的思路进行评价，而是提醒学生全面深入地思考问题，渗透学法指导。当然这也要凭借教师较强的数感。

（3）这时老师轻轻地走到生4身边，抚摸着他的头说："同学们，其实他很了不起，这道题他没编错，只是要等到我们上五年级的时候才会做呢！"教师轻轻的抚摸，充满赞赏的鼓励让生4感受到老师的关爱和欣赏。教师利用课堂生成的资源，走出教材的框架，灵活机智的处理方式，使课堂成为学生畅所欲言放飞思想的场所，让学生们信心满满地体会到学习活动不是一种负担，而是一种愉快的体验。

（4）"谁能把3÷9这个算式中的3重新换一个数，使它成为一道能做的除法算式？""如果3不动，怎样填上一个数，使它成为一道我们能做的除法算式呢？""学生热情再次高涨，课堂气氛异常活跃。"教师急中生智，巧妙设计，扩展教学内容，激发了学生的学习动力，使课堂焕发出生命的活力。

二、训练变化技能的步骤

当你了解到变化技能的概念和作用，当你看到教师精湛的变化技能之后，你想具有变化技能吗？你知道有哪些变化方式吗？怎样训练自己的变化技能？如何评价自己具备了怎样的变化技能呢？让我们共同进入变化技能的训练环节。

1. 确定变化方式

具备变化技能的第一步是收集材料了解变化方式。常用的变化方式有3种。

1）变化体态语

变化体态语是指教师根据教学需要，通过改变手势、面部表情和其他非语言手段来传递信息、表达情感的方法。这些变化都是教师情感的外在表现，是最方便、最常见的变化技能。

（1）适当停顿。停顿也是一种语言，在特定的条件和环境下，停顿传递着一定的信息，也是引起注意的一种非常有效的方式。教学过程中，在必要的时候作短暂的停顿，能够集中学生的注意力，引起学生的思考，特别是在讲述一个事实或概念之前，在对一个概念分析综合之后，或对一个问题演绎推理之后，或在提出一个问题之后，或在学生注意力分散、瞌睡的时候，常常可以使用停顿。但停顿的时间不宜过长，一般为3～5秒。

（2）变换表情。教师表情的变化对激发学生的学习热情具有特殊作用。许多教师即使在十分疲惫或身体不适的情况下，当走进教室时也总是面带微笑，因为他们知道学生会从教师的微笑里感受到关心、爱护、理解和支持。同时教师的情感也会得到学生的回应，他们也会爱老师，从爱老师而延伸到爱上老师的课。通常情况下，教师在课堂上应该表现出自然的喜怒哀乐，而且应随着教学内容和教学情境的变化而变化，做到情在境中自然流露，让学生感受到教师的真实与真诚，增强对教师的信任感。

（3）变换位置。教师讲课时的位置变化也是传递信息的一种有效方式。一个人如果注视某一不变的事物，感觉器官就容易产生疲劳，甚至感到单调沉闷，从而使注意力难以持久。所以教师上课时，要适当地变动自己所处的位置，从而引起学生注意、密切师生关系、激发学习兴趣、调动学习积极性、活跃课堂气氛。教师在课堂上的走动大体上有 3 种，一种是教师适当地在讲台附近走动；一种是学生在讨论探究做练习时，教师在学生中间走动；一种是走到有需要的学生身边，如案例 5-16 中，"面对同学们对生 4 的指责及生 4 的惭愧""老师轻轻走到生 4 身边，抚摸着他的头"。

但教师在课堂上走动的次数不宜太多，也不宜在一个学生身边停留太久，要面向全体(组)学生。缓慢地、轻轻地走动，而不是快速地、脚步很重地走动，走动时姿势要自然大方，不做分散学生注意力的动作。不要停留在教室的后端，这样对关注学生、板书都不利。

变化体态语言还包括了变化教师的手势以表示对学生的关注、爱护，或对语气的加重、重点的突出；变化教师的头部动作以表示认可或疑惑。但不论是头部动作还是手势动作都是教师用心倾听、专注教学的真情流露，而不是心不在焉地点头和一成不变的手势。

2) 变化感官通道

感官即人的 5 种感官。因为小学数学教学的内容与气味无关。所以，变化感官通道指变化学生获取信息的视、听、说、做通道。心理学研究认为：人对客观事物的感知是通过 5 种感官来实现的，任何单一的感官都不可能完成对客观事物的全面认识。事实上，小学数学教学过程就是教师刺激学生反应的过程，教师通过自己的教学行为对学生感官进行刺激，使学生的大脑反应产生记忆并形成学习行为。但是对大脑使用同一种手段反复刺激，容易使大脑对刺激产生抵触而变得麻木，也使记忆成为不可能。所以保持刺激效果，吸引学生注意力的唯一途径就是不断地变化刺激手段。不断地变化刺激手段首先体现在不断地变化信息的传输通道上，而每一种信息传输通道都与人类的每一种感官相对应，人们只有通过多种感官的协同活动才能完成对事物的全面认识。研究表明，学生通过不同感官、不同学习方式获得信息的记忆效率不同(见表 5-5)。

表 5-5　学生通过不同感官不同学习方式获得信息的记忆效率

学习方式	记忆效率
读	10%
听	20%
看	30%
听、看结合	50%
理解后的表达	70%
动手做及描述	90%

相信此时你会更加理解义务教育《数学课程标准(2011 年版)》基本理念指出的"认真听讲，积极思考，动手实践，自主探索，合作交流等，都是学习数学的重要方式"。你也会更加明白为什么"探究学习""小组合作学习"是世界上许多国家普遍推崇的教学理论与运用的教学方略。

变化感官通道的具体表现方式有下述 4 种。

(1) 视觉变换。视觉变换是指变换学生的视觉信息接收通道。所有的现代化教学媒体、传统的教学媒体，以及教师的体态语都会为学生的视觉提供信息。视觉感官获得的信息直观、具体、生动，能引起学生的兴趣，但学生容易疲劳。因此，使用时要根据教学内容和学生的需要进行合理变换。

视觉的第一接收器官是眼睛，眼睛是会说话的，只要注视对方的眼睛，彼此的沟通就会建立起来。因此，讲课时要面对全体学生，使用从注视全班到注视个体的变换方法，尽量与每位学生的目光都有接触，使学生感受到教师的关爱，增强听课的兴趣。教师与个别学生的目光接触，还可以表达期待、鼓励、探寻、疑惑、暗示、警告、提示等很多信息。教师讲课时不宜长时间与个别学生目光接触，这样会使大多数学生感到失望，也会使被接触的学生感到尴尬与不适。反之，教师在与学生的目光接触过程中，也会从学生的目光中获取及时的反馈信息，了解学生对教学内容感兴趣的程度、接受的程度、注意的程度等，从而调整自己的教学。

(2) 听觉变换。听觉变换是指变换教师讲话的语调、音量、节奏和速度，以及多媒体的声音。听觉感官获得信息的记忆效率虽不如视觉感官效率高，但学生不易疲劳。例如，录音资料、讲解、提问等交替使用，能为学生获取信息和展开想象留有充足的余地，是完成教学任务也是使用历史最悠久的主要方式。同时，听觉变换在吸引学生的注意力方面具有显著效果，可以使学生更加关注多媒体出示的内容；可以使讲解叙述重点更加突出或富有戏剧性；可以使课堂教学气氛变得生动活泼。声音的变化可以短促也可以拉长，可以尖细也可以粗重，可以由低到高，也可以由高到低。例如，教师从一种语速变到另一种语速时，能起到重新集中学生注意力的作用；当适当地加大音量而放慢速度时，可以起到突出重点的作用。一个有经验、有责任心、有爱心的教师也可以凭直觉运用这一方法。

(3) 学生做数学的变化。在教学过程中，要把学生自己能做的时间和空间留给学生，根据实际需要变换学生的操作、游戏、个别学习、小组讨论、辩论、分工、代表汇报、共同汇报、组内补充、组间补充，以及形式多样的学生练习方式等，以激励学生参与教学的兴趣，培养学生发现、提出、分析和解决问题的能力，以及合作精神和创新意识。例如，案例 5-28 变换学生的学习方式。

(4) 师生交流方式的变化。在教学过程中，教师应采取多种方式与学生交流。例如，师问生答、生问师答、自问自答、师生换位等，以充分调动学生学习的积极性。

3) 变化预设

变化预设是指教师根据课堂教学新生成的问题而改变原来的教学设计，从而顺利地完成教学任务的方法。"课堂教学新生成的问题"是变化预设的原因，"顺利地完成教学任务"，更好地实现教学目标是变化预设的目的。所变化的预设或为原来的教学内容，或为原来的教学策略，但这种预设变化与否、水平高低均取决于教师的知识、理论储备和经验积累，如案例 5-16、案例 5-27。

变化技能没有确定的展开模式，因为在教学过程中，教师要根据课堂教学发生发展的实际情况有针对性地及时应对。

2. 评价变化技能

如表 5-6 所示，变化技能评价单不仅可为变化技能评价提供相应的记录，还给出了变化技能的训练目标和评价标准。

表 5-6　变化技能评价单

课题 　　　　　　　　　　　　　　　　　　　　　　　　　　　年　　月　　日

受训者		指导教师	
请听课后对以下各项作评价，在恰当等级处打分		总分	

变化技能的训练目标和评价标准	评价等级				权重
	差	中	好	很好	
1.语音、语调、语速变化恰当有意义					0.15
2.自然地运用表情、动作、手势、身体移动等变化引起学生注意					0.15
3.使用目光的接触与变化，给学生期望和关注，获得反馈信息					0.20
4.恰当地选择与变化教学媒体，调节与增强信息刺激					0.10
5.变化教学活动方式，促进学生参与，活跃课堂气氛					0.10
6.合理地利用课堂创建资源，帮助学生建立信心，使课堂气氛更加和谐					0.20
7.各种变化时机、幅度恰当，衔接自然					0.10

还有什么意见？请写在下面

评价员：　　　　　　　　　　　　　　　　　　　　学号：

三、训练变化技能应注意的问题

1. 变化要及时

每种变化都有其出现的最佳时机，抓住时机及时变化，可以收到事半功倍的效果。变化技能的真谛在于教者能在实际教学环境中，察言观色，随机应变，适时适度地作出自然流畅的变化反应。错过时机，生搬硬套，牵强附会，不仅难以达到变化的目的，还会分散学生的注意力。

2. 变化要有度

变化技能的运用要有度。过之与不及都会影响教学效果。那种平缓、单调、无谓的声音会使课堂气氛变得死气沉沉；那种始终保持高音教学或低音教学，在讲话时声调、音量、语气等缺乏应有的高低升降抑扬起伏的变化，各种因素都保持不变的教学难以产生感染力。那种在课堂上置学生的反应于不顾，对学生回答或提出的问题进行夸张处理，对个别学生存在的问题在全班范围内反复讲解，或频繁出现不适当的习惯动作等，都是缺乏变化技能的表现。

3. 增强随机性变化的意识

每位小学生都有自己的思维特点和学习、生活背景，在教学活动中会表现出不同的个性，课堂教学过程将随着师生互动的内容而发生一定的变化，与教师的预设出现一定的出入，有些新教师或师范生虽然备课认真、教案详细，但是，由于教学情境的变化而失去了备课的思路，在教态上也出现慌乱与窘迫现象。为了避免这种现象的发生，需要教师增强随机性变化的意识，在注重预设性变化与常规性变化训练的同时，更要重视随机性变化的训练。

4. 注意师生之间的情感交流

教学中要营造轻松和谐的课堂气氛，其先决条件是教师必须时刻关注学生，要主动与学生交流，而不是仅仅面向教学内容。教师在刻意创造某种变化后的心理效果时，要时时保持与学生的认知和情感同步，否则，将会出现教师激动不已，而学生却平静如水的尴尬局面，此时，教师就显得滑稽可笑。此乃造成变化技能运用失败的原因之一，即教师忽视了师生之间的密切交流，使自己的情感变化与学生脱节，也就是忽视了情感转移原理。

第七节　强 化 技 能

一、强化技能的概念

强化技能是教师在教学中采取的促进和增强学生反应和保持学习力量的教学行为方式。强化是塑造行为和保持行为强度不可缺少的关键性因素。强化技能的行为特点是依据操作条件反射的心理学原理，对学生的反应采取各种肯定或奖励，以及引导学生对自己的学习行为进行自我检验的做法。强化技能的根本目的是使教学情境的刺激与所希望的学生反应之间建立稳固的联系，以引导学生形成正确的学习行为，这也是强化在教学中的作用。强化技能是教师在学生的学习尝试活动中所施加的教学行为，强化技能的基本任务是有效地促使学生的尝试活动在较短的时间内达到教学所希望的行为，并在这一过程中使学生的思维得到发展。强化技能所涉及的教学活动是在学生对教学情境刺激的反应之后，或者在反应(操作)的过程中教师对其施加的影响。国内外的教学实践证明，强化具有重要的刺激作用，强化能有效地形成和改善学生的学习行为习惯，是促进学生进步的主要因素之一，强化也是使学生集中精力、引起动机的重要手段。因此，强化是教师在引导学生开展学习活动中需要研究与掌握的一个重要变量。

二、训练强化技能的步骤

1. 确定强化方式

具备强化技能的第一步是收集材料了解强化的方式。通常情况下，强化方式有下述 5 种。

1) 语言强化

语言强化是指教师运用语言，即通过赞赏、鼓励、批评、重复等来强化语言效果的教学行为方式。教师发现学生有了所期望的行为后，便可给予口头表扬，加大学生向所希望的方向发展的动力。例如，在学生回答问题后教师给予充分的肯定或鼓励性的评价等。当发现学生需要教师进一步解释、强调新知时，便以另外一种方式说明该内容。例如，案例5-26 中教学重点算理的强调 "太厉害了💪你们不仅能够把整数除法转化成乘法计算，还能把分数除法也转化成乘法计算"。语言强化既可以由教师单独完成，也可以由师生共同完成。例如，学生回答问题后，教师说还不表扬表扬他后，全班同学便齐声说嘿，嘿，你真棒！在对学生进行语言强化的时候，应坚持以正面教育为主的原则。例如，看到一位同学精力不集中时，教师表扬其同桌便起到了提醒这位同学的作用。

2) 标志强化

标志强化也叫符号强化，是指所期望的效果发生时，以某种标志进行强调的教学行为方式。例如，奖励给表现好的同学一件礼物等收藏于他们的成长记录袋中。例如，案例 5-15 "教师将相框送给了表现最好的一个同学"。

3) 动作强化

动作强化主要是指教师运用体态语来强化教学效果的行为方式，是教师与学生之间进行交流的动作，用于肯定或否定学生的课堂活动。较常用的体态语有如下几种方式。

(1) 位置强化。教师在课堂上接近某个学生，或走到学生身边站住倾听其回答问题、观看他做练习等都会产生积极的强化效果。实际上强化并不总是以一种直接的、十分外显的方式呈现，在许多情况下，教师可以通过间接的、迂回的、能被学生理解的方式表现出某种适当的强化，使师生之间形成一种共识的、默契的理解，确保课堂运转自如。例如，在课堂上，当教师发现某一学生不认真听课时，大可不必中断讲课来对其进行批评，因为这样既干扰了学生的思维，也浪费了时间，又容易伤害学生的自尊心。因此，教师可以在不中断讲课的情况下自然地走到这位学生的座位附近，以引起他的注意。

(2) 接触强化。教师接触学生，可以起到关心、鼓励、暗示、警告的作用。例如，教师在发现一名学生不认真听讲，但使用位置强化不奏效时，便可在不引起其他学生注意的情况下，用手轻触其身体，对该学生进行暗示与警告，可迅速达到强化的目的。不同的接触方式可以获得不同的强化效果。例如，教师轻轻地抚摸学生的头部或肩部，则可以表示对学生的关爱、肯定或鼓励，也可以表达某种幽默。

(3) 身态强化。身态强化是指教师身姿变化，如点头、摇头、左侧、右侧、前倾、后仰等动作，以表示对学生的不同态度，从而起到强化的作用。例如，当学生回答问题时，教师点头表示肯定，摇头表示否定，左侧右侧倾听表示关注和鼓励学生继续讲完。

(4) 手势强化。手势的强化最丰富而且效果明显，如拍手、举手、竖起大拇指等，表示对学生的表现给予强烈的鼓励或赞许，而摆手往往可以表达对学生行为的不同意，若手指指向某一学生轻轻点动，可制止某一学生不良言行等。

(5) 表情强化。面部表情及眼神的强化也很丰富，能表达对学生的尊重、赞许、鼓励，最容易引起学生们的注意，属于情感的交流。特别是与学生目光的接触，并配以脸部表情的变化，这是一种十分有效的交流方式，它可以针对个别学生也可以针对一组学生甚至全班进行交流。学生能从中及时获得各种反馈信息，从而调整自己的学习状态。例如，当学生全神贯注地听课时，教师与学生的目光接触并带着微笑，是对学生注意听课这一行为的一种认可与鼓励，从而对学生产生强化作用，更加激发学生的学习兴趣和积极性；而当学生回答问题时，教师的目光与学生接触，表明教师认真听取学生的发言，配以脸部轻松愉快的表情，学生会因此而受到鼓励，若此时教师表现出疑惑的表情，则学生会的迅速调整自己的思路，进一步作出完整的回答；当教师讲到某一特定的内容时，教师与学生的目光接触，学生会感到教师是在针对他讲这些内容，从而加深对该内容的记忆。但是，在进行这种情感交流的过程中，教师要注意自己的目光不应当在某一学生身上停留太久，眼神不能太用力，表情一定要自然大方，否则会使学生感到不适，或因而分散其他学生的注意力。当然，教师若用目光长时间注视某一学生，则表明教师注意到这位学生的不良行为，以示警告。

脸部表情与目光的强化是教师在课堂上表现出的一种十分自信的行为，也是一种有意识的行为，要求做得自然，要让学生明白其中的含义。

4）沉默强化

沉默是教师教学行为的一种停顿状态，特殊场合的停顿不失为一种强化方式。这种沉默是师生之间在情感上的一种特殊交流，它表示教师对学生行为的一种鼓励或反对的态度，它可以在教学过程中起到一种强而有力的强化和控制作用。例如，课堂上出现迟到或违反课堂纪律的现象时，教师沉默表示对学生行为的反对，其效果比直接对学生进行批评更容易被学生接受；在学生思考、准备时，教师可不必用语言催促，要以沉默的方式给学生思考、准备的时间，表示对学生参与的鼓励与等待；学生对于某一问题展开热烈辩论时，教师不必急于表达自己的意见与倾向，沉默静听，给学生自由争论的空间，在恰当的时候再介入并进行综合、总结。

【案例 5-17】强化技能"用字母表示数"[①]

在学习了用字母表示自然数及对应的算式后，课件出示图 5-1。

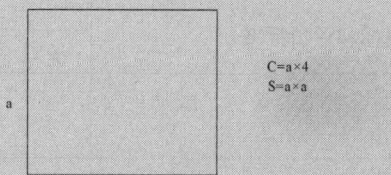

图 5-1　正方形的边长 a 与周长、面积的关系

师：作为正方形的边长，字母 a 可以表示哪些数呢？

生：1，2，3…

师：你认为 a 只可以表示自然数，是吗？

生：是的，这里的字母 a 只可以表示自然数。

（教师等待 20 秒，用期待的目光注视着同学们）

生：我纠正一下刚刚的想法，作为正方形的边长，这里的 a 还可以表示小数和分数。

师：说说你的想法。

生：正方形的边长不同于图形的个数，它可以是小数或分数。

（全班学生自发地鼓起了掌）

生：我还要提醒大家，在不同情况下，字母所表示的范围可能是不一样的。

（教室里再次响起了掌声）

---

① 陈晨. 课堂等待，让学生的思维更舒展——以"用字母表示数"的教学为例[J]. 小学数学教师，2019(3).

针对学生受惯性思维影响出现的认知偏差，教师没有直接否定，而是用沉默和期待的目光给学生足够的探索思考和主动修正的时间，学生经历了一番表面安静内心激烈的思考后，自我修正了原先的失误。这样的沉默，不论是对于学生学习信心的建立还是数学思维的发展都是有意义的。

5）活动强化

活动强化是指教师引导学生主动参与，开展活动以达到积极强化、促进学习目的的行为方式。例如，教师在课堂上有针对性地让学生同桌讨论、小组交流、展开辩论、操作实验、进行竞赛活动等，让学生参与教学活动而达到强化的目的。

强化技能与变化技能相似，没有确定的结构，所以也无确定的模式。因为有时的变化就是为了达到强化的目的，所以我们也可以合理地运用变化的方法进行强化。当然强化技能也要与其他技能有机地结合方能获得更好的强化效果。

2. 评价强化技能

如表 5-7 所示，强化技能评价单不仅可以为强化技能评价提供相应的记录，还给出了强化技能的训练目标和评价标准。

表 5-7　强化技能评价单

课题							年	月	日
受训者		学号			指导教师				
请听课后对以下各项作评价，在恰当等级处打分						总分			
强化技能的训练目标和评价标准	评价等级						权重		
	优	良	中	及格	不及格				
1.强化可以引起学生的注意、促进学生的参与、鼓励正确的行为、纠正不良行为							0.35		
2.在教学重点、关键处运用了强化技能							0.15		
3.运用强化时态度真诚、时机恰当							0.35		
4.强化方式灵活、多样，使整个教学进程自然、顺畅，效果好							0.15		
其他意见									

评价员：　　　　　　　　　　　　　　　　　　　　　　学号：

三、训练强化技能应注意的问题

1. 目的性明确

教师在课堂上实施强化技能时，应将学生的注意力集中到学习目标上来，提高学生参与教学活动的积极性，促进学生形成正确的学习行为与认知结构，并以积极的强化激发学生的学习兴趣，促进学生的发展。

2. 形式要灵活多样

强化形式的单调会使学生感觉乏味,方式的雷同会失去强化的作用。强化的方式要经常变化,灵活运用,要适应班情、学生年龄和具体背景,特别是要适合个别学生的接受情况,不强求一律。强化使用的语言也要变化,应风趣、幽默、自然,不能总是用好、对、很好、真棒这种针对性不强的评价语言。

3. 强化要恰当

使用强化技能时,要做到恰如其分、恰到好处而不要过分,以免适得其反。例如,对学生个体进行批评性强化时使用的批评方式应个别化并恰当。又如,低年级学生答问后,教师用鼓掌表扬效果很好,而在高年级学生答对时采用这种方式就不一定恰当。因此,强化要实事求是,适可而止,若使用不当,不仅达不到强化的目的,而且还会分散学生的注意力或引起学生的反感。

4. 教师的情感要真诚

在使用强化技能时,教师要热情诚恳,才能对学生的情感传递产生积极有效的影响。即使是批评惩罚性强化,也要以等待期望的深深情感才能打动学生,起到强化作用。在教学过程中,教师切莫板着脸孔、眼光不注视学生,这样会使学生恐惧、紧张、不安、厌烦,不利于学生的学习。

5. 以正面强化为主

使用强化技能时,一定要以正面强化为主,谨慎使用反面刺激,以免产生负面效果。正面强化的效果已由心理学家所证实。

6. 逐渐加强学生的自我强化

教师的强化是使学生成长的过程,而不是目的。强化的目的是让学生学会自我强化,从而学会自律、学会学习。

第八节　板　书　技　能

你曾经观察过学生的课堂笔记吗?发现学生的笔迹都在模仿他们的老师吗?这说明什么?是不是教师的板书具有很强的示范性呢?是的,教师清秀的书风,对学生潜移默化,也将给学生留下难忘的印象,这不能不引起重视。板书不仅是教学的一个窗口,也是学生窥视教师的一个窗口,教师巧妙的板书构思,使学生不仅能感受到板书的形式之美,还会从教师的艺术创造中体会到教师的内在品格之美。教师优美醒目的板书,可使学生在美的享受中加深记忆,巩固教学效果。

一、板书技能的概念

板书是课堂教学中运用最普遍的一种传统教学方式,时至今日,它仍然保持着旺盛的生命力,现代教学媒体的大量涌现并没有使板书退出课堂教学的舞台,这说明板书具有其他教学方式不可替代的优点。而要体现板书的优点，教师必须具有相应的板书技能。

板书技能是教师运用黑板以凝练的文字语言和图表等传递教学信息的教学行为方式。板书是教师必须具备的教学基本功，必须掌握的一项基本教学技能。板书也是课堂教学的记录，是整个教学流程的产物，且有其自身的完整性和时序性。

课堂板书是师生教与学活动的统一体，具有揭示教学内容、体现教材结构的作用。随着板书的演进，学生的思维会有序地展开，使之视听并用捕捉信息，由第一感觉转化为抽象的文字概念，达到对事物的理性认识，并留下深刻的印象。因此，板书是课堂教学不可或缺的知识信息传递的手段。简洁的板面、漂亮的字体、清晰的图形、新颖的形式、色彩的变化、完整而概括的内容加之与其他教学手段与技能的完美结合，既有利于学生获得"四基"，又能发展学生的智能；既能使学生产生美感陶冶情操，又能影响学生形成良好的习惯；既能激发学生的学习兴趣，又能活跃学生的思维；既能强化学生的记忆，又能减轻学生的学业负担。因此，人们把精心设计的板书称之为形式优美、重点突出、高度概括的微型教科书。

板书有两种，一种是正板书，一种是副板书。正板书是教师在对教学内容进行高度概括的基础上，提纲挈领地反映教学内容的书面语言，往往写在黑板的正中。正板书是教师在备课过程中精心设计的，一般作为教案的一部分而事先设计好。副板书是在教学过程中，因为学生听不清或听不懂，或者作为正板书的补充或解释随时写在黑板上的字、图、算式等，往往写在黑板的两侧。这里所研究的板书技能是指正板书的技能。

【案例 5-18】板书技能"异分母分数加减法"[①]

教师利用多媒体呈现情境图，笑笑和淘气学折纸，分别用了这张纸的一部分，让学生发现数学信息，提出数学问题。在学生找到数学信息并提出一系列问题的基础上——师：我们先来解决第一个问题：他俩一共用了这张纸的几分之几？(同时在多媒体上打出问题 1，截屏如图 5-2 所示)

板书技能"异分母分数加减法".mp4

图 5-2　异分母分数加减法情境和问题 1

师：怎样列式？

生：$\frac{1}{2}+\frac{1}{4}$(教师板书)。

师：观察这个算式你发现了什么？

生 1：这两个分数的分母不同。

生 2：我们以前学的是分母相同的分数的加法。

---

① 授课教师：辽宁省沈阳市沈河区朝阳一校　刘洪强。

师：问题找得很准👍！今天我们就来学习分母不同分数的加法。也就是异分母分数的加法(同时板书："异分母分数加 法" 留出"减"的位置)。大家想一想。你准备用什么方法求出异分母分数 $\frac{1}{2}$ 与 $\frac{1}{4}$ 的和是多少呢？

生1：折纸。

生2：画正方形。

生3：画圆。

生4：画线段图。

师：没错，这些都是求和的方法，大家用上了我们积累的经验，真好！现在以小组为单位解决问题，然后汇报。

学生们完成任务后，老师请第一组学生先来汇报，学生们按照自己设计好的分工有条不紊地逐一汇报。

生1：我将正方形的纸对折，一半是 $\frac{1}{2}$，用阴影表示，再对折，一半是 $\frac{1}{4}$，也画上阴影，阴影部分合起来是 3 个 $\frac{1}{4}$，所以，$\frac{1}{2}+\frac{1}{4}$ 等于 $\frac{3}{4}$。

生2：直接在黑板上画出一个正方形，把它平均分成两份，将一份用阴影表示，再把这个正方形平均分成四份，在一个空白处画出阴影，阴影部分合起来也是 $\frac{3}{4}$。

生3：直接在黑板上画出线段图，同样得到 $\frac{3}{4}$。

生4：我是列式计算的。$\frac{1}{2}+\frac{1}{4}=\frac{2}{4}+\frac{1}{4}=\frac{3}{4}$ (教师同时将其计算板书在黑板上)。我是这样想的，$\frac{1}{2}$ 和 $\frac{1}{4}$ 不能直接相加，化成 $\frac{2}{4}$，就可以和 $\frac{1}{4}$ 直接相加了。

第一组学生刚刚汇报完，其他组的学生立刻补充。

生1：通分把 $\frac{1}{2}$ 和 $\frac{1}{4}$ 化成同分母的分数，就可以用同分母分数的加法计算。

生2：就是化成相同计数单位的分数，然后把相同计数单位的个数相加。

生3：可以通过画圆得出 $\frac{3}{4}$。

……

老师充分肯定并高度概括了学生们的做法之后，要求学生自己完成两个习题，并归纳算法算理。学生汇报的同时教师板书"算法""算理""直观""列式"。

接下来，教师要求学生自己解决问题2，同时多媒体呈现问题2，截屏如图5-3所示。

笑笑折小船用了 $\frac{1}{2}$　　淘气折小鸟用了 $\frac{1}{4}$

问题1：他俩一共用了这张纸的几分之几？

问题2：笑笑比淘气多用了这张纸的几分之几？

图5-3　异分母分数加减法情境和问题2

接下来的处理方法与问题 1 相同。然后师生共同整理异分母分数加减法的算法与算理并完善板书，如图 5-4 所示。

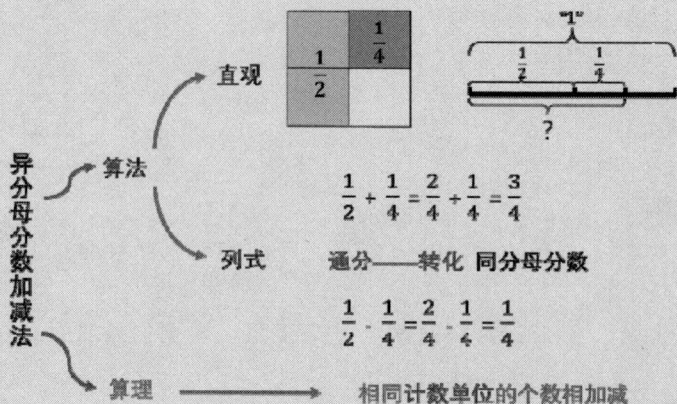

异分母分数加减法

算法
- 直观
- 列式　　通分——转化　同分母分数

$$\frac{1}{2} + \frac{1}{4} = \frac{2}{4} + \frac{1}{4} = \frac{3}{4}$$

$$\frac{1}{2} - \frac{1}{4} = \frac{2}{4} - \frac{1}{4} = \frac{1}{4}$$

算理 ——→ 相同计数单位的个数相加减

图 5-4　异分母分数加减法板书设计

可见，板书的内容是随着教学内容的完成而不断完善的。在设计板书时，首先要明确黑板上必须写课题、教学重难点；其次要在课前做好布局，明确黑板上写什么？在哪儿写？怎么写？什么时候写？由谁来写？并像图 5-4 所示这样在教案上写出板书设计，保证和讲解同步。例如，我们讲到异分母分数加法时，课题就写"异分母分数加　法"但我们可以留白，当教学进展到异分母分数减法时再填上去；学生能画直观图就可以由学生来画，既免去了重复啰唆，又提高了课堂教学效率。另外，随着现代信息技术的发展，多媒体呈现也构成了板书不可或缺的重要组成部分，如案例 5-18 教师利用多媒体呈现情境、数学信息、数学问题等，既节约了时间，又提高了学生的学习兴趣。

总之，板书的形式是灵活多变的，可以根据主题和学生的需要设计和创作，凡是能够实现教学目标获得预期效果的板书都是好的板书。

二、训练板书技能的步骤

1. 确定板书的形式

小学数学教学常用板书的形式有下述 5 种。

1) 提纲式

提纲式板书是按教学内容和教师的讲解顺序提纲挈领地编排书写的板书形式。这种形式能突出教学重点，便于学生抓住要领，掌握学习内容的层次和结构，培养其分析和概括能力，如图 5-5 所示。

2) 词语式

词语式的板书是通过几个含有内在联系的关键词语促使学生进行连贯思索的板书形式。词语式板书的特点是简明扼要、富有启发性，能加深学生对教学内容的理解，有利于对学生思维能力的培养。例如，案例 5-18 中的"通分""转化""同分母分数"；案例 5-27 中的课题和分数的概念。再如，通过举例让学生认识了物体后，便可板书"物体"，认识了大小便可板书"大小"等。

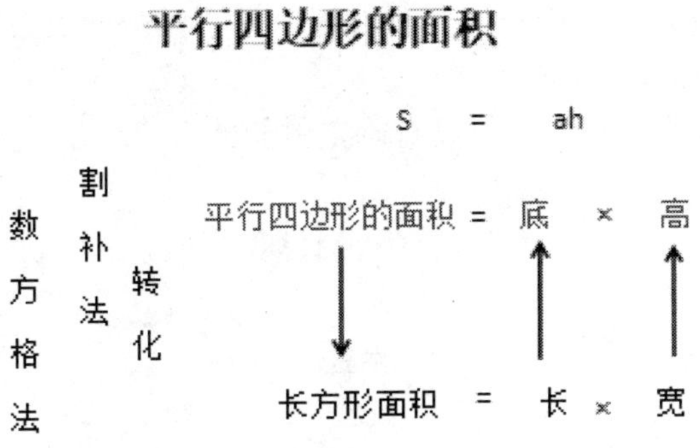

平行四边形的面积

$$S \quad = \quad ah$$

数方格法　割补法　转化　平行四边形的面积 ＝ 底 × 高

长方形面积 ＝ 长 × 宽

图 5-5 "平行四边形的面积"之板书

3) 表格式

表格式板书是根据教学内容可以明显分项的特点而设计的,教师根据教学内容设计表格,提出相应的问题,让学生思考后提出简要的词语填入表格。也可以教师边讲解边把关键词语填入表格,还可以先把内容分类,有目的地按一定位置书写,归纳、总结时再形成表格(见表 5-8)。

表 5-8 "长方体的认识"板书设计

长方体的认识

顶点	个数	8	8
面	个数	6	6
	形状	正方形	长方形(正方形)
	大小关系	6个面的面积都相等	相对的面大小一样
棱	条数	12	12
	长度关系	12条棱的长度都相等	相对的棱长度相等

4) 图画式

图画式板书是根据教学内容显现出的特征,采用图中夹文或文中夹图的方法,形象地勾画出知识间的内在联系的板书。这种板书适用于将分散的相关知识系统化,将某一教学内容进行分析、归纳和推理或提示。图画式的板书具有生动、形象、直观、化繁为简、便于记忆、将知识中的若干要素及其联系显示得淋漓尽致等特点,能有效地激发学生的学习兴趣,展现知识形成的过程,能促使学生学会学习,发展其抽象思维能力,如图 5-4、图 5-6所示。

5) 分析综合式

分析综合式板书是运用分析综合的思维方式揭示教学内容,展示思维过程的一种板书。

它的基本特征是思路清晰、逻辑严密、启发性强，是小学数学教学中常用的板书方式，如图 5-4、图 5-7 及案例 5-26 所示。

板书是随着教学的发展而发展的，没有确定的模式。

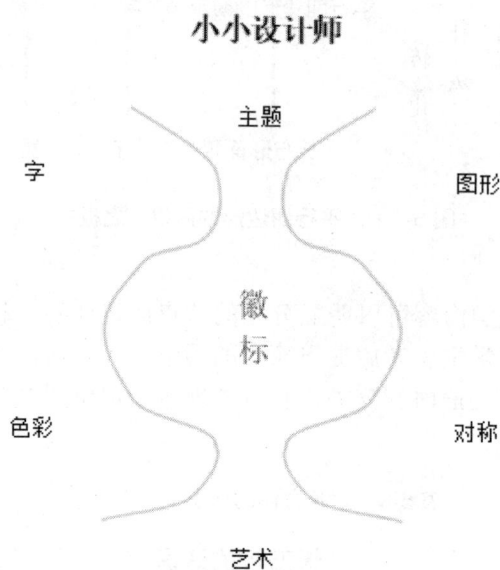

小小设计师

图 5-6 "小小设计师"的板书

除数是分数的除法

——意义、法则

$$4 \div 1 = 4 \times 1 = 4$$

$$4 \div \frac{1}{2} = 4 \times 2 = 8$$

$$4 \div \frac{1}{3} = 4 \times 3 = 12$$

......

图 5-7 除数是分数的除法

2. 评价板书技能

如表 5-9 所示，板书技能评价单不仅可以为板书技能评价提供相应的记录，还给出了板书技能的训练目标和评价标准。

表 5-9　板书技能评价单

课题							年　　月　　日	
受训者		学号		指导教师				
请听课后对以下各项作评价，在恰当等级处打分					总分			
板书技能的训练目标和评价标准	评价等级					权重		
	优	良	中	及格	不及格			
1.内容科学、准确无误						0.2		
2.重点突出，层次分明，知识结构合理						0.2		
3.书写、画图规范、简洁、艺术、美观，有示范性，关键内容醒目。能强化学生的记忆，吸引学生的注意力						0.4		
4.板书自然流畅，与其他教学技能配合得当，能启发学生的思维						0.2		
其他意见								

评价员：　　　　　　　　　　　　　　　　　　　　学号：

三、训练板书技能应注意的问题

1. 强化板书基本功

板书的基本功主要是指教师在黑板上熟练、准确地书写文字、符号和绘制图形。教师的字体要端正，书写应流畅，文字要精练，无语病、无错字和笔画顺序错误；绘制图形要熟练准确；格式、符号、公式和表达式的书写要规范正确，要有良好的示范性。

2. 明确黑板视区划分

练好板书技能需要研究黑板视区划分问题。对于一块黑板来说，人们视区注意力最集中之处是正中、上部和左侧。这些是最为"利目"和"醒目"的理想部位，被称之为"最佳视区"。黑板最佳利用部位处于黑板的中上，位于天框之下，这一位置是"最佳视区"的"最佳部位"，其利用率最高，通常作为"头版头条"的章节标题之用。黑板正中部位是"中心视区"(或称之为第一视区)，是黑板的主体，在课堂教学板书量不大的情况下，只用这一部分。"中心视区"是全班视域最集中、最合理的部位。黑板中线左侧称为"左视区"(或称之为第二视区)，黑板中线右侧称为"右视区"(或称之为第三视区)，左右视区分别处于黑板中线的左右两侧，似乎可以"平分秋色"，但从视觉生理要求判断，是以"左视区"为主，"右视区"次之。黑板视区划分如图 5-8 所示。

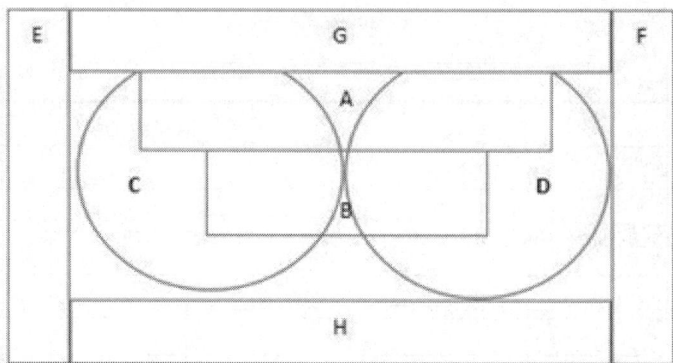

图 5-8　黑板视区划分

　　图中 A 处为黑板的最佳利用部位；B 处为第一视区(中心视区)；C 处为第二视区(左视区)；D 处为第三视区(右视区)；E 处为左辅区；F 处为右辅区；G 处为天框；H 处为地框。

　　视区的划分与择优是板书设计使用的依据，板书设计时应以布局合理整齐、视觉流畅为标准。

3. 变化板书的表现形式

　　书写呆板、缺少变化是板书的通病，一些教师的板书几年如一日，总是文字提纲式板书，这会使学生感觉乏味，降低学生的学习兴趣。因此，教学中要善于运用图画、符号和导图等解释问题、表达内容，这样能使板书生动活泼，吸引学生的注意力，使复杂的问题变得更加容易，枯燥的问题变得更加有趣。

4. 板书技能的三要与三忌

(1) 三要。

① 要层次清晰，即知识条理清晰、提纲挈领、一目了然。

② 要语言精练，即知识简明扼要、以少胜多。

③ 要突出重点，即知识的核心部分突出、画龙点睛。

(2) 三忌。

① 忌一字不写。板面空空、不知所为。

② 忌整板抄录。密密麻麻、不知所云。

③ 忌时写时擦。信手涂鸦、无所遵循。

5. 一语多次完成

　　利用板书表达一个观点的语言文字不一定一次完成，可分几次逐步完成，如此则板书的重点会更加突出、条理更加清晰。例如，案例 5-18 的课题板书技能"异分母分数加减法"；图 5-5 所示的平行四边形的面积、长方形的面积。

6. 合理利用多媒体

　　板书虽然有许多其他方式不易表现的优点，但不是所有的教学情境都适合用板书来表现。一些生动的情境、内在的变化、较多的文字等，均可以借助多媒体呈现。板书与多媒体的融合将会获得事半功倍的效果。

第九节 结 束 技 能

在教学中往往会出现这样的现象，学生对学习活动有比较高的热情，通过教师的启发和学生的积极思维比较成功地获得了新知识结论。教师和学生对教学活动都感到满意，但在测验中成绩却普遍不理想。那么，造成这种现象的原因是什么呢？为了探寻答案，让我们共同学习、掌握结束技能吧。

一、结束技能的概念

结束与导入一样，都是课堂教学的有机组成部分。一节好课不仅应当有引人入胜的导入，还应该有强化重点、耐人寻味的结束，使课堂教学前呼后应、首尾圆合、善始善终，画上一个完整而又完美的句号。苏联教育家达尼洛夫和叶希波夫认为："总结学生在课上所学习的主要事实和基本思想对结束一节课是很有帮助的。""一节课的结束工作做得认真、合理而灵活，就会使学生感到一节课的完整性。"单纯重视领会环节，忽视结束环节就会造成教学不完整、掌握不扎实的后果。因此，教师应在课的结束环节对本节课的内容要求、知识结构等进行梳理、概括，使知识条理化、系统化，此做法不仅可以厘清学生纷乱的头绪、突出重点、促进记忆，而且还可以帮助学生快速重现新知、建立知识体系、反馈信息、强化巩固；教师还可以在课的结束环节激发学生的学习兴趣、设置悬念、拓展延伸，从而升华思想、激励学生学习，这正是结束的作用。此作用意味着教学不仅必须具有结束环节，而且必须具有结束技能。

结束技能是对学过的知识、技能、方法等进行精练的归纳总结、升华提高，实现知行统一来结束课堂教学的教学活动方式。

结束技能不仅广泛应用于一节课、一个单元教学的结尾，也经常用于讲授一个知识点的结尾。

【案例5-19】结束技能"轴对称图形"

师：美丽的蝴蝶姐姐(本节课是由蝴蝶导入的)要把"美"(出示黑体的"美"字)送给大家，但蝴蝶姐姐有个要求，你们必须根据今天学习的知识来评价她送的这个礼物。

生：这个"美"字是轴对称图形。

师：说得好，蝴蝶姐姐问，轴对称图形有什么特点啊？

生：这个"美"字对折后，折痕两边的部分能够完全重合。

师：非常正确，蝴蝶姐姐很满意，"美"属于同学们！希望大家用自己的眼睛去发现生活中的美，用自己勤劳的双手和聪明的头脑去创造美(学生作业整理)。

"轴对称图形"的结束，由蝴蝶姐姐送"美"来呼应课的主旨，首尾呼应，不仅引导学生概括了轴对称图形的特点、突出了重点、反馈了信息、强化了记忆、实现了知行统一，而且还激发了学生的兴趣，让学生感悟到了生活处处有数学，体验到了数学的无穷魅力。

二、训练结束技能的步骤

当你了解到结束技能的概念和作用之后,你想具有结束技能吗?你知道有哪些结束方式?怎样训练自己的结束技能?如何评价自己具备了怎样的结束技能呢?让我们共同开启结束技能的训练。

1. 确定结束方式

具备结束技能的第一步是收集材料了解结课的方式。无论课内还是课外,我们都要多听、多看、多积累。你会发现,结束的方式有很多,不同课型、不同内容、不同老师会有不同的结束方式。归纳起来,常用的结束方式无外乎下述两种。

1) 封闭型结束

封闭型结束方式是把学生的注意力集中到教学的重点、难点上的结课方式,又被称为认知型结束。其目的是使教学内容系统化、条理化和简明化,能以一种最简便的方式纳入学生正在形成的认知结构,一般由师生共同回忆总结完成。这种结束注重学生参与,能充分发挥学生的主体作用,达到使学生明确重难点,重新对课堂上所学的知识进行复习、巩固,进一步掌握课堂教学内容的目的。这类课堂往往是以学生带着问题走进教室开始,以学生解决问题走出教室为止。

【案例 5-20】结束技能"四则混合运算"

师:同学们,今天的学习,你收获了什么?

生1:我知道了加减法是第一级运算,乘除法是第二级运算。

生2:我知道了在含有两级运算的算式中,要先算第二级运算,再算第一级运算。

生3:我学会了计算较复杂的四则混合运算,今天在课堂上我认真计算、仔细检验,做得又对又快,让我体验到了计算带来的愉快。

师:老师为同学们有这么多收获而高兴,给大家带来一首儿歌,我们一起来分享学习的愉悦。

(多媒体播放录音并显示字幕,在优美的音乐声中听到童声演唱:打竹板,乐连天,各位同学听我言,今天不把别的表,四则运算聊一聊,混合试题要计算,明确顺序是关键,同级运算最好办,从左到右依次算,两级运算都出现,先算乘除后加减,遇到括号怎么办?小括号里算在先,中括号里后边算。千绪万千不能乱,每算一步都检验,又对又快喜心间)

学生们也随着音乐的节拍快乐地跟着学唱,在愉快的歌声中巩固四则混合运算的顺序,感受音乐之美(学生作业整理)。

教师在课的结束环节将本节课的内容编成小学生非常喜欢的儿歌,使学生说唱起来朗朗上口,易学易记,再伴以优美动听的音乐,学生们在愉悦的氛围中,通过背诵儿歌,对四则混合运算的主要内容进行了梳理、总结、强化、记忆和巩固。课封闭于"四则混合运算",在师生兴味盎然,回味无穷的感觉中结束,达到了在娱乐中学习新知、在学习中体验快乐的境界。

2) 开放型结束

开放型结束方式是把课堂学习的知识进一步发展或向其他方向延伸,以拓宽学生的知识面，引发学生更浓厚的学习兴趣的结课方式。开放型结束又被称为发散型结束。它是在一种与其他学科、现实生活或后续课程联系比较密切的教学内容完成之后的发散，这种发散既无固定的方向，也无固定的范围，不能墨守成规。

【案例5-21】结束技能"克、千克的认识"

师：同学们以今天学习了什么、有什么收获为题，各自发表自己的想法。
生1：我认识了重量单位克、千克。知道了1千克=1000克。
生2：我学会了用秤称物品的重量，以后上街买东西再也不会被骗了。
生3：我知道称较轻的物品用克作单位比较合适，称较重的物品用千克作单位比较合适。
师：刚才同学们讲得都很好，那么如果称大象的重量用克、千克作单位合适吗？用什么作单位比较合适呢？大家课后了解一下，下节课介绍给我们(学生作业整理)。

这样的结束可让学生们主动进行思考，这种结课方式是在明确本节课重点的基础上，找出所学知识与生活及后续学习内容的联系，借以激发学生的学习兴趣，拓展学生的思维，锻炼学生的能力。

【案例5-22】结束技能"百分率"

师：某品牌化妆品宣传在促进女性皮肤改善方面效果非常好，尤其是在美白去皱方面的有效率可达到85%，当人们仔细研究这个85%的统计数据时，发现这一数据是建立在几十人的实验基础之上。请同学们课后用刚学过的百分率的有关知识进行分析(学生作业整理)。

这个结束语的设计和当前的生活联系在一起，但更重要的是它蕴含了统计学的思想，它需要用统计学中的样本量来解释，即调查的人数越多，所得到的结果越具有代表性，本例中只调查了几十人，这是明显地犯了夸大小样本对总体的代表性的错误，将样本中事件的概率看成是总体分布，这样的题目已经超越了简单的只是让学生做练习、会解题的框架，它可以培养学生初步的统计学观念，使学生得到不同的发展。此结课方式正可谓教师给学生一个支点，让学生尽情地去探究，去发现，去创新，全方位地提升了学生的素养。

2. 遵循结束模式

一堂课的结束通常需要经历下述4个阶段。

(1) 简单回忆。对整个教学过程进行简单的回顾，整理认识的思路与方法。

(2) 归纳结构。总结与归纳所学习的知识结构，强调知识的重点与难点，并指出各部分知识之间的联系。对于小学数学中比较单一的知识内容也可省略归纳结构阶段。

(3) 巩固练习。把所学习的知识应用到新的情境中去解决新的问题，在应用中巩固知识，并进一步培养与发展学生的能力。但由于结束既可以出现在得出数学概念(公式或法则)并进行了板书之后，也可以出现在一节课、一个单元的最后，所以，巩固练习出现的顺序也可以前移，如上例。

(4) 拓展延伸。有时为了激发学生的兴趣，开拓学生的思路，可把前后知识联系起来而把课题内容扩展开来。由于有些教学内容拓展延伸的空间不大，所以此阶段可根据教学内容的实际决定取舍，如案例5-25。

3. 评价结束技能

如表 5-10 所示，结束技能评价单不仅可为结束技能评价提供相应的记录，还给出了结束技能的训练目标和评价标准。

表 5-10　结束技能评价单

课题						年　　月　　日
受训者				指导教师		
请听课后对以下各项作评价，在恰当等级处打分				总分		
结束技能的训练目标和评价标准	评价等级					权重
	差	中	好	很好		
1.对一节课的教学思路或教学结构表达清楚						0.15
2.对教学内容知识结构概括精当，并突出重点与知识间的联系						0.20
3.能恰当地安排学生的活动，激发学生的兴趣，并兼顾巩固与发展的关系						0.35
4.作业明确、适当，有必要的说明						0.15
5.时间掌握得当、不拖堂						0.15

还有什么意见？请写在下面

评价员：　　　　　　　　　　　　　　　　　　　　　学号：

三、训练结束技能应注意的问题

1. 结束过程是提高的过程

课的结束环节不是整个教学内容的简单重复，教师在此环节要有意地、适时地将学生的学习层次提高一步，引导学生从具体的思维向抽象的思维发展，突出重点，总结规律，寻找事物的本质和事物间的内在联系，学习解决问题的方法。在课的结束环节，教师对内容的理解角度、对知识的逻辑结构的叙述可以略高一些，为进一步学习奠定基础。

2. 结束要由师生共同完成

在课的结束环节，教师要注意来自学生方面的反馈。避免使结束的教学活动成为纯粹的教师单边活动。因为这一环节的教学活动不仅仅是在形式上使教学有一个完美的结局，而是要真正地解决建立新的认知结构的问题。

3. 结束的时间不宜过长

结束环节所占的时间是有限的。结束部分所占用的时间，应该与课堂的教学内容相协调。因此，教师应根据教材内容的不同特点，灵活掌握结束部分的时间，做到不提前、不拖堂。

第十节 课堂教学技能案例与分析

当你明确了各种教学技能之后，或许要写一份技能训练教案吧？或许会将各个教学技能与一节完整的课联系起来吧？那么，你想将各种教学技能综合运用于一节课吗？你会写技能训练教案吗？你想看到教师在课堂上游刃有余地发挥教学技能吗？本节将带领大家了解鲜活的综合教学技能案例与分析环节，一览其庐山真面目。

一、教学案例

【案例5-23】导入技能"找质数"①

最基本的导入方式就是根据教材的编写意图进行导入。那么，如何根据教材的编写意图设计导入呢？请看，如表5-11所示导入技能"找质数"教案。

表5-11 导入技能"找质数"教案

技能训练目标	1.借助教材提供的资料，利用与本节课密切相关的已有知识和经验轻松自然、衔接紧密地引入新课； 2.遵循导入模式，感情充沛、语言清晰、有感染力地引导全体学生积极参与比赛、思考问题			
教学目标	通过比赛活动为新知识的探究做好铺垫，提高发现问题和提出问题的能力			
媒体的使用	教师的教学行为及教学内容	应用的技能	学生的学习行为	时间分配
(多媒体出示下列文字和表5-1)用2，3，…，13个小正方形分别可以拼成几种长方形，完成下表(见表5-1)	师：同学们，前面我们已经学会了用小正方形拼长方形，请看大屏幕，我们以小组为单位拼一拼，填一填，看哪个小组拼成的长方形多	以旧引新导入	眼耳神参与学习	

---

① 授课教师：辽宁省沈阳市沈河区朝阳一校 刘洪强。

媒体的使用	教师的教学行为及教学内容	应用的技能	学生的学习行为	时间分配
一、2 和 13 二、3 和 11 三、4 和 12 四、5 和 7 五、6 和 8 六、9 和 10	我们规定(指着大屏幕):第一组完成"一、2 和 13" 第二组完成"二、3 和 11",依此类推。比赛开始!	一、引起注意		37″
	完成的小组举手汇报。	二、建立联系	拼摆长方形并完成学习任务单(见表 5-1)。然后报数:2 个;2 个;4 个(三个组同时);5 个	1′
	师:说得好。善于发现的你一定想知道究竟哪些数只能摆出一个长方形吧,这些数有什么特点?又叫什么名字呢?接下来老师就和大家一起来探究这个问题(板书"质数")	三、激起矛盾	生 1:老师这个规定不公平。 生 2:我们小组的每个数都只能拼出一个长方形,有的小组一个数就能拼出好几个长方形	20″
		四、期待学习		20″

学习任务单见表 5-12。

表 5-12　学习任务单

小正方形个数(n)	能拼成几种长方形	n 的因数
2		
3		
4		
5		
6		
7		
8		
9		
10		
11		
12		
13		

【案例 5-24】导入技能 "体积与容积"

导入技能是一种使用频率较高的教学技能，导入技能不仅使用在一节课的开始，还经常使用在新旧教学内容的过渡中。

教师在引导学生归纳概括理解了体积的含义之后，是如表 5-13 所示这样引入容积的[①]。

表 5-13　导入技能 "体积与容积" 教案

技能训练目标	1.通过引导学生观察和操作橡皮泥集中注意力，激发学生的学习兴趣，沟通体积和容积的关系，从而自然地引入新概念容积； 2.遵循导入模式，语言清晰、有活力、有感染力地引导全体学生积极参与操作、思考与发言			
教学目标	在做数学的活动中，沟通体积和容积的关系，为建立容积的概念奠定基础，提高发现问题、提出问题、分析问题和解决问题的能力			
媒体的使用	教师的教学行为及教学内容	应用的技能	学生的学习行为	时间分配
橡皮泥	教师拿起讲台上的一块橡皮泥："这是一块橡皮泥，它是什么形状的呢？" 还可以捏成其他形状的吗？ 教师引导学生思考："在捏橡皮泥的过程中，什么发生了变化，什么没有变？"	形象直观导入 一、引起注意	生：(齐)圆柱形 学生不断地把自己手中的橡皮泥捏成不同的形状 生1：还可以捏成长方体、正方体，还可以捏成一个球	20″

[①] 位惠女，陶文中. 义务教育教科书数学教师教学用书五年级下[M]. 北京：北京师范大学出版社，2015.

媒体的使用	教师的教学行为及教学内容	应用的技能	学生的学习行为	时间分配
橡皮泥	教师适时评价"你们不仅会动手，还会动脑，我也想试试"，并把手中的橡皮泥捏成一个碗。 师：看我手中的这个碗与刚才的圆柱形相比什么变了，什么没有变	二、建立联系	生2：形状发生了变化，体积没变。 生3：对，它是同一个物体，占有的空间是一定的，所以体积没有变。 兴奋 全神贯注 生：(齐)还是形状变了，体积没变。 生4有些困惑，慢慢吞吞地说："我认为形状变了，体积也变了，这个碗明明比刚才的圆柱大一些啊？"一些学生点头表示同意。	1′
	教师没有正面回答，静观其变。	三、激起矛盾	生5有所感悟地说："形状是变了，但这块橡皮泥的体积没有变，"并走上讲台边演示边继续说，"你们会认为体积变大了，是因为碗的里面还有一定的空间，它还可以装东西。" 许多学生顿悟："原来是这样啊！" 生4激动地说："里面有一定的空间，能装东西，可以把它叫作容器。"	30″
	教师顺水推舟并追问："生活中还有哪些容器？容器里装东西的空间还叫体积吗？"请学生们阅读教材再回答这个问题	四、期待学习	同学们抢答出各种容器	12″

【案例 5-25】结束技能"分数的意义(练习七)"[①]

结束技能"分数的意义(练习七)"教案如表 5-14 所示。

结束技能"分数的意义(练习七)".mp4

表 5-14 结束技能"分数的意义(练习七)"教案

技能训练目标	针对学生对练习七问题的解决和知识的梳理,精确概括教学内容、知识结构,并突出重点与知识间的联系。对一节课的教学思路或教学结构表达清楚、恰当。安排学生的活动,总结学习思路和学习方法。作业明确适当有必要的说明,并进一步激发学生的兴趣。时间掌握要得当			
教学目标	1.通过引导学生回顾、思考、汇报所思所得,明确分数的意义(练习七)所对应的知识技能及教学重点; 2.体会数学知识的价值,增强应用意识			
媒体的使用	教师的教学行为及教学内容	应用的技能	学生的学习行为	时间分配
屏幕和黑板上已经完成的内容	我们今天通过闯关的方式,闯过了三关,同学们表现得非常棒!老师给大家点赞。 现在我们来回顾一下,这节课学到了哪些知识?学会了哪些方法?大家动脑筋,想一想、说一说。 你说得很好,如果声音大一点就更好了	简答回忆 归纳结构	生 1:我学到了利用分数的基本性质把分数化为最简分数的方法。 生 2:我学会了用最小公倍数解决问题,如上一个题目,爸爸妈妈几分钟后在起点处相遇、分糖果等问题。 生 3:我学到了许多比较分数大小的方法,比如可以用通分的方法,用分数的基本性质找分子分母的最小公倍数,还有用分子分母交叉相乘的方法	27″
	非常好,同学们这节课的收获真多,老师告诉大家,分数的意义练习七的内容(手指黑板),在我们今后的实际生活中还会遇到更多,老师希望你们把眼睛睁得大大的,到我们身边去找有关的实			53″

① 授课教师:辽宁省沈阳市铁西区应昌小学 马丹。

续表

媒体的使用	教师的教学行为及教学内容	应用的技能	学生的学习行为	时间分配
屏幕和黑板上已经完成的内容	际问题，并用你所学的知识来解决它，老师期待大家更好的表现！这节课我们就上到这里	拓展延伸		28″

【案例 5-26】微型课教学大赛"分数除法(二)"①

微型课教学大赛"分数除法(二)"教案如表 5-15 所示。

微型课教学大赛"分数除法(二)".mp4

表 5-15　微型课教学大赛"分数除法(二)"教案

技能训练目标	根据教材的特点，根据导入技能、演示技能、提问技能、讲解技能、板书技能、结束技能的作用和对应的方法及模式训练综合教学技能，实现技能培训目标			
教学目标	1.借助面积模型和实际操作，进一步理解并掌握分数除法的意义、算理和算法，能够正确地计算，树立转化、类比的思想； 2.在探索活动中，体会数学知识之间的内在联系，提高动手操作能力和语言表达能力，发展抽象概括能力； 3.养成积极思考、合作交流、仔细认真的学习习惯			
多媒体的使用	教师的教学行为及教学内容	应用的技能	学生的学习行为	时间分配
(课件出示) 说一说，算一算，如图 5-9 所示。 图 5-9　"分数除法(二)"1	一、复习检查，导入新课 分数除法(一)你学会了么？点击大屏幕。 生1请你到黑板上算一算。 生2你来说一说它的意义。 对学生的回答予以评价，并明确应掌握的意义、算理、算法	演示课件 复习提问	生1：$\frac{8}{9} \div 6 = \frac{8}{9} \times \frac{1}{6} = \frac{4}{27}$ 生2 说算式的意义 根据法则：除以一个不为零的整数等于乘以这个数的倒数。能约分的先约分	

---

① 授课教师：沈阳大学小学教育系硕士研究生　齐小维。

续表

多媒体的使用	教师的教学行为及教学内容	应用的技能	学生的学习行为	时间分配
教材课题如图 5-10 所示。 图 5-10 "分数除法(二)"2 有 4 张同样大的饼 1.每张一份,可分成几份?(见图 5-11) 4÷1=4(份) 4×1=4(份) 图 5-11 "分数除法(二)"3	看来大家都已经掌握了我们上节课学习的分数除以整数的意义和计算法则。(板书) 那么分数除法还有其他意义和运算法则吗?这节课就让我们一起来学习更有挑战性的知识:分数除法(二)——除数是分数的除法。(板书) 二、探究新知 请看大屏幕!有 4 张同样大的饼。 1.每 1 张一份可分成几份是 4 份。说道理!很好,因为这是一个平均分的问题,所以用 4÷1。 你还有别的想法吗? 真聪明,把除法转化成了更好算的乘法。 同学们思维都很活跃,难不倒大家,我们来解决难一点的问题	词语板书 以旧引新导入 复习提问	齐读课题 4 份 列出算式:4÷1=4 因为 4 里面包含 4 个 1,所以用 4÷1=4,是 4 份。 1 张饼是 1 份,4 张饼就是四个一份,4 份,也可以用 4×1=4 表示	1′

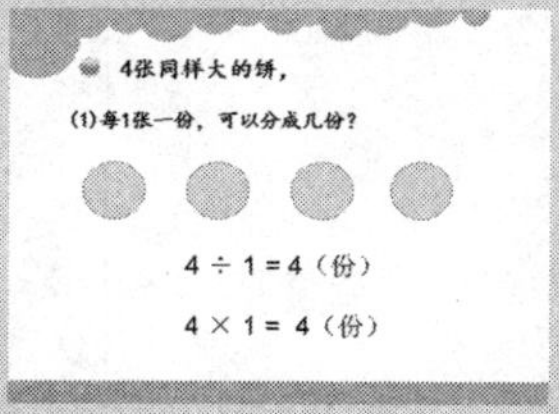

多媒体的使用	教师的教学行为及教学内容	应用的技能	学生的学习行为	时间分配
2.还是这4张饼。如图5-12～图5-16所示。每 $\frac{1}{2}$ 张一份，可以分成几份呢？ 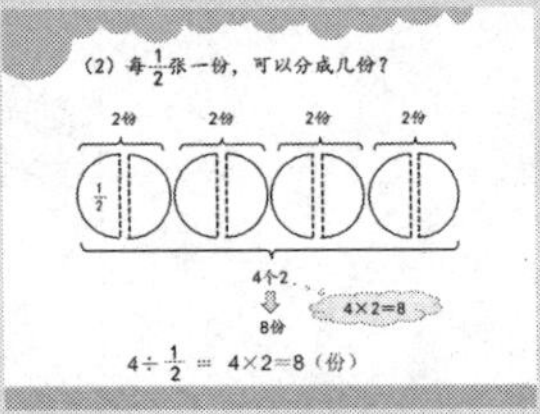 图5-12 "分数除法(二)"4	2.还是这4张饼。每 $\frac{1}{2}$ 张一份，可以分成几份呢？为什么？ 说道理 正确 因为把4张同样大的饼，按着每份都是 $\frac{1}{2}$ 张进行平均分，所以用 $4÷\frac{1}{2}$ 真有办法！你还会和整数除法类比呢，给你一个大大的赞👍 看来只要是平均分就可以用除法计算，不论除数是整数还是分数 $4÷\frac{1}{2}$ 等于多少 大家都听懂了么？你再来解释一下。 太厉害了，你们不仅能够把整数除法转化成乘法计算，还能把分数除法也转化成乘法计算	分析提问 分析提问 清晰说明讲解 手势语言强化	思考、操作 8份 $4÷\frac{1}{2}$ 是因为要求4张饼每 $\frac{1}{2}$ 张一份，可分成几份，和整数除法一样。就相当于求4里面有几个 $\frac{1}{2}$ ，所以用 $4÷\frac{1}{2}$ 等于8，因为每 $\frac{1}{2}$ 张饼一份，就相当于把每张饼都平均分成2份，总共有4张这样的饼，就是4个2份，所以用4×2=8，可分成8份 动手操作，合作交流。 同样的道理，因为把4张同样大的饼，按着每份都是 $\frac{1}{3}$ 张进行平均分，所以用4除以 $\frac{1}{3}$ 。就是 $4÷\frac{1}{3}=4×3=12$	

续表

多媒体的使用	教师的教学行为及教学内容	应用的技能	学生的学习行为	时间分配
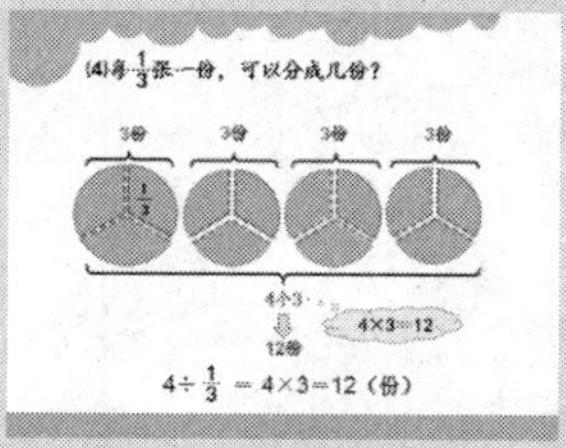 图 5-13 "分数除法(二)" 5	我们小组合作，探讨一下：每 $\frac{1}{3}$ 张一份，可以分成几份 小组汇报 同样的道理，其实就是按一份 $\frac{1}{3}$ 来进行平均分，所以用除法，就是 $4\div\frac{1}{3}=4\times3=12$ 说道理。为什么这个式子就等于 4×3 呢？ 说得真好！ 小结：看来大家都知道了分数除法的意义。我们来概括一下。 非常好，和前面学习的除法一样。只要是平均分的过程，都可以用除法来表示，不论除数是整数还是分数。这就是——分数除法的意义。 到此，你还发现了什么？ 那么我们综合一下就可以说成——	手势语言强化	因为每 $\frac{1}{3}$ 张饼 1 份，就相当于把一张饼平均分成 3 份，4 张饼，就平均分成了 4 个 3 份，所以就等于 4×3，就等于 12 份 和前面学习的除法一样。只要是把一个数平均分就可以用除法 我们发现今天学习的式子的除数是一个分数，而上节课的除数是一个整数 除以一个不为 0 的数就等于乘以这个数的倒数	
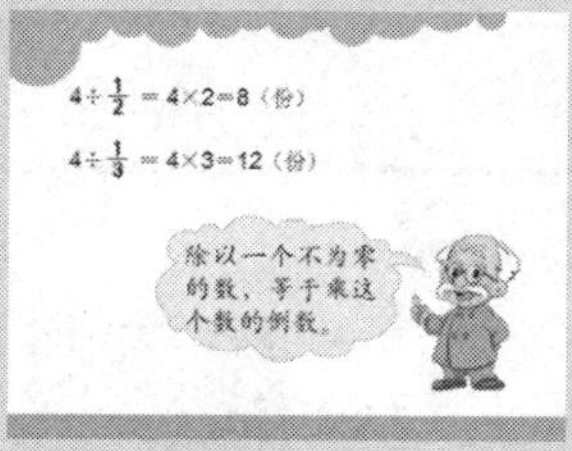 图 5-14 "分数除法(二)" 6	除以一个数，就等于乘以这个数的倒数，而这个除数不能为 0	分析		6′

续表

多媒体的使用	教师的教学行为及教学内容	应用的技能	学生的学习行为	时间分配
 图 5-15 "分数除法(二)"7	三、总结梳理 学到这里，大家都有哪些收获呢？ 除以一个不为零的数，等于乘以这个数的倒数。能约分的一定要先约分。 看来大家都理解了分数除法的含义，也学会了分数除法的计算法则。	提问	认真检验，巩固提升	1′
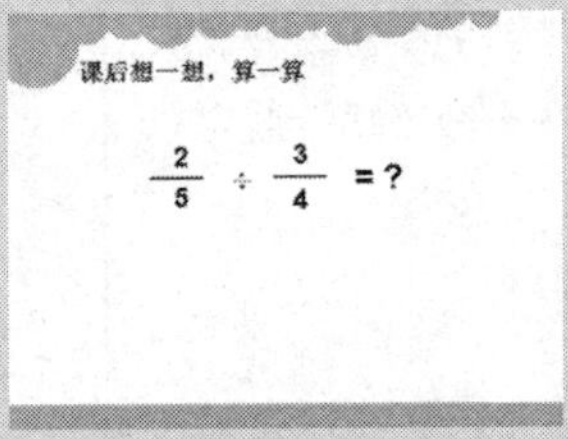 图 5-16 "分数除法(二)"8	四、布置作业 1. 课件上练习题。 2. 预习下一节的内容	认知结束		
板书设计	图 5-7			

【案例 5-27】技能大赛课"分一分(一)"①

看到教学技能大赛的通知，年轻的你或许有过参加教学技能大赛的念头吧？教案的模板什么样？教者的风采什么样？本案例将带领大家共同走进技能大赛的世界，一览其庐山真面目，如表 5-16 所示。

技能大赛课"分一分(一)".avi

---

① 授课教师：辽宁省盘锦育才学校 纪焕超。

表 5-16　技能大赛课"分一分(一)"教案

技能训练目标	1.借助教材提供的素材，利用与本节课密切相关的已有知识和经验轻松自然、衔接紧密地导入； 2.在学生已有知识经验的基础上，围绕教学重难点设计提问； 3.为讲解提供材料，使讲解清楚、明白、生动、有趣； 4.板书时机恰当、内容准确、重点突出、有艺术性； 5.注重强化技能与变化技能训练
教学目标	1.通过动手操作、合作交流，初步理解分数的意义，并能认、读、写简单的分数，知道分数各部分的名称。体会数学与生活的紧密联系，训练思维的灵活性，增强发现问题、提出问题、分析问题和解决问题的能力； 2.逐步养成独立思考、探究学习、认真倾听、认真观察、大胆发言、勇于创新、善于合作的习惯。体会学习分数的必要性，从而热爱生活、热爱数学

媒体的使用	教师的教学行为及 教学内容	应用的 技能	学生的学习行为	时间 分配
(多媒体出示) 分苹果的动画	一、创设情境，导入新课 (板书：分) 师：看到这个"分"字，同学们能想到什么呢？ 是的，我们都分过东西，今天就请大家帮忙来分一分。(板书：分一分) 结合动画问：老师有 2 个苹果，平均分给两个小朋友，每人分几个？ 都会，考不倒你们，现在老师只有 1 个苹果，平均分给两个小朋友，每人分几个？能用数表示吗	创设情境导入 词语式板书 词语式板书 运用生活事例和形象直观导入	眼、耳、神参与学习 分东西、平均分、分数 摩拳擦掌准备参与 1 个	

续表

媒体的使用	教师的教学行为及教学内容	应用的技能	学生的学习行为	时间分配
(多媒体出示)分苹果的动画	二、活动探究，认识分数 ●活动一 1.体验 $\frac{1}{2}$ 的产生 先用自己喜欢的方法来表示半个苹果吧，以小组为单位完成。 请第三组汇报 请第一组补充 同学们真聪明，和数学家的思想完全一致。 这时贴在黑板上的折纸掉在地上，教师镇静地将其捡起并说："这个学具真淘气，老师在黑板上画出来吧。" 3000 多年前，埃及人用卵形符号表示(板书)，2000 多年前，我国数学学者用算筹这样表示(板书)，印度数学家在著作中这样表示(板书)，聪明的阿拉伯数学家这样表示(板书)，这种方法得到了我们的认同，所以一直沿用至今。 按顺序板书 $\frac{1}{2}$ 并讲解，它表示把一个苹果平均分(画一条横线)，分成 2 份(在横线下面写 2)，每人得到其中的 1 份(在横线上面写1)，可以用 $\frac{1}{2}$ 来表	分析 提问 语言 强化 变化 预设 图画式板书 清晰说明讲解	半个 用摆小棒或折纸或画图来表示这半个苹果。 摆小棒、画图来表示半个苹果。 折纸表示半个苹果，同时将折纸贴在黑板上	1′ 1′

媒体的使用	教师的教学行为及教学内容	应用的技能	学生的学习行为	时间分配
	示一半。这就是我们今天要学习的新数——分数。(板书：数,分) 2.分数 $\frac{1}{2}$ 的读法 这个分数怎么读呢？从下往上读,读作：二分之一。齐读两遍 3.做一做、涂一涂 一个物体平均分成两份,每一份我们用 $\frac{1}{2}$ 来表示 现在老师先给你 $\frac{1}{2}$,你能在图形中表示出来吗？让我们一起来做一做、涂一涂吧。 做完的同学,请先小组内互相交流检查一下。 请同学汇报 教师评价 小结：我们只要把一个物体平均分成2份,其中的1份就可以用 $\frac{1}{2}$ 来表示。 $\frac{1}{2}$ 就是我们今天学习的分数	变换位置 生动描述讲解 词语式板书 学生做数学的变化 语言强化		3′
(多媒体出示)分苹果的动画			齐读两遍 有的用纸折、有的用笔涂 ●正方形 生 1：将正方形横着对折,其中的一半就是 $\frac{1}{2}$。 生 2：将正方形竖着对折,其中的一半就是 $\frac{1}{2}$。 生 3：将正方形斜着对折,其中的一半就是 $\frac{1}{2}$	

续表

媒体的使用	教师的教学行为及教学内容	应用的技能	学生的学习行为	时间分配
（多媒体出示）分苹果的动画	●活动二 想一想，说一说 ①同学们学得真不错，那我们接着拿出手中的纸，再来折一折、涂一涂，你还能得到哪些分数，你是怎样得到的？ 这么多同学举手，你来说。 ②你能再想出一个分数，并画图表示它的意思吗？ ③你发现了什么规律？ 看来大家都学会了。（表扬：你理解得真透彻） ④我们分了，也画了，也折了，学到这，谁来总结一下，什么是分数？ 教师强调：表示其中的一份或几份的"数"叫分数。 （板书） 顺势概括分数的概念 （板书）	理解提问 分析提问 语言强化 词语式板书	●六边形 生1：沿着六边形的对称轴来分，把六边形平均分成了两份，每份是它的$\frac{1}{2}$。 生2：还有一条对称轴，也把六边形平均分成了两份，每份是它的$\frac{1}{2}$。 ●花瓶 生1：沿着花瓶的对称轴来分，把花瓶平均分成了两份，每份是它的$\frac{1}{2}$。 操作 汇报 生1：$\frac{1}{4}$把这个正方形平均分成4份，将其中的1份涂上颜色。 生2：$\frac{3}{8}$把这个圆平均分成8份，将其中的3份涂上颜色。 生3：$\frac{4}{5}$把这个长方形平均分成5份，将其中的4份涂上颜色。 生1：$\frac{2}{3}$ （图略） 生2：$\frac{5}{6}$ （图略） 生：折成的总份数写在横线下面，涂色的份数写在横线上面	2′ 3′

续表

媒体的使用	教师的教学行为及教学内容	应用的技能	学生的学习行为	时间分配
(多媒体出示)分苹果的动画			将一个物体平均分成若干份,表示其中的一份或几份就是分数	
板书设计(见图 5-17)				

图 5-17 "分一分(一)"板书设计

【案例 5-28】综合教学技能"平行四边形的面积"①

综合教学技能"平行四边形的面积"教案如表 5-17 所示。

综合教学技能"平行四边形的面积".mp4

表 5-17 综合教学技能"平行四边形的面积"教案

技能训练目标	根据教材特点,根据导入技能、提问技能、讲解技能、板书技能、强化技能、结束技能的作用和对应的方式及模式训练综合教学技能,实现技能培训目标
教学目标	1.在现实情境中,通过动手实践、自主探索,理解和掌握平行四边形面积计算公式,并能正确计算平行四边形的面积,尝试在解决问题中应用数方格及割补法,树立转化的思想,积累求平面图形面积的经验; 2.通过观察、比较、猜测、验证、推理、计算等活动,发展空间概念,提高分析、综合、抽象、概括的能力,体会数学与生活之间、数学知识之间的紧密联系; 3.感受数学知识的价值和探究的乐趣,养成独立思考、合作交流、认真倾听、大胆发言的习惯

① 授课教师:沈阳大学小学教育系硕士研究生 宋慧莹。

媒体的使用	教师的教学行为及教学内容	应用的技能	学生的学习行为	时间分配
出示媒体课件(见图5-18)  图5-18 "平行四边形的面积"1	一、提供问题情境，引发认知冲突 教师结合多媒体课件导课。园艺工人正在给公园空地铺草皮。猜一猜，哪块空地需要的草皮多？ 师：为什么？ 师：说到了关键处。也就是说，要知道哪块空地需要的草皮多，就必须算出这两块平行四边形的面积，平行四边形的面积怎样计算呢？这就是我们这节课要解决的问题。 (板书课题：平行四边形的面积)	提问技能 导入技能	学生根据自己的观察，说出不同的猜想 其理由均为，哪块空地的面积大	2′
学习任务单1 平行四边形与长方形的邻边均为6和5，数一数，算一算，比一比，如图5-19所示。 图5-19 "平行四边形的面积"2	二、明确问题和要求，开展探索活动 1.明确解决问题的方向 引导学生独立思考、合作交流怎样求平行四边形的面积。 师：嗯，数方格是我们估测图形面积大小的一种方法。 师：你掌握了长方形的面积公式，还想到用它来求平行四边形的面积。 师：猜得好，底和高是平行四边形研究中两个重要的量。 师：把平行四边形转化为长方形，再求面积是一种非常重要的研究方法，叫作"转化"。 (同时板书：平行四边形 转化 长方形) 2.经历验证获得模型 那么平行四边形的面积公式究竟是怎样的呢？ 我们必须通过—— 才能够得到答案 要求学生用准备好的学具分组验证猜测(2)和(3)，并填写学习任务单	语言强化 词语式板书	学生独立思考并交流后反馈。 (1)数方格 (2)边长×边长 (3)底×高 (4)把平行四边形变成长方形再求面积 验证，学生独立思考，动手操作，合作交流，填写学习任务单，汇报	3′

续表

媒体的使用	教师的教学行为及教学内容	应用的技能	学生的学习行为	时间分配
平行四边形的面积是( ) 6×5 是( )的面积，不是( )的面积 学习任务单 2 想一想，填一填(见图 5-20、图 5-21) 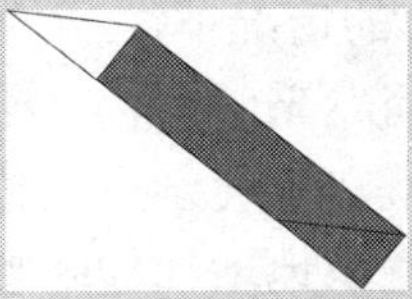 图 5-20 "平行四边形的面积"3 拼成的长方形的长就是原来平行四边形的( ) 拼成的长方形的宽就是原来平行四边形的(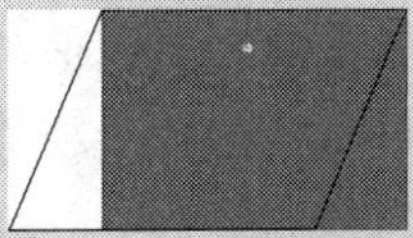) 图 5-21 "平行四边形的面积"4 因为长方形的面积( )×( ) 所以平行四边形的面积( )×( )	其间教师巡视，答疑，参与小组探索活动，并适时点拨 教师进一步强调和总结，每种方法都是把平行四边形沿高剪开，拼成长方形。可见，割补法(板书)可以帮助我们完成把平行四边形转化成长方形的愿望 拼成的长方形的长就是 拼成的长方形的宽就是 长方形的面积等于长乘宽。同时(板书长方形的面积=长×宽) 所以平行四边形的面积等于？同时(板书平行四边形的面积=底×高) 学生自学完成平行四边形面积公式的字母表示。学生汇报，平行四边形面积通常用 S 表示，底用 a 表示，高用 h 表示。平行四边形面积的字母公式就是？同时(板书 S=ah) 3.首尾呼应体现建模思想 回到开始提出的问题：老师量了这两块空地，请你观察，到底哪块空地需要的草皮多？为什么？ (课件出示，如图 5-18 所示)  图 5-22 "平行四边形的面积"5 师：也就是说，底相等、高相等的两个平行四边形，面积也…… 引申到性质 三、巩固新知，完善认知 求下列图形的面积，你能用几种方法 平行四边形是直接放在方格纸上的 2×3；2.1×1.1 根据学生汇报的结果引申 四、总结 通过本课的学习，你有哪些收获	说明讲解词语式板书 分析提问 开放结束	进行将不同的平行四边形转化成长方形的操作过程，以及填写学习任务单 原来平行四边形的底 原来平行四边形的高 底乘高 S=ah 它们的底都是 5 米，高都是 4.4 米，所以铺的草皮一样多 相等 获得平行四边形面积的性质 练习，汇报，并说明理由	10′ 2′ 3′ 2′
板书设计	图 5-5			

二、教学分析与评价

几位教师教学的共同特点是紧紧围绕教学目标和技能训练目标展开教学，不仅很好地实现了教学目标，而且还表现出了鲜明的特色。

案例 5-23 "找质数"的导入，教师首先亲切地打招呼，引起学生的注意，然后说起他们上节课还在做的，用小正方形拼长方形活动，让学生感觉到熟悉、轻松，顺势借助多媒体清晰明了地把问题呈现在学生面前，其中暗含了将要学习的质数概念和因数之间的关系。而"小组比赛"又是小学五年级孩子最喜欢的活动方式，同学们摩拳擦掌，跃跃欲试，学习兴趣被激发了。随着问题的解决，新的矛盾出现了，"我们小组的每个数都只能拼出一个长方形，有的小组的数能拼出好几个长方形"。在这种"不公平"的情况下，学生产生了急于想解决问题的心理，从而引发其学习动机，带着亟须解决的问题来学习，处于一种急于求知的心理状态。德国教育家第斯多惠说："教学成功的艺术就在于使学生对你所教的东西感兴趣。"因此，有责任心的教师都非常重视在导入环节有意识地增加趣味性，最大限度地引起学生的兴趣，有效地集中学生的注意力，激发学生强烈的求知欲。教师从小学生的认知特点和需求出发，不仅能引起学生的学习兴趣和调动其积极性，而且能迅速将学生引入学习情境。加之直接利用教材中提供的材料引入新课与教学新知识联系密切，目的性强，引入课题自然。另外教师恰当地利用多媒体出示问题和要求，清晰、明了、省时、省力。

案例 5-24 "容积"的导入，教师用贴切而精练的语言以及适当的方式，正确巧妙地导入容积，不仅让学生进一步感悟到物体的体积与形状、大小的区别与联系，而且自然地引入了容积。橡皮泥的变化过程不仅能帮助学生体验"形状变了，体积没变"的道理，还能及时地引导学生从学习体积过渡到学习容积的活动，同时教师还借助橡皮泥这个载体引导学生感受体积与容积的区别与联系，这个过程的教学是成功的，也是有创意的。

案例 5-25，在完成了课堂练习和讲评之后，教师非常自然地、简洁明快地对整个教学过程进行了简单的回顾整理，将总结与归纳所学知识、技能的任务交给学生，使学生进一步明确了"分数的意义(练习七)"所对应的知识技能及教学重点。最后教师对学生提出希望，其实也暗含着学习方法指导并对本节课的内容进行拓展延伸。

案例 5-26 的教学有板有眼，基本功扎实，点点滴滴有据可查，是教学技能的形象化表现，被评委称为教科书版本的微课。

案例 5-27 紧紧围绕教学重点"分数的含义"，教学难点"认识 $\frac{1}{2}$"展开教学。为了吸引学生的注意力，教师运用创设情境法，精心创设情境：板书"分"导入，一个熟悉而又陌生的"分"字，不仅让学生想到了分东西、平均分，甚至说出了分数，而且板书出课题的核心，打开了学习的大门，接下来顺势走进大门。

第一步，对两个苹果进行"平均分"并用"数"表示分得的结果，于无声处凸显分数概念的关键词"平均分"和"数"。在学生感到太简单的时候，提出了新的问题：把一个苹果进行"平均分"，能用"数"表示分得的结果吗？使学生产生认知冲突和学习动机。这种将生活事例法和形象直观法综合起来导入新课，能够很好地激发学生的学习兴趣。

第二步，针对学生不会用数表示半个苹果，教师降低了难度，让其先用自己喜欢的方法来表示，并以小组为单位完成。看似降低了难度，实则给学生提供了思考的时间、空间以及创新的机会。在学生充分酝酿和汇报的基础上，教师以清晰说明法生动地讲解史上 $\frac{1}{2}$ 的演绎过程，帮助学生了解分数 $\frac{1}{2}$ 的产生及读写法，使学生在不知不觉中认识了 $\frac{1}{2}$。

第三步，以学生做数学的变化方式促进学生对 $\frac{1}{2}$ 的理解，以封闭型结束法将新知识 $\frac{1}{2}$ 纳入学生的认知结构。

第四步，通过分析、理解、提问加深学生对分数的认识，由此启发学生描述分数的概念，针对学生的回答以语言强化和词语式板书完善学生对分数的认识。

教师的板书与其他教学技能配合得当，娟秀、自然、流畅、精要、重点突出、层次分明、设计精心合理、有艺术性，能强化记忆、引起学生的兴趣。

最值得一提的是教师的变化技能，当教学中出现意外(贴在黑板上的教具掉了下来)的时候，教师风趣、沉着和冷静地应对，转危为机，不仅强化了 $\frac{1}{2}$ 的直观表示，而且表现出教师的版画基本功，得到评委的高度评价。

案例 5-28 "平行四边形的面积"是模型思想导向下的平行四边形面积测量之教学。各环节独具特色。

环节一，根据新课程理念"学生是学习的主体，教师是学习的组织者、引导者与合作者"和学生的特点，在学生非常熟悉的情境下，制造一定的认知冲突，依学生的心理需求引入新知识。让学生产生一种急于想解决问题的心理，领悟到学习新知识的必要性，从而吸引学生的注意力，激发学生的学习需求，调动学生的学习积极性。

环节二，围绕教学重点，培养学生利用已有知识、经验，独立思考、分析和解决问题的能力。通过对学生思考结果的讲解分析，肯定学生解决问题方法的合理性，增强学生学好数学的信心；同时强调求平行四边形面积的两个要素及转化的思想方法，并由此过渡到验证同学们猜测正确与否的阶段。以陶行知先生"做中学"的教育思想为引导。在学生探寻出解决问题的方向之后，以提问、强化和讲解技能引领学生经历验证、计算、推理、交流的过程，从而获得平行四边形的面积公式。在做数学的活动中，体会平行四边形和长方形面积公式之间的关系，真正理解平行四边形面积公式的由来，积累用数方格法和割补法探索平面图形面积的数学活动经验，充分感知转化的过程，提高学生分析、综合、抽象、概括的能力，体验与人合作解决问题的乐趣。

本章小结

本章结合视频与文本案例，主要介绍了导入、提问、讲解、演示、变化、强化、板书、结束等教学技能的概念、作用、训练步骤和应注意的问题，着重论述了训练各类教学技能的步骤，且针对各类教学技能的具体教学方式进行了详细的分析阐释。

思考题

知识巩固

1. 教学技能的概念及分类。

2. 举例说明各类教学技能的概念。

3. 举例说明各类教学技能的运用有何作用。

4. 举例说明各类教学技能训练应注意的问题。

实践活动

1. "分数乘法一"的导入教学设计、试讲与评价。

2. "长方体的表面积"的演示教学设计、试讲与评价。

3. 观看各章的视频案例，指出其中体现的教学技能并进行分析与评价。